# Ces femmes
## qui aiment trop
### Tome 2

Ces femmes qui aiment trop - 1, *J'ai lu* 7020

**ROBIN NORWOOD**

# Ces femmes
# qui aiment trop
## Tome 2

Retrouver confiance en soi
pour mieux aimer

Préface de Josette Ghedin-Stanké

Traduit de l'américain
par Françoise Pontbriand, et par Renée d'Anjou

Bien*être*

*L'esprit pourrait réfléchir sur ses idées
pendant des millénaires sans avoir autant
appris sur lui-même qu'en un jour sous
l'effet de l'amour.*

Ralph Waldo EMERSON

Titre original :
LETTERS FROM WOMEN WHO LOVE TOO MUCH

Copyright © Robin Norwood, 1988
Pocket Books, New York

*Pour la traduction française :*
© Les éditions internationales Alain Stanké, 1988

# Sommaire

# Sommaire

# Préface

C'est par le chemin du cœur que l'on peut communiquer avec l'autre.

Robin Norwood a porté en elle, toute sa vie, *Ces femmes qui aiment trop*. Elle n'aurait pu si justement l'écrire sans l'avoir vécu elle-même. C'est toute la trame de son existence. Mais il a fallu qu'elle perde mari, enfant, situation et estime d'elle-même pour comprendre ce qu'est la dépendance. La plus grande dépendance, le besoin d'amour. Toutes les autres lui sont subordonnées. Robin Norwood a dû s'abîmer dans le désespoir de l'impuissance, l'inefficacité de la volonté, la détresse de la solitude, pour enfin acquérir la certitude que la souffrance n'est tolérable que si elle nous apprend à nous guérir pour ne pas mourir.

C'est pour s'aider qu'elle est devenue thérapeute auprès des femmes qui aiment trop. C'est pour guérir qu'elle a écrit. A partir d'autres itinéraires profondément semblables, elle a parlé d'expérience et non de savoir.

Certains lecteurs n'ont pu supporter le vertige de la plongée intérieure, ils ont refermé le livre. Mais des millions d'autres, des femmes surtout, ont accepté de regarder leur propre manière de vivre leurs amours ravageuses. Elles ont lu. Relu. *Ces femmes qui aiment trop* est devenu leur livre de chevet, leur bible qu'elles consultent n'importe où, surtout dans les moments difficiles, pour ne plus se sentir seules.

Ainsi des femmes — et elles furent nombreuses — apprenaient qu'à différents degrés, à différents moments de leur existence, elles vivaient de tragiques dépendances. Cette prise de conscience était insupportable si elle ne menait pas à la guérison. Mais quel devait être le premier pas ? Comment prendre des initiatives sans tout détruire, sans se maudire, sans le haïr ?

Cette pulsion m'animait aussi. C'était elle qui me rendait «coupable» de la publication de ce livre... *Ces femmes qui aiment trop*, dès la première lecture, s'était gravé là où trop tôt j'avais été blessée.

Je suis née de parents incapables d'aimer. Ils ne m'avaient pas désirée. Il me semble ressentir ce surcroît de volonté et d'effort qu'il me fallut pour vivre. Pour survivre, comme chacun, à la première séparation qu'est notre naissance, mais surtout à une existence cruelle, dans un milieu hostile. Cette arrivée dans le monde, les disparitions successives de ceux qui m'avaient recueillie — j'avais alors respectivement sept et neuf ans — et plus tard la perte de l'homme que j'aimais trop ont gravé dans ma mémoire une douleur indélébile.

L'amour s'inscrit dans toutes nos grandes expériences. La vie est la manifestation de son énergie créatrice. Nous naissons de l'amour. Nous renaissons de lui. Personne ne peut y renoncer sans risque de mort. C'est notre force bâtisseuse, notre espoir.

Le manque d'amour est notre plus intolérable souffrance. C'est la douleur qui nous apprend les choses de la vie. L'éprouver sans se renier, ni se

8

déprécier, nous humanise. C'est elle qui nous met en contact intime avec nous-mêmes. A travers elle, nous nous attachons aux êtres déconcertés par leur malheur, nous voulons les secourir. Il ne s'agit pas de masochisme, ou d'un altruisme stupide, mais d'une pulsion profonde, d'un élan intérieur vers l'autre pour racheter le monde mais aussi redresser notre vie. Cela permet de se dépasser et d'apprendre. Et nous aide à grandir.

Tout ce qui vit cherche à croître.

Quand j'étais petite, je me suis écroulée, trop jeune pour une si grande peine inconsolée. Je me suis alors parlé : « Si tous ces gens qui devraient être tes amis sont partis, c'est qu'ils ne t'aimaient pas. S'ils ne t'aimaient pas, c'est que tu n'en es pas digne. Tu dois y faire face, tu ne peux plus pleurer inutilement. A partir d'aujourd'hui sèche tes larmes, rends-toi irréprochable, fais en sorte que l'on t'aime enfin. »

Mes priorités furent l'abnégation, la recherche de la perfection, la primauté de l'autre, le contrôle de mes émotions et de mes larmes... toutes défenses utiles que ceux qui aiment trop adoptent, mais qui, avec les années, s'avèrent néfastes.

La grande réussite guérisseuse de *Ces femmes qui aiment trop* est d'avoir appris à reconnaître ses propres responsabilités. Aucun être jamais ne porte en lui le germe du malheur des autres. La source de notre mal est en nous, même s'il est tentant de faire porter aux autres le poids de nos vicissitudes. C'est notre façon erronée de percevoir notre réalité qui prépare et perpétue nos malheurs.

Je voyais les liens entre mon passé et le présent. Les faits m'avaient dit : « Ceux que tu aimes s'en vont. » J'avais connu un monde où l'amour tourne mal et je m'en étais crue responsable. Depuis, j'avais projeté ces convictions sur mes relations amoureuses. J'avais aimé tard mais inconditionnellement. J'avais répété le contexte de mon enfance. L'homme que j'aimais était le sosie de ma «mauvaise» mère, la famille que j'avais fondée la réplique de la première. J'avais donc la situation et les personnes idéales pour rejouer le passé.

Pourquoi choisissons-nous de nous lier à des êtres frustrés qui, absorbés par leur ego, ne donnent que par intérêt et considèrent comme insuffisant ce qui leur est offert même en excès?

Et nous, que cherchons-nous en recréant ces liens premiers? A mener à terme un conflit non résolu? A prouver que nous sommes compétentes et dignes? Si ces relations nous ont été nuisibles, pourquoi les répéter? Croyons-nous les régler à notre avantage? A quoi sert cette prise de contrôle de nos émotions, de celles de l'autre, si ce n'est à refuser une réalité qui nous serait par trop intolérable? Et ce besoin de sauver l'autre ne comporte-t-il pas, en plus d'un élan vital, un moyen de nier en nous des déficiences?

S'il est utile et nécessaire de porter notre regard sur nous-mêmes, et Dieu sait combien les êtres qui aiment trop sont sévères avec eux-mêmes, il n'est pas juste d'endosser tous les blâmes. Se comprendre n'est sûrement pas se condamner ni se justifier ou se prendre en pitié. Il faut prendre un peu de distance pour se voir comme on verrait un ami, objectivement, avec nos forces, nos manques et nos faiblesses. Perpétuer la culpabilité dans l'aveuglement, la fuite en avant ou l'inertie est nuisible.

Nous ne sommes plus coupables dès lors que nous devenons responsables. Je m'étais longtemps sentie fautive de vivre. J'avais l'impression d'être illégitime, indigne, condamnable. Ce jour-là, je perdais jusqu'à ma validité d'amoureuse puisque l'homme que je vénérais dirigeait ses ferveurs vers une autre femme. «Si cet homme aime ailleurs, c'est qu'il ne t'aime pas... S'il ne t'aime pas, c'est que tu...»

Non. La fin trop bien apprise était inadmissible. Je l'avais compris il y a dix ans, lors de sa première fugue, mais je l'avais si facilement oublié!

Nous naissons programmés pour ressentir intensément le besoin d'amour. Nouveau-né, il est indispensable à notre survie. Sans lui, nous pouvons mourir. Des observations de nourrissons orphelins l'ont démontré. Enfant, nous en avons besoin pour nous développer, pour acquérir notre identité, pour ressentir la joie de vivre et d'être nous-mêmes. S'il manque encore, nous le demandons, le quémandons, manipulons, séduisons, protestons, heurtons, tout est envisageable pour obtenir ce qui nous est indispensable. Puis, un jour, nous abdiquons. Nous nous retirons et nous occultons notre souffrance. Nous grandissons en adultes artificiels, sans besoin d'amour, et nous commençons à vivre avec un déséquilibre.

Nous avons tous eu une enfance plus ou moins imparfaite où nos besoins essentiels restaient insatisfaits ou, au contraire, démesurément contentés. Que nous ayons été rejetés, abandonnés ou idolâtrés, nous avons été mal aimés et les dégâts sont semblables. Nous n'avons pas la connaissance de nous-mêmes. Nous n'avons pas pu apprendre à nous aimer et cela nous a laissé une soif d'amour inextinguible. La quête est insistante, consciente ou inconsciente. Nous aurons tellement d'amour pour l'autre qu'un jour il nous aimera! Nous aimerons trop.

Mais qui peut donner ce qu'il n'a pas ? Si nous n'avons pas reçu d'amour, nous ne pouvons qu'aimer trop. Et mal. Nous créons des relations narcissiques pour nous perdre dans l'autre. Ce miroir est un mirage. Nous ne comblons pas le vide. Comment nous laisser pénétrer par l'amour de l'autre si nous ne pouvons le reconnaître ? Dans quel réceptacle l'accueillir, le conserver et le chérir ? D'autre part, nous sommes nés pour vivre notre destinée et non celle des autres. Qui peut nous aimer à notre place ? Ne créons-nous pas nous-mêmes le doute sur nos mérites ? Si nous n'existons pas pour nous, pouvons-nous exister pour l'autre ?

Tout vient de ce lieu intérieur qui, sans amour, devient un vide intérieur.

Mais où sont allés ces femmes et ces quelques hommes qui, après la lecture de *Ces femmes qui aiment trop*, se sont mis en marche vers ce lieu ? Le deuxième tome, en partie tiré de leurs lettres, témoigne de leur parcours. Robin Norwood répond, commente, réfléchit, explore et guide.

Dès la première page, on est subjugué. On plonge et on se relève au rythme des échecs et des réussites des autres. On reconnaît notre façon de vivre l'amour malade et ses ramifications aggravantes que peuvent être la violence, les sévices sexuels, l'usage de la drogue et de l'alcool.

La valeur et la beauté de *Ces femmes qui aiment trop (tome 2)*, à travers ces confessions sur nos écueils, nos résistances, le poids des leçons de notre enfance et l'enfer de nos défenses sont dues au succès de ceux qui luttent pour s'en sortir. Oui, cela vaut la peine d'apprendre l'amour de soi.

Dès la parution de ce livre, je décidai de promouvoir l'idée du groupe de soutien. Monique Dansereau structura le premier. Le groupe Ano-sep (Anonymes-séparées) mit à notre disposition ses locaux et, depuis janvier 1987, les groupes de «Femmes qui aiment trop» fonctionnent. En novembre 1987, Michel Laflamme créa le premier pour les hommes, qu'il nomma «Entre hommes». Aujourd'hui c'est un succès au-delà de toute espérance. La création de ces groupes répondait à un besoin urgent de notre société.

Ce n'est pourtant pas simple d'ouvrir notre cœur de misère devant les autres, même si nous admettons que l'effort en vaut la peine. Pourtant, je peux en témoigner, nous qui entreprenons ce retour vers nous-mêmes, nous prenons souvent le chemin le plus court. Nous parlons honnêtement, désespérément, humblement, courageusement, rageusement, même. S'il nous arrive de ne pouvoir nous dévoiler, nous écoutons. Nous nous retrouvons à travers les paroles des autres. Nous sommes tellement semblables les unes aux autres ! Le petit pas de l'une, le bond de l'autre un jour seront les nôtres.

Dans un groupe, nous ne pouvons cacher que nous aimons trop. Nos témoignages révèlent notre faiblesse. Nous ne parlons jamais de notre partenaire. Finie la mesquine tactique d'attribuer à l'autre ce qui nous fait souffrir. Finie aussi la rivalité féminine. Ici, chacune vient apprendre à se guérir, à se connaître et à s'aimer. L'écoute généreuse autant que les témoignages des compagnes nous servent de miroir chaleureux. Ensemble, nous sommes plus fortes pour accueillir nos misères et nos prouesses, et nous reconstruire.

Beaucoup d'entre nous complètent leur démarche par des thérapies individuelles. Robin Norwood assure qu'elles sont moins efficaces que le soutien des femmes entre elles parce que les thérapeutes n'ont pas nécessairement vécu la même expérience. Sans discréditer le miracle du partage dans les groupes, je crois que l'un n'exclut pas l'autre et que la majorité des soignants de l'âme sont passés par l'épreuve du manque. Ils connaissent la dépendance et ils peuvent nous aider à démêler les nœuds de notre enfance. Eux aussi ont certainement cherché à renforcer leur propre guérison en se consacrant à celle des autres. Y sont-ils parvenus ? Y a-t-il ici-bas quelque chose à jamais acquis ?

A peu près en même temps que la prise de conscience que m'apportait *Ces femmes qui aiment trop*, je faisais une autre expérience. Je renonçais douloureusement à l'homme que j'aimais. J'apprenais que l'on quitte même ceux que l'on aime. Je réfutais mes anciennes convictions, mais que de misères intérieures il fallait traverser !

Il semble que le dessein de la douleur ne soit pas de nous punir d'être né coupable, mais de susciter l'impulsion vers le progrès, le besoin d'aller de l'avant, de vivre et de savoir ce que nous vivons. Dans l'affliction qu'elle provoque, nous nous sentons seul, abandonné, misérable et désespéré. Nous avons besoin de l'amitié des autres. C'est souvent dans ces moments difficiles que notre conception de Dieu prend corps. Qu'on la nomme Force divine, l'Etre, la Vie, l'Intelligence infinie, le Soi véritable, l'Energie cosmique, l'Inconscient collectif, on croit en cette force transcendante qui agit au service de la vie. Mais où est donc cette voix toujours calme et sereine, ce regard d'amour qui dépasse les mesquineries de notre petit ego ?

Je crois que dans tout être qui aime «trop», le germe de l'amour véritable est près d'éclore. Tout comme Robin Norwood, je pense que retrouver le chemin intérieur est la première étape. La prière, la méditation, le partage, la nature, la musique, la créativité sont les voies qui facilitent l'entrée en nous-mêmes.

L'amour n'est pas un état sentimental et émotionnel. C'est un déploiement de soi. Il ne dépend ni d'une personne ni d'une circonstance, on ne peut le retirer à l'un pour le donner à l'autre. Il est ou il n'est pas.

En dépit de toutes nos insuffisances, c'est l'amour que nous portons qui voit juste et qui nous fait agir sagement.

L'amour de soi est un stade utile et nécessaire. Puis, la solitude n'offrant pas beaucoup d'attrait, et l'amour partagé s'amplifiant, nous aspirons à dépasser notre petit moi et à laisser se déployer ce flot d'amour vers l'autre.

La lecture de *Ces femmes qui aiment trop* a bousculé notre conscience, nous a forcés à réagir. Le deuxième tome prouve que celles qui travaillent à la quête de leur santé amoureuse y parviennent.

Lorsque nous avons fait assez de chemin vers nous-mêmes, nous bénissons le compagnon de route qui nous a ouvert la voie. C'est à travers son rôle d'amant et sa ressemblance avec notre parent qu'il nous a permis de ne plus répéter le passé. C'est grâce à lui que nous avons décidé de ne plus être victimes de notre histoire intime. Enfin, nous reconnaissons qu'il n'y a rien à lui reprocher. Nous étions destinés l'un à l'autre afin d'apprendre, ensemble ou séparés, comment aimer ; afin de nous montrer qu'il nous était impossible d'être mieux aimées par lui que par nous-mêmes. Je crois que l'on reçoit l'amour de l'autre dans la mesure où l'on sait le recevoir de soi-même.

Moi aussi j'ai réussi. Je remets la source d'amour en moi. Elle ne peut ni tarir, ni déborder, seulement couler pour être partagée. C'est sûrement cela, apprendre à aimer.

Josette GHEDIN-STANKÉ

# Avant-propos

«Alors, allez-vous écrire un autre livre?» Voilà la question qui m'était sans cesse posée depuis la parution de *Ces femmes qui aiment trop* (appelé ci-après *Ces femmes*). Ma réponse était toujours la même. Je me sentais comme une parturiente, fatiguée, épuisée, essayant de se remettre d'un accouchement difficile, et à qui des visiteurs souriants demandent: «Alors, allez-vous avoir un **autre** bébé?» La question semblait toujours sous-estimer l'effort incroyable qu'avait nécessité la préparation de mon livre et je répondais habituellement, sur un ton plutôt sec, que je ne voulais même pas y songer. J'étais convaincue que rien au monde ne pourrait m'amener à revivre une expérience aussi laborieuse que celle-là.

Mais la première lettre que je reçus après la parution de *Ces femmes* présageait déjà ce nouveau livre. Avant même la publication officielle, quelqu'un avait trouvé et lu ce livre et avait été suffisamment bouleversé pour m'écrire. Voici, reproduite intégralement, sa lettre:

*De toute ma vie je n'ai jamais été autant boule-versée par un livre au point d'écrire à l'auteur. La découverte, la trouvaille devrais-je dire de votre ouvrage m'est survenue inopinément alors que je cherchais des manuels professionnels pouvant m'être utiles dans ma jeune carrière.*

*Je dois reconnaître que votre ouvrage m'a tellement touchée que j'y vois comme l'appui le plus positif pour me faire émerger de toutes ces années douloureuses et confuses. Il m'a même semblé, à certains moments, qu'il avait été écrit pour moi. Il résonne dans toute ma personne! Une nuit, je me souviens, alors que j'étais affalée sur le sol de ma cuisine et que je sanglotais à chaque page, j'ai dû le fermer, le repousser et attendre que mes larmes se calment. Que Dieu vous bénisse pour tant de clarté, de sensibilité et d'éloquence, mais pour plus encore : pour la décision que vous avez prise de l'écrire!*

*J'étais mariée à un homme de forte personnalité que j'ai dû quitter pour ma simple survie, même si, à sa manière, il m'aimait tendrement. Je découvre aujourd'hui, grâce à la clarté de vos mots, toutes ces dynamiques intérieures que je n'avais jamais saisies auparavant.*

*Beth B.*

J'ai pleuré en lisant cette lettre. Je savais désormais que les trois années et les énormes sacrifices nécessaires à la réalisation de *Ces femmes* avaient valu la peine. A plusieurs reprises, j'avais eu des discussions animées avec des gens qui connaissaient beaucoup mieux que moi le monde de l'édition et qui croyaient que, pour bien se vendre, le livre devrait être plus léger, plus positif, moins déprimant, et que je devrais beaucoup moins insister sur l'idée de la dépendance. Mais je tenais à exprimer ce que nous vivions, mes patientes, mes amies et moi-même, lorsque nous nous débattions avec les hommes de notre vie. Je désirais souligner que la dépendance faisait partie d'un grand nombre de nos aventures et établir à quel point il nous était néfaste de maintenir ces habitudes malsaines dans nos rapports avec les hommes. De plus, je voulais signaler l'ampleur du travail que représente le fait de changer ces habitudes. Parce que je souhaitais montrer ce qu'éprouvent réellement les femmes qui aiment trop, mon ouvrage n'a pas été le livre de recettes léger et facile à lire que certains attendaient ; mais c'est le livre que j'ai voulu écrire.

Après avoir lu la lettre de Beth, je savais que j'avais atteint mon but et que *Ces femmes* avait touché au moins une personne. Un élément particulier m'a émue : tout comme Beth, j'avais déjà pleuré de douleur, de soulagement et de gratitude parce qu'une autre femme avait décrit avec franchise une lutte qui ressemblait à la mienne. C'était dans les années 70. L'auteur d'un article de magazine décrivait les conditions des femmes dans le monde actuel, et les humiliations que beaucoup d'entre elles subissaient.

Je réalisai soudainement que je n'étais plus seule. Cette femme avait si bien exprimé mon propre besoin de ne pas comprendre, de ne pas voir, afin d'éviter la douleur, la colère et la honte que l'on connaît dans une société dominée par l'homme ! Mais la négation de mes expériences et de mes réactions me coûtait cher, et l'auteur de l'article a ranimé en moi le désir que j'avais de m'ouvrir les yeux, d'observer, d'entendre et de vivre totalement tout ce qui m'arrivait et de ne plus participer à mon avilissement. Ce qui était vrai pour elle l'était aussi pour moi, et son exemple m'a permis de libérer des sentiments que je m'étais cachés. Sa franchise m'a poussée à grandir, à devenir plus courageuse, plus adulte. La lecture de la lettre de

Beth, une dizaine d'années plus tard, m'a rappelé cette métamorphose personnelle. Un étrange lien profond et lumineux s'était créé entre nous deux.

Cette lettre fut la première de ce qui devint peu de temps après une avalanche de réponses à *Ces femmes*. Des femmes, et des hommes aussi, m'écrivaient ou me téléphonaient (jusqu'au jour où je fus forcée, à cause du grand nombre d'appels, d'être sur liste rouge) afin de me faire part de leurs réactions. Ces gens voulaient partager avec moi leurs expériences personnelles et, très souvent, me remercier. Mais plusieurs désiraient aussi des réponses à des questions précises ou avaient des problèmes que, selon eux, je n'avais pas abordés dans le livre.

C'étaient des questions importantes. J'avais entendu certaines d'entre elles à plusieurs reprises tout au long de ma carrière dans le domaine de la dépendance. D'autres étaient liées directement à des problèmes soulevés dans *Ces femmes* et m'étaient constamment posées, non seulement dans les lettres, mais aussi dans les conférences et les ateliers que j'animais. Avec le temps, les lettres ont submergé ma maison et je commençai à chercher une façon plus efficace, mais toujours personnelle de répondre à chacune. Bien que le temps disponible et l'abondance de courrier rendissent cela impossible, je souhaitais profondément témoigner à chaque correspondant de mon existence de femme qui a trop aimé, qui a été dépendante de relations presque toute sa vie, et communiquer mon expérience de thérapeute ayant travaillé de nombreuses années dans ce domaine et celui de la guérison.

Je savais aussi que les personnes qui m'écrivaient avaient besoin l'une de l'autre. Ces femmes et ces hommes qui partageaient autant d'eux-mêmes avec moi devaient entendre leurs histoires respectives afin de découvrir ensemble comment leur maladie avait contrôlé leur vie. Je voulais donner la possibilité à ceux qui ne l'avaient jamais vécu d'être transformés par l'expérience du partage.

En tant que thérapeute, et à cause de mon propre cheminement vers la guérison, je suis persuadée de la très grande valeur des groupes de soutien formés de personnes vivant les mêmes épreuves. Ces groupes engagés dans des échanges honnêtes sur un problème commun, dirigés de façon autonome selon certaines règles simples et certains principes spirituels sont, à mon avis, le moyen de se soigner le plus puissant qui soit. Ils permettent de recouvrer la santé, quel que soit le problème de dépendance. Ils représentent un espoir d'accéder à une vie nouvelle et meilleure.

*Ces femmes qui aiment trop* (tome 2) a donc été écrit pour deux raisons. D'abord, pour répondre en détail aux nombreuses lettres traitant des mêmes thèmes et des mêmes questions. Ensuite, pour faire découvrir à ces personnes qui souffrent ce que d'autres ont vécu, ce qu'ont été leur expérience et le cheminement de leur guérison.

Evidemment, afin de profiter au maximum de ce livre, le lecteur devrait déjà avoir lu *Ces femmes*. Je recommande aussi fortement de le relire avant de commencer celui-ci. En effet, tant que *Ces femmes* n'aura pas été entièrement assimilé, le deuxième tome ne pourra être d'un grand secours puisqu'il n'explique pas davantage les principes analysés dans le premier. Son but est plutôt d'explorer, à travers les questions et le vécu des lecteurs, les conséquences découlant de la mise en pratique de ces principes.

Quand on se sent seul et désorienté, on ne

désire pas seulement une simple compagnie, on a besoin de la présence de ses semblables. Je suis persuadée que les chroniques de conseils sont lues plus pour leurs questions que pour leurs réponses. On a envie de savoir que l'on n'est pas seul, que, parmi tous ces gens inconnus, certains sont éprouvés comme nous le sommes. Je me sens réconfortée, en écrivant ce deuxième livre, de ne pas être isolée. Comme ce fut toujours le cas pendant les années de mon propre rétablissement, vous êtes très nombreuses à partager vos expériences avec moi, me guidant de l'obscurité vers la lumière. J'espère que, dorénavant, par l'entremise de ce livre, vous allez les mettre en commun vous aussi.

C'est à vous que je dédie ce livre.

# Introduction

Les lettres dont il est question dans ce livre ont été vraiment écrites et chacune est reproduite avec la permission de son auteur. Plusieurs d'entre eux ont exprimé leur gratitude pour ce qu'ils ont retiré de *Ces femmes*. Ces remerciements, qui m'ont profondément touchée, ont cependant été retirés des textes afin d'éviter au lecteur des redondances. J'ai dû aussi élaguer certains paragraphes afin de les rendre plus clairs et concis, et afin de conserver aux auteurs leur anonymat.

Les témoignages et les commentaires ont été organisés en chapitres traitant de sujets particuliers. Cependant, beaucoup de ces documents renferment plus d'une question ou plus d'un problème. Ceux qui sont liés à la dépendance se combinent souvent dans la vie. L'alcoolisme et le coalcoolisme, l'inceste et la dépendance sexuelle, la boulimie et l'expérience de la guérison peuvent être abordés dans une même lettre ; l'organisation de ces informations est arbitraire. Le lecteur en déduira que le contenu des chapitres n'est pas aussi circonscrit ou aussi spécifique que le suggèrent les titres.

Pour répondre à chaque personne, j'ai puisé dans mes quinze années d'expérience dans le domaine de la dépendance et dans presque toute une vie à trop aimer, dont sept années, Dieu merci, de rétablissement. Néanmoins, cela ne veut pas dire que mes réponses sont les bonnes. Elles sont incomplètes et subjectives. J'analyse chaque lettre en me basant sur le principe que la dépendance est une **maladie** et j'exprime des opinions, formées à partir de mes tâtonnements et de mes apprentissages, sur les moyens de la traiter. Il est possible que le lecteur n'aime pas mon point de vue sur un problème en particulier ou qu'il ne soit pas de mon avis. Je reconnais qu'il peut y avoir bien d'autres explications, plus appropriées ou plus claires. Chacun de nous lira ces lettres en tenant compte de son vécu, avec ses perceptions, comme une tache d'encre de Rorschach que l'on interprète et sur laquelle on projette sa propre réalité. Notre histoire va se refléter dans notre manière de réagir. Quoi qu'il en soit, je ne crois pas que les réponses soient aussi importantes que les lettres elles-mêmes, avec ce qu'elles renferment de souffrances et de drames, de leçons apprises, de rechutes, de progrès et quelquefois de victoires.

Nous voulons tous des solutions à nos questions, à nos doutes, à nos peurs et à nos combats. Elles naîtront, non pas de conseils, mais d'exemples et de notre détermination à changer le cours des choses. Le parcours devient plus facile si l'on sait que d'autres, avec les mêmes difficultés, ont trouvé leur salut. Les personnes qui partagent leurs expériences nous aident à trouver notre voie à travers leurs erreurs et leurs succès.

Enfin, je dois insister sur le fait que ce livre n'est pas un essai sur l'amour, sur la façon de trouver un compagnon ou d'établir de bonnes relations. Au contraire, il est écrit pour les femmes hétérosexuelles qui souffrent de dépendance amoureuse.

Son but est d'aider ces femmes obsédées par un homme ou, dans les périodes solitaires, par la recherche pressante d'un partenaire. Je ne suggère pas qu'elles soient les seules à dépendre de leurs relations. Beaucoup d'hommes et de nombreux couples homosexuels en souffrent aussi. J'ai choisi de m'intéresser aux femmes hétérosexuelles parce que c'est leur type de dépendance que je comprends le mieux personnellement et professionnellement.

Ce livre renferme surtout des lettres de femmes tourmentées par des hommes, mais aussi celles de femmes et d'hommes homosexuels, d'hommes hétérosexuels, de parents obsédés par leurs enfants et d'enfants obsédés par leurs parents. J'espère que *Ces femmes qui aiment trop* (tome 2) saura aider tous ces groupes ainsi que ceux qui vivent des relations problématiques sans être obsessionnelles. Cependant, le livre s'adresse plus particulièrement à la femme dont la santé mentale et physique se dégrade, dont la capacité de travail est diminuée, qui a des difficultés pécuniaires, qui néglige ses enfants, ses amis, les autres membres de sa famille, et ses autres intérêts, qui a ouvertement ou potentiellement des tendances suicidaires, et à celle qui devient, avec le temps, de plus en plus malade à cause d'une dépendance envers des hommes et de ce qu'elle appelle l'amour.

Comme je l'ai dit dans *Ces femmes*, je considère que la dépendance dans les relations est un processus que l'on peut définir, diagnostiquer et traiter, tout comme l'alcoolisme et la boulimie. Elle a ceci de commun avec toutes les autres maladies : elle progresse naturellement (elle s'intensifie) si elle n'est pas soignée ; mais elle peut réagir à certaines thérapies tenant compte de ses composantes physique, émotionnelle et spirituelle. Je suis persuadée que toute intervention ne tenant pas compte de ces trois éléments est vouée à l'échec.

Il faut bien comprendre tout ce qui précède pour entreprendre sans compromis un cheminement que je crois nécessaire. L'approche thérapeutique la plus efficace est celle des programmes Anonymes. C'est la seule dont je sois absolument sûre.

# 1

# Lettres de ces femmes

*Chère Robin Norwood,*

*J'ai détesté votre livre.*

*J'ai détesté* Ces femmes qui aiment trop.

*J'ai tant détesté ce livre que j'ai mis des mois à le lire.*

*Parfois, je ne pouvais lire qu'une page par jour.*

*J'ai détesté les femmes dont vous parliez. J'ai détesté leurs histoires.*

*J'ai détesté ce que vous disiez.*

*Finalement, j'ai lu tout le livre.*

*Ensuite :*

*J'ai assisté à ma première séance des Outremangeurs Anonymes.*

*J'ai découvert Al-Anon.*

*J'ai fait partie des ACOA (Adult Children of Alcoholics).*

*J'ai été en thérapie de groupe.*

*J'ai découvert VOICES\* et, pour la première fois de ma vie, j'ai parlé des violences sexuelles dont j'ai été victime.*

\* VOICES (Victims of Incest Can Emerge Survivors).

*J'ai cessé de manger compulsivement.*
*J'ai trouvé un nouveau travail.*
*J'ai fait mon premier budget (à 33 ans).*
*J'ai recommencé ma vie de zéro.*

*J'avais perdu la raison et la maîtrise de moi-même. Je mesure 1,60 mètre et mes crises de boulimie et de jeûne m'avaient amenée à un poids de 62 kilos. Mais, dorénavant, je ne pourrais imaginer une seule journée où je ne verrais pas* Ces femmes *traîner sur ma table de chevet et sans savoir qu'un second exemplaire se trouve dans le tiroir de mon bureau.*

*Je vous remercie.*

*Wendy D.*

La lettre de Wendy, me semble-t-il, résume bien la situation : la lecture d'un livre, même si elle nous touche profondément, ne suffit pas à amener les changements que nous désirons apporter dans nos vies. Un livre peut nous indiquer une piste, mais c'est nous qui devons prendre la décision d'agir. Wendy soulève, cependant, un point important : quand commence-t-on réellement à se remettre d'une dépendance ?

## La guérison commence au moment où on lui consacre son énergie.

Le rétablissement commence au moment où l'on se décide, comme l'a fait Wendy, à utiliser pour se soigner l'énergie et les efforts que l'on consacrait à entretenir sa dépendance. Le processus de guérison de Wendy lui demande beaucoup de temps, de travail et de volonté, mais sa maladie lui a aussi coûté énormément. Elle a pris la décision de faire ce qui est nécessaire pour recouvrer la santé. Et elle continue de faire ce choix chaque jour. Elle a donc commencé à guérir.

Ceux d'entre nous qui n'ont pas encore fait le premier pas doivent d'abord se réserver l'énergie et les efforts que jusqu'ici ils ont déployés pour changer quelqu'un d'autre. Notre démarche dans cette nouvelle direction peut être hésitante ou difficile à faire ; elle peut paraître insignifiante au début, mais on doit apprendre à reconnaître son importance. Chaque jour nous mène vers le mieux-être.

La lettre qui suit montre un bon exemple de premier pas vers la guérison. Un simple petit geste et le fait d'y rester fidèle peuvent déjà modifier le reste de la vie de cette femme. Elle a entamé le processus de changement.

*Chère Robin Norwood,*

*La Saint-Valentin a toujours été pour moi une fête traditionnelle que j'attendais avec un mélange d'impatience et de peur : je crains toujours que cette journée faite pour célébrer l'amour ne m'oublie.*

*Il y a deux jours, j'en étais à la trentième page de* Ces femmes. *J'avais dans un tiroir une carte (tendre, suggestive) de la Saint-Valentin destinée à un homme qui ne s'investit presque plus dans notre relation depuis plusieurs semaines déjà. Ne pas envoyer cette carte peut sembler banal ; ce serait pourtant la première fois que, volontairement, je choisirais de cesser d'entretenir une relation amoureuse d'où la réciprocité est absente.*

*Je n'ai pas encore terminé la lecture de votre livre. En fait, il m'est très difficile de le lire puisqu'on m'y démontre avec beaucoup de justesse pourquoi je*

*m'engage continuellement dans des relations mal-*
*saines. Pourtant, je pourrais y puiser les ressources*
*essentielles à ma délivrance.*

*J'ai gardé cette carte. Je ne l'enverrai pas. Pour*
*une fois, il se peut que la Saint-Valentin devienne*
*mon jour de Victoire.*

*Theo P.*

Pour continuer de guérir, Theo doit non seulement cesser d'envoyer des messages d'amour à un homme qui ne s'intéresse pas à elle, mais elle doit également se faire plaisir afin de remplir le vide qui s'est créé. Pour éviter qu'une dépendance ne réapparaisse, il faut la remplacer par un comportement nouveau et positif car la nature ne peut s'accommoder d'un vide, autant sur le plan humain et émotionnel que physique.

Puisque Theo peut donner et recevoir ce cadeau qu'elle espère de quelqu'un d'autre, elle n'a pas à attendre qu'un homme se présente pour combler sa vie d'amour et de plaisir. Elle peut, si elle le désire, devenir son propre fournisseur d'amour. Plus elle sera généreuse avec elle-même, moins elle acceptera que quelqu'un d'autre la maltraite.

Tout cela est facile à comprendre, mais difficile à faire, parce qu'il n'y a de pire chambardement que de modifier notre façon d'agir, de penser et de sentir, particulièrement en ce qui **nous** concerne. Theo avoue ne pas avoir fini de lire *Ces femmes* parce qu'elle a de la difficulté à reconnaître ses propres comportements. Pourtant, la guérison passe par le changement, et celui-ci commence avec la prise de conscience. On doit vouloir observer sa vie honnêtement, ce qui nécessite du courage ; on doit pouvoir accepter que l'on n'est pas parfait, que l'on a besoin d'aide, ce qui nécessite de l'humilité. Le rétablissement exige donc deux éléments essentiels : le courage et l'humilité.

La lettre qui suit nous indique ce qui permet de poursuivre le processus de guérison une fois que celui-ci est commencé.

*Chère Robin Norwood,*

*Mes parents ont un problème d'alcoolisme. Si, moi, je ne bois ni ne me drogue, je me rends compte aujourd'hui de ma grande dépendance envers des hommes autodestructeurs. J'ai tenté de contrôler les trois hommes de ma vie en recourant aux menaces, au chantage, aux éloges, aux réprimandes et à tout autre moyen qui me semblait efficace sous l'inspiration du moment.*

*Je sais maintenant que je ne suis pas meilleure qu'eux, que mon autodestruction vaut bien la leur, puisque seuls les hommes dépendants et immatures m'attirent. Je suis incapable de m'attacher à un homme sain et autonome.*

*Mon ami vient de me téléphoner de la prison militaire où il purge une peine de quarante-cinq jours pour possession de narcotiques. Il prétend qu'il a eu sa leçon et qu'on ne l'y reprendra plus. J'ai répondu que j'étais heureuse de le lui entendre dire et que j'espérais qu'il prenne bien soin de lui. J'ai bien assez de moi-même à m'occuper et, dans quelques jours, je me rendrai à mes premières séances du Al-Anon et des Adult Children of Alcoholics.*

*Je ne sais pas si notre couple existe encore et cela n'a plus tellement d'importance : l'essentiel est que j'apprenne à compter sur moi seule pour me sentir bien dans ma peau.*

*Recevez les meilleures salutations d'une « dépendante des hommes » en voie de guérison.*

*Britt J.*

Que Britt se détache du problème de son ami et cherche plutôt de l'aide pour changer ses propres comportements malsains représente la première étape de la guérison. Qu'elle se rende ou non à la suivante dépend de sa persévérance. A mesure que vous lirez d'autres lettres de personnes prisonnières de leurs relations, vous découvrirez qu'il n'y a pas de seuil de douleur décisif. Chez certains, même un état extrême d'humiliation et d'avilissement personnels n'arrivent pas à provoquer l'abandon nécessaire à l'amorce d'un mieux-être. Ils agissent plutôt comme le joueur invétéré qui ne peut s'empêcher de jouer **parce qu'il a déjà tellement perdu**, et se servent de leur honte pour justifier leurs tentatives désespérées de contrôler une autre personne et de reconstruire une relation qui s'effrite. En d'autres mots, la maladie de certains grandit à mesure que ses conséquences s'aggravent. D'autres, cependant, « touchent le fond » et sont prêts à faire le nécessaire pour se relever et s'en sortir.

Comment une personne peut-elle reconnaître le pouvoir destructeur d'une dépendance dans sa vie, être prête à s'y attaquer, pendant un certain temps, et ensuite perdre toute volonté ? Cela se produit pourtant très souvent. C'est pourquoi il est essentiel de distinguer trois étapes de guérison : identifier le processus malsain présent dans sa vie (cela peut se produire lors de la lecture d'un livre comme *Ces femmes*) ; accepter de le considérer comme une dépendance destructrice (en suivant un programme Anonyme traitant de la maladie en question) ; et tous les jours faire de son rétablissement une priorité (en assistant à des rencontres, en lisant chaque jour et en priant). La décision de s'engager dans cette voie, si difficile soit-elle à prendre, ne garantit pas qu'on parviendra à ses fins.

C'est là un mystère des dépendances : nul ne peut prédire qui s'en sortira vraiment et qui échouera. La plupart de ces malades ne guériront pas. Pourtant, ceux qui le veulent vraiment et qui continuent d'en faire leur priorité quotidienne vont, pas à pas, petit à petit, atteindre leur but, souvent grâce à l'aide et aux conseils d'autres personnes qui ont vécu le même combat.

Pour guérir, il faut, en plus du désir, du courage et de l'humilité indispensables, deux autres qualités : **une ouverture à l'introspection et à l'honnêteté la plus totale** et **une confiance dans une puissance plus grande que la sienne**. Cette notion de puissance est propre à chacun. Elle peut s'appeler Dieu ou ne pas avoir de nom. Elle peut se trouver aussi bien dans un groupe de soutien que dans une église ou un temple. C'est là que l'on puise, quand le besoin se fait sentir, force et consolation.

La lettre de Cecilia montre bien l'importance de ce ressourcement au cours des changements provoqués dans notre vie par le processus de guérison.

*Chère Robin,*

*Je veux vous parler de ce qui m'est arrivé depuis la lecture de votre livre, il y a deux ans.* Ces femmes *m'a permis de comprendre que ma famille était alcoolique et que de là vient le véritable mal de* **toute** *la famille. J'ai assisté à quelques réunions du Al-Anon et j'ai commencé à voir clair en moi et dans mes choix, mieux que jamais auparavant. Je me sentais «guérie».*

*Cela ne faisait que commencer.*

*Mal mariée, et trop tôt, j'ai eu par la suite une désastreuse liaison avec un homme ayant un long et ignoble dossier criminel. Grâce à l'enseignement que j'ai retiré de votre livre, j'ai été en mesure de revenir sur le choix que j'avais fait. Je me suis remariée, mais cette fois avec un homme merveilleux qui tient à moi comme à la prunelle de ses yeux. Parfois, je me fâche quand il me dit qu'il m'aime ; parfois, je lui cherche querelle. Je suis plus à l'aise dans la colère. Etre aimée est tellement nouveau pour moi !*

*J'ai refoulé trop longtemps certains événements de mon enfance et, avec l'aide de Dieu, il m'a été permis de me remémorer tout. Il y a cinq mois, certains souvenirs m'ont littéralement assaillie et j'ai bien cru mourir sous le poids du chagrin. Je me rappelais avoir été battue par mon père à l'âge de 4 ans. Quand j'ai réussi à l'accepter, j'ai compris beaucoup de choses. J'avais toujours détesté et plaint ma mère ; j'ai commencé à la comprendre. Bien sûr, elle s'est mise à boire. Mais que pouvait-elle faire d'autre ? Affronter la réalité ? Difficilement. Elle n'aurait pas eu de sortie de secours.*

*Pendant trop longtemps, j'ai vécu dans le refus. Je veux vous dire à quel point le refus peut être **puissant**. A mesure que les réelles circonstances de mon enfance me revenaient en mémoire, j'ai eu des problèmes de santé. J'ai commencé à faire des « crises cardiaques » au cours desquelles l'oppression pulmonaire était si intense que j'avais peur de m'évanouir. Un électrocardiogramme de routine n'a révélé aucune anomalie. Au contraire, selon le médecin, mon cœur est plutôt solide. Je faisais fausse route en cherchant de ce côté, mais cela ne m'empêchait pas d'angoisser continuellement, même quand je ne* pensais ni à mon père ni à ma mère. J'essayais encore de refouler, de ne pas me rappeler. J'avais l'impression de m'être toujours trompée au sujet de ma famille, et je pensais devenir folle. Chez moi, on apprenait à mentir, même en dépit du bon sens. Je ne croyais plus en rien ; plus rien n'avait de sens.

Cet horrible épisode de ma vie s'est terminé quand Dieu m'a demandé, le plus tendrement du monde, de cesser de boire. Désemparée à cause de la folie de mes parents, je m'en remettais à un excellent **pinot noir** pour endormir la douleur. Je m'étais toujours juré de ne jamais ressembler à mes parents, sans me rendre compte que je buvais tout comme eux. Aujourd'hui, je suis heureuse d'avoir mis fin à trois générations et plus d'alcoolisme.

Ne plus boire m'a mise à nu. Pour ne pas souffrir, j'employais l'alcool, le sarcasme, la lutte déloyale et la colère. Dieu m'a aidée à rejeter ces tactiques.

Tout ce temps, j'avais des palpitations et des migraines se prolongeant parfois pendant trois à quatre jours par semaine. Démentir mon passé prenait beaucoup d'énergie, m'épuisait et me rendait agressive.

J'ai tellement pleuré ces derniers temps ; même enfant, je n'avais jamais pleuré à ce point. Ce fut difficile d'assumer ma peine. Parfois, j'ai eu le sentiment que je ne cesserais jamais de pleurer.

Je vous écris, Robin, parce que je crois qu'il est important que vous sachiez quelles difficultés peuvent rencontrer certaines de vos lectrices. La souffrance provoquée par ma révolution personnelle est la pire que j'aie jamais vécue et j'espère ne jamais repasser par là. Elle n'est pas venue soudainement et ne semble pas vouloir partir de sitôt. Il me faudra sans doute beaucoup d'années et tout l'amour de Dieu pour venir à bout de ce secret familial, pour *l'accepter, en guérir et pardonner à toutes les personnes concernées. C'est un travail extrêmement ardu et le prix à payer pour y voir clair est élevé. Pourtant, fermer les yeux coûte plus cher encore.*

*Que d'autres sachent à quoi s'attendre!*

*Je vais mieux maintenant. Je souffre, je pleure, mais je guéris. Je ne joue plus la « Gigi bonne à marier », image insensée que je tentais vainement de projeter. Mon besoin d'être approuvée par tous et chacun s'estompe peu à peu; parallèlement, je me fixe des objectifs réalistes et des balises confortables. Je n'ai pas à sauver chaque naufragé de la vie que je rencontre. Mieux vaut penser à moi d'abord. Mieux vaut accepter d'être aimée!*

*J'ai toujours cru que je voulais simplement être aimée. Pourtant, je n'ai choisi que des hommes incapables de le faire. Maintenant que j'ai trouvé mieux, j'apprends à garder mon calme et à accepter cet amour.*

*Dieu m'a beaucoup appris en très peu de temps. Je suis sûre de son soutien, peu importe le temps qu'il me faudra pour guérir. Mes malaises cardiaques et mes migraines sont moins fréquents. J'accepte de plus en plus mon passé et je me permets de pleurer mon enfance perdue chaque fois que j'en ressens le besoin.*

*Mon plus que merveilleux mari sait me soutenir et m'entourer de son affection; il comprend même pourquoi il m'est si difficile d'accepter sa tendresse. Je sais qu'il lutte contre mes résistances et j'aimerais ne plus être ainsi. Je voudrais guérir par égard pour lui.*

*Comme vous pouvez le constater, votre livre n'était que le commencement, un commencement très prometteur, très doux, très tendre...*

*Cecilia*

S'il était plus facile, plus aisé d'être honnête envers soi-même, nous n'aurions peut-être pas besoin d'une puissance plus grande que nous pour y arriver. Mais comme l'exprime si bien Cecilia dans sa lettre, se regarder et regarder sa vie avec franchise peut être si déchirant que la plupart d'entre nous ne peuvent accomplir cette tâche avec les seules ressources dont ils disposent.

## Essayer de guérir sans avoir la foi est comparable à l'ascension d'une pente à reculons.

Essayer de guérir sans avoir la foi n'est pas impossible ; c'est toutefois plus difficile. Cela signifie prendre un chemin ardu vers la guérison, un peu comme essayer de gravir une pente à reculons avec des talons hauts. Vous pouvez y arriver, mais il y a une façon plus rapide, plus efficace et moins exigeante de le faire. Vous serez surpris de constater à quel point il est facile de développer sa foi si on le veut, et d'agir en sachant qu'il y a une intelligence plus grande que la nôtre dans l'univers. Cependant, rien, absolument rien, n'est aussi personnel que la quête de la foi ; nul ne peut imposer à d'autres une façon de réaliser cette quête. Chacun de nous découvre son Dieu dans le silence et la solitude.

Il ne servirait pas à grand-chose d'avoir assemblé toutes ces lettres de femmes qui aiment trop si, dans leur ensemble, elles ne pouvaient encourager la guérison de ceux qui les liront. Mais guérir d'une dépendance dans les relations est beaucoup plus subtil et beaucoup moins facile à identifier que guérir d'autres formes de servitude, comme l'alcoolisme, les envies irrésistibles d'acheter, de jouer et même de manger. Tout au long du livre, vous devrez établir pour vous-même ce que représentent votre guérison, les causes de votre problème et les moyens de l'éviter, et pourquoi certains y succombent et d'autres pas. Les réponses à ces questions sont pour vous très importantes si vous désirez recouvrer la santé.

Theo et Britt commencent à peine à savoir ce que cela signifie pour elles. Wendy et Cecilia sont déjà sur la bonne voie, parce que les moyens qu'elles ont adoptés afin de s'encourager font désormais partie de leur vie quotidienne. S'engager sur le chemin et y rester est une décision personnelle. Personne ne peut le faire pour nous. Tout comme Wendy, nous devons trouver le courage et l'humilité de faire les premiers pas et, comme Cecilia, nous devons être honnêtes et avoir foi en une source de puissance et d'aide spirituelle pour faire face aux épreuves qui nous attendent.

Tout au long de ce livre, des hommes et des femmes qui ont lu *Ces femmes* vont nous faire part de leurs vies, de leurs situations, de leurs obsessions. Quelquefois, comme c'est le cas de Wendy, de Theo, de Britt et de Cecilia, ils nous parleront des moyens qu'ils ont employés pour guérir. Puissent les cheminements de ces personnes en convalescence inspirer et guider ceux d'entre vous qui s'engagent sur cette voie !

# 2

# ... qui doivent guérir

Une dépendance affective est inévitablement liée à des traumatismes émotionnels (manque, douleur, violence, abandon) de l'enfance et aux patterns de relations que l'on développe à cause de ces chocs psychologiques. Chaque expérience est unique. Les femmes issues d'un foyer violent, par exemple, ont tendance à choisir des partenaires violents ; celles qui ont grandi dans une famille alcoolique recherchent des hommes qui se droguent ou boivent, etc. On retrouve toutefois une constante : le désir inconscient de recréer un problème du passé pour enfin le surmonter. En d'autres mots, il s'agit d'un besoin irrésistible de jouer le même jeu mais pour, cette fois, être le gagnant ; cela devient une obsession. Tant qu'elle est présente, la dépendance persiste, qu'il y ait ou non un homme en cause.

Les lettres qui suivent proviennent de femmes conscientes de leur état et qui reconnaissent le lien entre celui-ci et les difficultés qu'elles ont rencontrées dans leur enfance. Cependant, cette lucidité ne signifie en aucun cas qu'elles peuvent contrôler ce comportement.

Chacune de ces femmes croit avoir atteint un niveau de guérison plus avancé qu'il ne l'est en réalité. Il est important de bien saisir le processus afin de comprendre mes réserves devant ces témoignages : nous devons faire preuve de courage, d'humilité et d'une totale honnêteté ; nous devons vouloir nous sauver à tout prix et nous abandonner à une puissance capable de nous guider et de nous réconforter.

En règle générale, il ne suffit pas de connaître ses difficultés. Une prise de conscience accompagnée d'un entêtement à vaincre sa dépendance garantit encore moins les chances d'amélioration. On croit encore être la seule personne à posséder la solution à son problème. Il est naturel (et réconfortant), au début, de penser que la simple volonté de changer va tout résoudre. Mais on ne peut se contrôler soi-même, car toute dépendance, quelle qu'elle soit, est une maladie liée au contrôle. On tente donc, en vain, de maîtriser ce qui nous met en échec et on se rend ainsi de plus en plus malade. L'obstination est stérile ; il faut s'abandonner, prendre conscience que le problème est plus fort que soi et qu'on ne peut le surmonter seul.

Les lettres qui suivent vous aideront à reconnaître le rôle de l'entêtement dans une relation de dépendance ; il représente un obstacle majeur à la guérison.

*Chère Robin Norwood,*

*J'ai eu du mal à lire votre livre. En fait, je le laissais fréquemment de côté, convaincue que je ne pouvais aller plus avant — voir la vérité en face fait trop mal. Chaque fois que l'envie me prenait de ranger le livre au fond d'une armoire, je ne pouvais* m'empêcher de relire un passage que j'avais souligné: «Vous qui aimez quelqu'un au point d'en souffrir deviendrez une femme qui s'aime suffisamment pour faire cesser la douleur.» J'y puisais le courage de poursuivre ma lecture. Je sais que je ne peux arrêter ma souffrance du jour au lendemain, mais le simple fait d'admettre ma douleur est un commencement.

J'ai 33 ans, deux enfants et j'ai eu deux maris. Tout à l'heure, grâce à la force que j'ai acquise en lisant Ces femmes, j'ai mis fin à une relation d'un an avec un homme marié. Ces trois hommes ont toujours eu besoin d'être pris en charge et mon habitude d'intervenir a même eu des répercussions sur mon travail. J'enseigne à des inadaptés. On m'a félicitée et louangée dans ma carrière, mais je comprends mieux aujourd'hui mes véritables motivations. Quand on me demandait pourquoi j'avais choisi de travailler avec des déséquilibrés, je répondais que je n'avais pas choisi ce travail, qu'il s'était imposé à moi comme une vocation. Comme je me trompais! Quel emploi idéal pour une femme qui veut toujours tout arranger! Je ne changerai pas de travail, mais quand j'y retournerai, en septembre, ce sera plus consciemment et avec une attitude plus saine.

Vous parlez de l'alcoolisme et du dysfonctionnement des familles. Ma famille n'était pas perturbée par l'alcoolisme, mais par la mort du seul autre enfant, mon jeune frère, né dix-neuf mois après moi. A l'âge de 5 ans, on lui a découvert une tumeur cérébrale. Son agonie s'est prolongée pendant trois ans. Avec lui, mes parents et moi mourions un peu plus chaque jour. Il est décédé en octobre et mes parents ont divorcé en décembre; ma mère s'est remariée en février, mon père en mai... et moi, j'ai passé *trente-cinq ans de ma vie à essayer d'arranger les choses, de rassembler la famille, sans vraiment m'en rendre compte jusqu'à ce que je lise* Ces femmes. *Entre-temps, j'ai fait du mal à deux hommes, et à mes propres enfants.*

*Si vous écrivez un autre livre, veuillez parler des conséquences que la mort d'un enfant peut avoir sur la famille. Il doit y avoir sur terre d'autres personnes comme moi qui, ayant perdu un frère ou une sœur, ne réalisent pas à quel point ils sont encore perturbés. Les parents d'un enfant décédé reçoivent beaucoup de sympathie, mais ses frères et sœurs se rendent vite compte qu'ils ne seront jamais assez gentils, assez intelligents, assez beaux ou assez forts pour combler le vide. Jamais ils n'aimeront suffisamment ou seront assez parfaits pour justifier leur propre existence et le fait qu'ils vivent encore alors que leur frère ou leur sœur n'est plus. S'il vous plaît, essayez d'aider ceux qui n'ont pas choisi d'être survivants et qui connaissent ce tourment. Vous, vous pouvez toucher des millions de gens. Pas moi.*

*J'ai obtenu mon diplôme au collège avec une moyenne de 3,98 et je me rappelle avoir pensé à la fierté qu'auraient ressentie mes parents si seulement j'avais pu obtenir la note maximum. J'avais l'impression d'avoir trahi la famille.*

*J'espère avoir pleuré les dernières larmes de mon corps au moins pour quelque temps. J'espère qu'un bon matin je me lèverai, me regarderai dans le miroir et me dirai : «Moira, tu es une personne aimée. Surtout par toi-même.» Ce jour-là, j'aurai fait un pas dans la bonne direction et je posterai cette lettre.*

*Moira D.*

La lettre de Moira décrit bien comment un enfant peut être affecté au point de développer des relations de dépendance pour le reste de sa vie. La mort d'un enfant atteint toujours profondément les membres de sa famille et influencera les rapports qu'ils entretiendront désormais entre eux. Les membres d'une famille ainsi éprouvée ont beaucoup de chance s'ils parviennent à analyser leurs peurs et leurs sentiments de culpabilité, et s'ils réussissent, en partageant leur chagrin, à créer des liens plus intimes et honnêtes entre eux. Cependant, la peur de perdre encore un être aimé engendre trop souvent un réflexe d'introversion, d'éloignement. Lorsque cela se produit, les enfants qui restent peuvent vouloir assumer la tâche démesurée de ramener la sérénité dans la famille.

L'intensité des réactions de Moira est proportionnelle à la difficulté qu'éprouve la famille à assumer la douleur provoquée par la mort de l'enfant. Moira a perdu beaucoup plus que son frère, son support affectif — sa famille — s'est effondré. La lente agonie de son frère a détruit les relations entre ses parents. Incapables de pleurer la maladie, puis le décès de leur enfant, ils ont cherché, chacun de leur côté, l'oubli et la consolation dans les bras de quelqu'un d'autre. Leur divorce, suivi de près par leurs remariages respectifs, ont laissé Moira émotionnellement isolée. Elle a alors essayé d'étouffer son désespoir en tentant de remédier à la douleur de ses parents. Quand ses efforts pour être parfaite échouèrent, elle redoubla ses tentatives, et sa douleur et son obsession s'accrurent, en même temps que son sentiment d'échec.

On entend souvent dire, dans le domaine du traitement des dépendances, que l'alcoolisme ne crée pas de problèmes dans les relations d'une personne ou dans sa famille; il ne fait qu'amplifier ceux qui sont déjà là. Cela s'applique aussi bien à tout événement profondément perturbant qui se produit dans un foyer et ne peut être reconnu et analysé ouvertement. C'est le cas chez Moira. Je crois pouvoir affirmer que les membres de cette famille avaient des difficultés à communiquer franchement et en toute intimité même avant la mort de l'enfant. Cet événement n'a fait qu'accroître cette incapacité. De plus, je parierais que Moira ressentait déjà un grand besoin d'être «à la hauteur» bien avant que son frère ne tombe malade. La mort de celui-ci transforma un trait particulier en un trouble caractériel. Moira tentait, par son perfectionnisme, de contrôler l'incontrôlable (dans son cas, l'éclatement de la famille). Elle a inévitablement laissé sa peur des situations qu'elle ne pouvait maîtriser (et l'attraction qu'elle avait pour ces situations qu'elle désirait régler) envahir tous les aspects de sa vie adulte. Elle a essayé encore et encore les mêmes trucs, avec les hommes et les amis, avec ses enfants et même dans son travail.

## L'alcoolisme ne crée pas de problèmes, il amplifie ceux qui existent.

La deuxième lettre de Moira, écrite en réponse à ma demande de publier la première, révèle tout de suite une inquiétude, commune chez les femmes qui aiment trop: elle craint que sa fille n'hérite de ses difficultés. Quand elles ne sont pas préoccupées par leur conjoint, les personnes qui ont des relations de dépendance vont très souvent concentrer leur énergie sur leur enfant.

Cette seconde lettre permet de voir que le pouvoir et le contrôle font depuis longtemps partie de l'histoire familiale de Moira et que, sous prétexte d'aider, elle les a utilisés dans ses rapports avec ses proches. C'est un exposé sur les relations interpersonnelles soumises à une volonté de fer. Elle indique aussi que cette obstination peut être cachée, du moins à soi-même, lorsqu'on assume alternativement les rôles d'aide ou de victime.

Moira est coincée dans ce qui est devenu chez elle une très vieille habitude de comportement. Elle ne peut plus continuer ainsi, car elle n'obtient pas les résultats heureux qu'elle attendait. Et pourtant, elle ne peut réagir autrement que sous tension.

*Chère Robin,*

*Mes enfants reviennent tout juste d'un séjour de trois semaines chez leur père. Ils ne l'avaient pas vu depuis notre divorce, il y a cinq ans. Cette séparation de trois semaines nous a été bénéfique à tous, surtout à moi, puisqu'elle m'a permis de me rendre compte à quel point mon attitude de femme qui aime trop les affecte.*

*Quand vous m'avez demandé l'autorisation d'utiliser ma lettre pour votre livre, j'ai pensé vous écrire car cette maladie semble vouloir se transmettre. Mon premier enfant, une fille, m'a redonné droit à la vie, moi qui m'étais mariée et qui formais une famille tandis que mon frère n'avait même pas pu atteindre l'adolescence. A sa naissance, elle pesait 5 kilos et mesurait 60 centimètres. Toutes les infirmières et plusieurs médecins que je ne connaissais pas faisaient un détour par ma chambre d'hôpital pour me féliciter de ce merveilleux bébé. J'étais au paradis.*

*Je prouvais à mes parents que j'étais capable de tout faire à la perfection, même de donner la vie.*

*C'était un nourrisson parfait. En plus d'être très belle, elle faisait rapidement et exactement tout ce qu'on attendait d'elle. Des passants nous arrêtaient au supermarché et dans la rue, s'exclamant devant ses charmes. Elle ravissait mon père, mais ma mère la rejetait et refusait de se faire appeler grand-maman.*

*Je m'aperçois aujourd'hui que je permettais rarement à mon mari de s'occuper du bébé. Dans mon esprit, il était incapable de lui apporter ce dont elle avait besoin. Moi seule pouvais lui prodiguer le véritable amour et une bonne éducation. Pauvre petite! A l'école, on l'a tout de suite mise avec les enfants doués et, encore une fois, mon existence s'en trouvait valorisée. Mais cela ne m'impressionnait pas: je n'attendais rien de moins d'elle. Après tout, c'était ma fille. Comment pouvait-il en être autrement? Lorsqu'elle était en sixième année, j'ai décidé de reprendre les études et de préparer une maîtrise. Elle a insisté pour que nous comparions nos résultats scolaires. Bien sûr, j'accumulais les «A» pendant qu'elle obtenait quelques «B». Un jour, son professeur a demandé à me voir, croyant que ma fille n'était pas aussi heureuse qu'elle le devrait. Quelque chose s'était mis à clocher.*

*A 15 ans, elle n'est plus l'enfant parfaite. Elle a eu deux échecs scolaires l'année dernière. Elle refuse de croire qu'elle est jolie, même si les garçons lui tournent autour comme des abeilles. Je lui répète et j'essaie de lui faire comprendre à quel point elle est super, mais elle rejette cette évidence puisqu'elle vient de moi. Robin, est-ce que la plupart des femmes comme moi transmettent cette maladie à leur fille? La pensée que cela pourrait être le cas me terrifie. On dirait que ma fille n'aime pas **assez**, ni les* autres ni elle-même, mais j'ai bien peur qu'elle n'**aime trop**, comme sa mère. Est-ce possible, dites-moi ? Je me sens tellement coupable. Je l'aime tant et j'ai peur pour elle. Elle rejette obstinément toute idée de thérapie. Avant d'insister pour qu'elle recherche de l'aide, j'attends donc de voir comment se déroulera l'année scolaire et si ma nouvelle attitude portera ses fruits.

De plus, je dois vous dire comment j'ai choisi mes deux maris, ce que je n'ai compris que très récemment. J'ai épousé mon premier mari à 17 ans ; il en avait 30. Je viens d'une famille très aisée et j'ai épousé un employé de station-service. Cela en dit déjà beaucoup. J'ai pensé être capable de faire quelqu'un de cet homme et, bien sûr, mon attitude nous a donné beaucoup de tourments. Mon père nous a fait déménager afin que mon mari puisse travailler avec lui et prendre un jour la suite de ses affaires. Mais un tel rêve n'aurait jamais pu se réaliser. Mon mari n'était jamais assez bon, ni aux yeux de mon père ni aux miens. Ce travail ne lui convenait pas et il ne pouvait sûrement pas devenir la version masculine de moi-même, pas plus qu'il ne pouvait remplacer mon frère décédé. Mais, bon Dieu, ce que nous avons insisté ! Devant nos pressions, il a rué dans les brancards et s'est mis à me maltraiter. Notre mariage s'est finalement désintégré après onze ans et demi.

J'étais seule depuis un mois seulement quand j'ai rencontré mon second mari. Marié à 18 ans, il était divorcé depuis sept ans. Son fils de 14 ans vivait avec lui depuis sept ans. Une aubaine : deux personnes à « prendre en charge » ! Le père et le fils se droguaient, ce que j'ignorais au moment de notre rencontre — ou refusais-je tout simplement de le voir ? Mon beau-fils a été traduit en justice pour trafic de narcotiques et mon mari n'a pas travaillé pendant presque un an à cause de sa dépendance. Après cinq ans de mariage, j'ai finalement compris qu'il me fallait partir. Cet homme-là aussi me battait et j'ai dû subir une opération après qu'il m'eut frappée à la tête et perforé le tympan lors d'une de nos disputes. Aujourd'hui, je sais pourquoi j'ai choisi ces deux hommes. A l'un et à l'autre, tout faisait défaut et, j'en étais convaincue, tous deux avaient besoin d'une femme comme moi!

Je vous écris tout cela, certaine que vous comprendrez. Je sèmerais la consternation parmi mon groupe d'amis s'ils savaient dans quel pétrin je peux me mettre. On vient souvent chercher de l'aide auprès de moi. Quel soulagement de pouvoir enfin dire que je suis loin d'être parfaite!

*Moira D.*

Après avoir lu, dans la deuxième lettre de Moira, que son mari et son beau-fils sont des cocaïnomanes, je lui ai écrit pour lui demander de bien vouloir assister à des rencontres du Al-Anon* où elle pourrait non seulement mieux comprendre la dépendance aux substances chimiques et son impuissance face à ce problème, mais aussi apprendre à se dégager des difficultés de sa fille et à se

* Je lui ai recommandé Al-Anon (pour les familles et amis d'alcooliques), plutôt que Nar-Anon (pour les familles et amis de narcomanes) ou C-Anon (pour les familles et amis de cocaïnomanes) pour deux raisons. D'abord, il est plus probable qu'elle trouve un programme Al-Anon plutôt que les deux autres dans sa région. Ensuite, parce qu'il existe depuis plus longtemps, il y a des chances que certains de ses membres soient plus engagés dans la guérison que ne le seraient ceux de programmes plus récents. Mais les principes de guérison sont les mêmes pour tous ces programmes et l'idéal serait de pouvoir participer aux trois.

concentrer sur elle-même. La réponse qu'elle me fit parvenir, reproduite ci-après, montre la gravité de sa maladie, tant par le désordre de sa vie que par son refus, jusqu'à maintenant, de s'abandonner et d'accepter le soutien dont elle a besoin. Bien qu'elle soit prête à insister pour que sa fille cherche de l'aide, elle persiste à croire qu'elle peut régler seule, et dans le secret, ses propres problèmes.

*Chère Robin,*

*Ce que je vous écris a si longtemps bouillonné en moi que j'ai souvent cru que j'allais exploser. Jusqu'à ce que je lise* Ces femmes, *je pensais que personne ne pouvait comprendre mes tourments. A mon avis, seuls ceux qui souffrent peuvent saisir la souffrance d'autrui. J'ai longtemps pensé qu'il était impossible d'aimer trop ou d'en faire trop pour quelqu'un, et je m'efforçais de donner toujours plus d'amour aux autres, sans m'apercevoir qu'il y avait un fond au puits de mon âme, de mon cœur, de mon être.*

*Je suppose que certaines personnes ne peuvent pas lever les yeux vers la lumière du jour tant qu'elles n'ont pas vraiment touché le fond. Un de mes amis intimes se plaît à me traiter, en ricanant, de « bien bonne fille », de « martyre au long cours », et j'en passe. Son attitude me semble plus intransigeante qu'autre chose, mais il donne l'impression d'être bien dans sa peau. Qui sait ? Il a peut-être raison. Il est évident que j'aimerais trouver la juste mesure entre nos deux points de vue.*

*A ce stade de ma guérison, il y a deux hic. Le premier se rapporte à votre suggestion concernant le groupe Al-Anon. Mon second mari me courtise sans* arrêt. *Quand nous nous sommes séparés, en mars dernier, il était amer, moi triste. Je rendais les armes, épuisée de vivre écartelée entre cette clique de drogués père et fils et mes propres enfants, empêchant tant bien que mal que ces derniers ne suivent l'exemple des deux autres ; à leur âge, 12 et 15 ans, on est très influençable. De plus, mon travail d'enseignante était aussi menacé car j'étais en rapport avec des drogués ou avec le milieu des stupéfiants. Will et Billy étaient violents envers moi, parfois même envers mes enfants. Will a déjà frappé ma voiture neuve à coups de batte de base-ball, faisant 1 000 dollars de dommages, alors que mon fils et moi étions enfermés à l'intérieur. Et juste avant notre séparation, il a retiré 20 000 dollars d'un compte d'épargne commun pour régler une histoire de drogue.*

*Quoi qu'il en soit, je n'avais plus entendu parler de lui jusqu'au mois dernier. Billy était retourné chez sa mère, en Floride, en sérieuse difficulté après avoir été deux fois inculpé pour possession de drogue. Il n'avait pas vu sa mère depuis dix ans. Will se retrouve seul maintenant et me remet peu à peu l'argent et les biens qu'il m'a soutirés. Il me téléphone presque tous les jours, suppliant, m'assurant qu'il a changé, qu'il a compris ce qu'il avait perdu, etc. Cela me tue! Lundi prochain, mon fils fête son treizième anniversaire. Will m'a remis un cadeau pour lui, alors qu'il était très jaloux de l'amour que je porte à mon fils et ne se gênait pas pour être méchant avec lui. Un jour, nous avions dit aux enfants qu'ils n'auraient plus de thé glacé après le souper. Will a surpris mon fils avec un verre plein et le lui a versé sur la tête. Comme c'est cruel et humiliant pour un enfant! Quelle mère souhaiterait une existence pareille à ses enfants?*

*Quand je commence à prendre Will en pitié, j'es-*

saie de me rappeler des incidents de ce genre. J'essaie de ne pas voir en lui un homme malheureux et seul, mais un homme dont les mauvais penchants ont nui à trop de gens. Je fais souvent le même cauchemar où je me vois avec Will au fond d'un trou profond. Je tente vainement d'en escalader les parois, pendant que Will me tire par les jambes. Mes ongles se cassent et mes doigts saignent. Tous les enfants, même le petit Billy, pleurent et me rappellent que j'ai promis de prendre soin d'eux. Parfois, notre stupide chien est là aussi. Au fond du trou, Will m'attire vers lui, me répétant à quel point il m'aime. Je me réveille épuisée. Will est toujours sans emploi et il se drogue encore, même s'il prétend avoir cessé depuis juillet. Dans sa voix, je devine la cocaïne — je la connais bien, celle-là.

Le deuxième hic concerne mon premier mari. Depuis que j'ai quitté Will, il m'envoie une pension alimentaire, ce qu'il avait cessé de faire depuis mon remariage. Cet été, pour la première fois depuis notre divorce, il a revu les enfants. Il téléphone au moins deux fois par semaine, me parle longuement et, quand je lui demande s'il veut parler aux enfants, il répond: «Oui, mais dis-leur de faire vite. C'est un interurbain.» Il voudrait que je voie mon mariage avec Will comme un congé de lui qui se serait prolongé pendant cinq ans et me supplie de revenir. Ces deux hommes me rendent complètement folle. Je sors avec d'autres, mais moins souvent qu'avant: je commence à en avoir assez des hommes.

Revenons maintenant au groupe Al-Anon. Ma plus grande peur, Robin, est de perdre le contrôle. C'est aussi pour cette raison que je ne bois pas et que je n'ai jamais été tentée par quelque drogue que ce soit. Je sais que Al-Anon est un groupe de soutien, mais j'ai vu trop de gens ne jurer que par les Alcooliques Anonymes, par un groupe religieux ou tout autre regroupement du même genre. En aucun cas, je ne voudrais perdre le contrôle de ma propre vie et, pour le moment, toute forme de thérapie me donnerait cette impression. Il me semble que cela équivaudrait à admettre la défaite et, à l'heure actuelle, je ne m'avoue pas encore vaincue. Je pense que j'acquerrais plus de confiance en moi si je pouvais faire un bout de chemin toute seule et le plus longtemps possible. Quelle ironie: toujours entourée d'hommes par peur de la solitude, je ne me rendais même pas compte à quel point j'étais seule avec eux. Maintenant, j'aimerais bien être seule avec moi-même pendant quelque temps, juste pour voir comment on se sent. Parfois, c'est merveilleux; j'ai l'impression d'être forte et en pleine possession de mes moyens. De temps en temps, je dérape un peu, mais pas très longtemps.

Toute à ma lettre, j'ai presque oublié de vous remercier pour vos conseils au sujet de ma fille. Je vais essayer de lui faire confiance, même si cela m'est très difficile — la chair de ma chair et tout le tralala... Je persévérerai quand même. Merci.

*Moira D.*

Tout au long de sa vie adulte, Moira a toujours été avec un ou plusieurs partenaires. Qu'ils aient été mariés, narcomanes, violents ou tout simplement inadéquats ne l'a pas empêchée de concentrer toute son attention sur eux. Ils servaient à la distraire de sa propre vie, de la douleur et de la culpabilité qu'elle ressent depuis si longtemps. Sa dernière lettre confirme qu'elle s'est enlisée dans des relations de dépendance. En effet, elle parle beaucoup plus d'«eux» que d'elle-même. Tant qu'elle continuera d'utiliser ses rapports avec des hommes pour éviter de faire face à elle-même, elle ne guérira pas. Moira doit les oublier et se concentrer sur sa propre vie. Ce n'est qu'après avoir compris, au plus profond de son être, qu'un partenaire ne sera jamais la solution à ses difficultés qu'elle se libérera enfin.

Il n'est pas surprenant qu'une personne ayant développé une telle dépendance envers les hommes exprime sa peur de devenir tributaire d'un programme quelconque de guérison. Le refus de Moira d'accepter de l'aide parce qu'elle croit qu'elle perdrait le contrôle de sa vie est tout à fait absurde. Il est difficile de s'imaginer une existence plus désordonnée que la sienne. Mais Moira est convaincue qu'avec de la volonté elle réussira à surmonter son problème elle-même. Tout individu dépendant peut maîtriser sa dépendance pendant un certain temps, mais mon expérience, personnelle et professionnelle, m'a montré qu'un contrôle permanent assuré par la seule obstination n'est qu'une illusion fatale ; la guérison ne vient qu'avec l'abandon. La plupart d'entre nous considèrent la ténacité comme un signe de force et de caractère, alors que la renonciation témoignerait d'une faiblesse de tempérament. Jusqu'à un certain point, cela peut être vrai ; cependant, beaucoup de personnes doivent à certains moments de leur vie accepter que leurs ressources personnelles ne suffisent pas à vaincre les difficultés. Elles doivent alors pouvoir se tourner vers d'autres qui comprennent leur problème et partagent leurs secrets. Ce n'est pas de la lâcheté, mais plutôt de l'humilité ; et cette humilité leur donne accès à une force inimaginable. Je peux prédire que Moira n'arrivera pas seule à faire en elle-même les changements essentiels à sa guérison. Sans l'aide d'autres personnes ayant traversé les mêmes épreuves, elle n'a pas les moyens nécessaires pour s'assurer un véritable rétablissement.

## La difficulté de s'engager dans un programme de guérison vient davantage du refus de perdre le contrôle de la situation que de la peur de dépendre d'un nouvel appui.

La crainte d'être sous l'emprise d'une quelconque source d'aide est fréquente chez les personnes qui souffrent de dépendance. Les alcooliques, par exemple, prétendent souvent qu'ils ont peur de dépendre des Alcooliques Anonymes et ne veulent donc pas s'engager dans le programme. Mais le concept de la dépendance ne s'applique que lorsque la vie de la personne devient de plus en plus perturbée. Si le fait de participer à un programme Douze Etapes aide quelqu'un à mener une existence moins désordonnée, c'est un signe de guérison. Rejeter ce moyen d'agir a souvent moins de rapport avec la peur de s'accrocher à une forme de soutien en particulier qu'avec le refus d'abandonner ses illusions de contrôle, son orgueil ou son entêtement. On rejette souvent un tel traitement parce que l'on n'est simplement pas encore prêt à laisser tomber sa dépendance.

La lettre qui suit montre bien les répercussions des relations de dépendance et de codépendance entre les générations, et l'attraction qu'exercent entre elles les personnes provenant de foyers perturbés. Cette lettre ainsi que ma réponse laissent entrevoir l'ampleur de la tâche à accomplir pour parvenir à la guérison.

*Chère Robin,*

*Je vais bientôt me séparer de mon troisième mari. Comme le troisième, le premier était alcoolique, et le deuxième était un homme marié pour lequel j'ai rapidement perdu tout intérêt et qui en est arrivé à battre les femmes. Mon présent mari est en réhabilitation, faisant partie des Alcooliques Anonymes depuis près de quatre ans. Nous ne sommes mariés que depuis quatre ans et demi. Grand alcoolique qu'il était, il est devenu un bourreau de travail, ce qui a provoqué chez moi la colère, la violence et le contrôle auxquels vous faites allusion dans* Ces femmes. *Tout compte fait, notre relation m'a fort peu apporté — pour ne pas dire rien — émotionnellement, sexuellement ou intellectuellement, sinon une certaine sécurité financière. Maintenant que vous connaissez ma dépendance envers les hommes, je voudrais vous parler brièvement de mon enfance.*

*Mes parents ont divorcé quand j'étais encore un bébé et ma mère m'a abandonnée alors que mon père était derrière les barreaux. Ma grand-mère paternelle (mariée en secondes noces à un alcoolique) m'a élevée jusqu'à mes 5 ans, époque où mon père s'est remarié avec une femme née de parents alcooliques. Mon père et ma belle-mère me battaient, allant jusqu'à m'enfermer dans un placard de la cave pour me punir. Cela a duré des années. Tout ce temps-là, mon grand-père paternel (le premier mari de ma grand-mère) abusait de moi. Mon père, un homme très violent, nous battait, moi et* mes cinq demi-frères et sœurs. De plus, j'assumais une quantité peu commune de responsabilités et j'avais rarement le droit de faire ce que les enfants et les autres adolescents de mon âge étaient autorisés à faire. Quant à ma mère, elle s'est mise à boire de plus en plus ; puis, pendant sept ans, elle est parvenue à rester sobre grâce aux Alcooliques Anonymes, mais elle est récemment revenue à l'alcool. Mon père, lui, est toujours un grand alcoolique. Toute la famille est fort perturbée. Les enfants se sont mariés avec des toxicomanes ou des alcooliques ; il y a eu des tentatives de suicide, etc. A 22 ans, l'un des garçons est déjà alcoolique.

Maintenant, les bonnes nouvelles. Grâce à votre livre, à ma thérapeute que je rencontre de trois à quatre fois par semaine et à mes années passées au sein d'un groupe Al-Anon, je suis en bonne voie de guérison.

Mes deux fils (du premier lit) et moi-même nous préparons à quitter mon mari et déménagerons bientôt. Nous n'avons pas encore demandé le divorce, mais je poursuis ma propre vie. Ma relation avec lui est bel et bien terminée. Je n'exclus pas la possibilité qu'une nouvelle relation puisse renaître de ses cendres, mais je n'envisage pas de revivre avec lui, à moins qu'il n'accepte de suivre une thérapie pendant au moins six mois.

Aujourd'hui, je suis plus libre et plus heureuse que je ne l'ai jamais été.

                                              Holly L.


Chère Holly,

Je vais vous aider à faire le point sur vous-même, avant que vous puissiez vous rapprocher d'une autre personne en toute confiance. Vous en voulez énormément à votre mari parce qu'il s'est perdu dans le travail après avoir arrêté de boire, ce qui semble être, de sa part, une façon consciente de vous éviter. Mais, Holly, vous avez épousé cet homme alors qu'il buvait ! Il n'était pas plus disponible à ce moment-là. Voilà pourquoi votre rage devant sa compulsion au travail n'a pas vraiment de sens.

Vous avez compris, assez justement, les rapports qui lient l'histoire de votre famille à votre existence et à ce que vous êtes actuellement. Mais vous devez vous rendre compte que votre mari n'est pas votre principal problème et que vous l'avez épousé parce que vous étiez à l'aise avec le peu d'intimité qu'il pouvait partager (et avec les drames et le désordre qui accompagnent une vie d'alcoolique). Votre compréhension de vous-même et de votre famille ne suffit pas encore à vous enseigner comment vous rapprocher d'une autre personne. Aucune d'entre nous ne peut changer complètement ses rapports avec autrui. Quelle chance si l'on peut tout juste faire un peu plus confiance à l'autre, s'en rapprocher honnêtement et, sans tenter de le manipuler, accepter simplement et avec grâce l'intérêt qu'il nous témoigne ! Vous exigez de votre mari quelque chose que vous ne pourriez probablement pas recevoir, pour le moment.

Un ami très sage, prêtre épiscopalien, m'a dit un jour que lorsqu'on lui demandait s'il croyait au divorce, il répondait : « Parfois, les gens ont besoin d'être séparés. Mais on ne devrait jamais se quitter avant d'avoir appris ce que l'échec de notre relation veut nous enseigner. Tant qu'on n'a pas compris cette leçon, elle risque de se présenter à nouveau dans la prochaine liaison, et peut-être aussi dans la suivante.» Parfois quand on a enfin tiré un enseignement, on se rend compte qu'après tout partir ou rester n'était pas le véritable problème. L'essentiel est de prendre conscience de ses propres imperfections et de celles de l'autre et de les accepter.

## C'est dans le renoncement que la question de rester ou de partir se règle d'elle-même.

Tant que vous exigerez de votre mari plus d'attention que ce qu'il est capable de donner, il s'éloignera de vous de plus en plus, par autodéfense, par peur et par colère. Ce besoin compulsif de changer une autre personne est l'un des éléments les plus destructeurs de la codépendance. Plutôt que de céder à cette obsession, vous pouvez apprendre à vous arrêter et à faire face en silence à votre anxiété, à votre mécontentement, à votre frustration ou à l'émotion, quelle qu'elle soit, qui vous étreint. Suivez cette émotion jusqu'à sa source. Permettez-lui de faire surface. Ressentez ce trouble, vivez-le, explorez-le et laissez-le vous enseigner ce qu'il signifie. Parce que personne ne peut vous éviter la douleur de votre passé. Aucun partenaire ne peut vous donner assez d'amour ou de distractions pour l'étouffer. Vous devez l'affronter, assumer et permettre à votre puissance suprême de vous aider à guérir. Alors seulement vous aurez appris la leçon dont parlait mon ami.

Si vous pouvez mettre en pratique tout ce que vous avez appris de vos thérapies et des rencontres du Al-Anon pour accepter votre mari tel qu'il est, sans colère ni ressentiment, sans vouloir le changer ou le punir, sans être affectée personnellement par ce qu'il fait ou ne fait pas, vous aurez vraiment reçu le cadeau que votre relation essaie de vous donner. Après cela, la question de rester ou de partir se réglera d'elle-même, je vous le promets.

En général, une relation de dépendance s'établit avec un conjoint ou un amant. On peut se croire guéri après une rupture. Cependant, comme l'indique la lettre suivante, un tel concours de circonstances signifie rarement une guérison.

*Chère madame Norwood,*

*Je me suis procuré un exemplaire de* Ces femmes *et j'ai dû cesser de le lire au bureau, mes cris de « Ô mon Dieu ! » incommodant trop mon patron. Pendant vingt ans, j'ai été mariée à un homme qui, quand il ne buvait pas, en avait les mêmes caractéristiques : colérique, dénigreur et imprévisible.*

*Je le comparais toujours à un aigle emprisonné dans une cage et frappant les barreaux de ses ailes. Moi j'étais un joufflu canard domestiqué, heureux dans sa cage. De temps en temps, l'aigle se libérait ; le canard s'envolait avec lui, heureux de cette escapade, mais content de revenir à la cage. L'aigle y revenait aussi, mais se remettait bientôt à se blesser les ailes aux barreaux.*

*Il y a deux mois, mon mari s'est enfui avec ma meilleure amie. Quelque part, il vit son fantasme avec elle. Quand il m'a quittée, j'ai tout de suite pensé : « S'il ne veut pas de moi, qui me voudra ? » Cela vous semble familier ? Je pesais quinze kilos de* trop, mais il prétendait que cela ne lui déplaisait pas du tout; je l'ai pourtant entendu dire à d'autres qu'il aurait bien aimé que je maigrisse. J'ai toujours pensé qu'il était plus intelligent, plus beau, plus tout que moi, et que j'avais de la chance d'être avec lui. Comment pouvais-je exister sans lui?

Il y a deux ans, j'ai trouvé un travail que j'adore et qui met en valeur, à ce qu'on me dit, ma débrouillardise, mon originalité et mon ingéniosité. J'ai aussi commencé à chanter et à jouer dans un théâtre local qui présente des spectacles fort appréciés. Je m'étais remise à écrire, mais, à la maison, on me percevait encore comme stupide, ignorante et ennuyeuse. Nos deux plus grands enfants, en pleine crise d'adolescence, me rendaient responsable de leurs problèmes. J'étais idiote, ne le savais-je donc pas? Comment pouvais-je exister en dehors de la maison si j'étais imbécile à ce point?

L'automne dernier, notre fille de 15 ans a fait une fugue de deux jours. Elle abusait de l'alcool et des médicaments. Délaissant l'attention que je portais à mon mari, j'ai déployé tous mes efforts à aider ma fille. Il pensait que nous devions la jeter à la rue et refusait de prendre la situation en main. A cela, je répondais: «Elle est notre enfant, je ne la rejetterai jamais!» Grâce à une thérapie, elle a commencé à guérir. Par contre, ma vie conjugale se détériorait. Je m'apercevais bien que mon mari était de plus en plus attiré par mon amie, mais je n'avais rien à lui offrir et ma fille me préoccupait trop.

J'étais impuissante. En vingt ans, nous n'avons été vraiment proches que six fois, soit tous les trois ou quatre ans. Dans ce cas, on ne peut plus parler d'amour partagé et de compréhension. Pendant dix ans, j'ai cherché en thérapie ce que je pouvais bien faire de mal et comment je pouvais changer pour améliorer la situation. Après tout, est-ce que tout n'était pas ma faute?

Quand il m'a quittée, une amie m'a renseignée sur la dépendance envers les médicaments et ses effets sur la vie familiale. Tout à coup, les pièces s'emboîtaient, les pièces d'un casse-tête que j'essayais de faire depuis plus de vingt ans! Je me suis mise à fréquenter un groupe Al-Anon et j'en ai retiré un bien immense.

Si mon mari ne veut plus de moi, quelqu'un d'autre me voudra. Je ne suis ni sotte ni laide, et j'ai quelque chose à offrir. De plus, j'ai perdu douze kilos et je persiste à faire mes exercices et à suivre mon régime. La nourriture, surtout les sucreries, m'attire moins. Je continue de jouer et de chanter. Je maintiens scrupuleusement mes résolutions et je survis sans mon mari.

Par contre, ma fille se drogue; elle s'est remise à boire et devient violente. Elle est en chute libre et je retrouve chez elle le comportement de mon mari. Lundi, j'ai décidé de la placer pour six semaines dans un centre de réhabilitation pour jeunes drogués et alcooliques. C'est ce soir que je la mets au courant. A l'heure qu'il est, elle habite chez une amie thérapeute et la semaine dernière, elle a fugué deux fois; nous en avons conclu que, si elle n'était pas heureuse à la maison, nous devions trouver un endroit plus agréable pour elle. Si, ce soir, elle fait une autre fugue, je n'aurai plus le choix: je devrai appeler la police. Je sais que si elle entreprend une thérapie, elle persistera. Elle appelle à l'aide.

Il y a un mois environ, j'aurais sûrement paniqué, cherchant désespérément ce que j'avais bien pu faire à cette enfant pour qu'elle agisse ainsi. J'arrive difficilement à ne pas intervenir et à garder

*toute ma tête dans ces temps de crise. Dieu merci, je*
*m'améliore.*

*Je n'ai aucune idée de ce que me réserve l'avenir*
*mais, pour le moment, je suis plus en paix avec moi-*
*même que jamais auparavant. Je m'aime, Je me sens*
*bien. Ma survie ne dépend plus de mon mari. Tous*
*mes remerciements pour votre livre. Il m'a ouvert les*
*yeux et m'a aidée à me prendre en main.*

*Willow D.*

Chère Willow,

Je vous félicite des progrès que vous avez faits
dans la compréhension de vous-même et de votre
famille, mais je tiens à vous mettre en garde. Avec
ma connaissance des relations de dépendance
(votre cas est du type coalcoolique), il m'est facile
de comprendre que vous n'ayez pu vous détacher
de votre mari que pour vous concentrer sur votre
fille. Maintenant qu'il n'est plus à la maison, votre
tendance à vouloir vous occuper des problèmes de
votre fille va devenir de plus en plus forte. Très
souvent, lorsque le partenaire d'une personne souffrant de dépendance dans ses relations disparaît,
celle-ci ne peut s'empêcher de diriger son énergie
vers l'être le plus proche. Il s'agit souvent de son
enfant (ou de ses enfants) ; celui-ci devient alors le
centre de son attention. La malade ne se rend pas
compte qu'elle continue ainsi de nourrir son obsession.

Les gens n'abandonnent pas l'alcool ou des drogues pour plaire aux autres, qu'il s'agisse de leurs
maris, de leurs femmes, de leurs parents ou de leurs
enfants. Ils le font parce que les conséquences de
leur dépendance leur sont devenues intolérables.

Au risque d'encourir les foudres de tous les parents

qui s'entêtent à le faire, je tiens à vous dire que votre premier devoir n'est pas de trouver des solutions pour votre fille adolescente. Vous devez d'abord vous occuper de vous-même. En vous soignant et en ne laissant pas le comportement de votre fille désorganiser votre vie, vous lui rendrez un meilleur service ainsi qu'à vous-même.

C'est un amour très noble que de laisser un être cher assumer les conséquences de ses actes et apprendre les leçons qui en découlent. Quand on court-circuite ces conséquences, par peur ou par sentiment de culpabilité, c'est plus souvent pour son bien personnel que pour celui de la personne qu'on aime. Quand on se sent responsable, on a besoin d'aide pour analyser **ses propres sentiments de malaise**. On doit faire la différence entre ses problèmes et ceux des autres. Je vous conseille fortement de laisser votre fille affronter **ses** abus d'alcool et de drogues. Vos tentatives, en tant que coalcoolique, de lui imposer une solution ne sont que l'expression de votre maladie. Votre propre guérison commence à peine et il vous reste beaucoup à apprendre pour ne plus diriger et contrôler ceux qui vous entourent.

## Personne ne cesse de boire ou de se droguer pour faire plaisir aux autres.

Je vois constamment des adolescents et de jeunes adultes qui, désireux d'assumer la responsabilité de leur vie et de guérir (le premier élément est nécessaire au deuxième), supplient littéralement leurs parents de ne plus les couver, de ne plus leur donner de l'argent, ou de leur trouver de l'aide, car ils veulent surmonter seuls leurs difficultés. Et j'entends ces parents répondre à leurs enfants qu'ils ne peuvent supporter de les voir souffrir, et qu'ils ne peuvent s'empêcher de les soutenir. J'ai aussi très souvent entendu des malades en voie de rétablissement d'une dépendance — alimentaire, alcoolique ou narcotique — dire: «Mes parents ont dépensé plus d'un million de dollars à essayer de me soigner. Ce n'est qu'après leur démission que j'ai décidé de faire quelque chose pour m'en sortir.» La meilleure règle à suivre avec les personnes dépendantes est de ne pas agir à leur place.

D'une certaine façon, nous, les intoxiquées de relations, représentons un danger parce que nous avons **besoin** de nous préoccuper de quelqu'un afin de nous distraire. Notre attirance irrésistible envers les besoins et les défauts d'autrui nous pousse à idéaliser notre attitude au lieu de la voir comme la maladie qu'elle est réellement (c'est exactement ce que vous faites lorsque vous comparez votre mari à un aigle). Nous sabotons souvent la croissance d'un autre et son respect de lui-même en assumant une trop grande responsabilité face à son développement. Willow, faites le plus beau cadeau qui soit à votre fille: ne concentrez plus votre énergie sur elle et sur sa guérison et tournez-vous plutôt vers vous-même.

Bien des gens désirent se distinguer au moins dans un domaine. Il s'agit là d'un rêve courant mais qui mène rarement à la sérénité, à la paix de l'âme. Lorsque, par exemple, les personnes ayant des relations de dépendance souhaitent être différentes, originales, elles ont parfois tendance à s'identifier aux aspects les plus négatifs de leur passé et de leur maladie. La conviction (accompagnée d'anecdotes pour le prouver) qu'on a eu l'enfance la plus malheureuse, les amants les plus dangereux ou les expériences les plus étranges peut être une manière d'attirer l'attention des autres. Après avoir adopté cette pratique, l'abandonner pour retrouver la tranquillité et le calme peut donner l'impression de choisir une vie de médiocrité. Mais pour guérir, on doit absolument se défaire de cette habitude parce qu'elle développe, dans l'identité exagérément dramatique qui s'est créée, l'apitoiement ou la surestimation de soi, ou même les deux ; elle représente une détermination à remporter la palme dans la catégorie « meilleure ou pire » de la vie. On ne retirera pas grand-chose à essayer d'atteindre un tel but, mais on gagnera beaucoup à rétablir l'ordre dans sa vie, à accepter le passé, à pardonner, à tirer parti de ses erreurs et à poursuivre sa route avec plus de sagesse.

La lettre qui suit pourrait gagner un prix dans la catégorie « meilleure ou pire » dont je viens de parler. Hedy, l'auteur, se complaît dans les rôles mélodramatiques qui se sont succédé dans sa vie. Dans la deuxième partie de sa lettre, elle explore la possibilité de vivre plus sainement, plus calmement. Elle devra cependant laisser tomber une bonne dose d'orgueil si elle veut vraiment changer.

*Chère Robin,*

*Veuillez m'excuser pour cette lettre sans cérémonie, mais vous risquiez de ne jamais la recevoir si j'avais dû la taper à la machine.*

*J'ai lu votre livre comme si j'étais une joueuse de base-ball invétérée : je le lisais partout et j'en parlais à tout le monde !*

*Je suis une femme qui a trop aimé (qui aime peut-être encore trop). J'ai été neuf ans en thérapie — assez longtemps pour financer les études supérieures du bébé de mon thérapeute! Je donnais toujours cent dix pour cent de mon énergie, quémandant autour de moi de la sollicitude et des encouragements, mais j'ai été profondément déçue. Maintenant, je sais de quoi il retourne. Jusqu'à aujourd'hui, je me sentais prête à faire le grand saut, mais sans savoir comment m'y prendre ni quel était mon véritable problème.*

*Il se peut que mon histoire et mes anecdotes choquent vos lectrices. J'ai rencontré et couché avec une quantité incroyable d'hommes, de toutes les origines ethniques, de tous les âges et de toutes les professions imaginables. De temps en temps, je rencontrais un homme gentil: le genre d'homme pour lequel je n'avais aucun respect. Je les trouvais «faibles».*

*Maintenant que j'ai 36 ans, j'ai décidé qu'il était temps de faire le point. En lisant votre livre, j'ai revu ma vie. Je suis surprise d'avoir obtenu une licence en physiothérapie, un diplôme de danse et de théâtre, deux certificats d'enseignement et d'avoir une formation pour pratiquer le massage et l'hypnotisme; et je travaille à plein temps dans un hôpital. Ma santé et l'exercice physique quotidien m'occupent aussi beaucoup. J'ai, bien sûr, un million d'amis!*

*Alors que je lisais votre livre, des phrases comme «J'ai besoin de toi pour réaliser mon rêve» et «Tu m'as laissé tomber» me revenaient à l'esprit. On me les avait dites si souvent. Je vois maintenant à quel point les hommes me manipulaient. (Il m'est encore difficile d'admettre mes propres manipulations.) Remontant à mon enfance, je m'aperçois comment* mes parents et moi sommes entrés dans la danse. Ma sœur était la princesse et je n'ai été mise au monde que pour lui fournir une compagne. Ma mère m'a avoué la grande déception que je lui ai causée en ne répondant pas à ses attentes à cet égard.

Comme vous l'avez dit, une famille ne change pas. Mes parents attendent par exemple que j'assume les frais d'interurbain quand six personnes veulent occuper mon petit pied-à-terre pendant dix jours. Et pourquoi pas ? Je l'ai déjà fait. Maintenant, on n'imagine rien de moins ! Je crois que les personnes comme celles que vous décrivez dans votre livre, et dont je suis, sont souvent poussées par la société, la famille et les amis à entrer dans un cercle vicieux.

Ma vie est excitante (comme les montagnes russes — les gens adorent regarder): toujours un amant différent, toujours un restaurant ou un événement différent, toujours sur le haut de la vague. Autour de moi, on comprend mal comment je peux passer une nuit blanche et travailler le jour suivant avec une incroyable énergie, ou quitter mon travail sur la côte Est pour aller épouser un parieur de la côte Ouest, de vingt-neuf ans mon aîné et que je ne connaissais même pas. Auparavant, je racontais ces histoires avec humour et fierté pendant qu'on s'émerveillait de mes prodiges.

Quand je me suis mise à lire votre livre, je fréquentais un «gentil garçon» (peut-être) et un autre homme que je qualifierais de «charismatique». Le bon garçon était un ostéopathe plein de douceur et de patience, qui pourtant ne me subjuguait pas. Par contre, les superbes flatteries de monsieur Charisme m'attiraient beaucoup plus ; elles étaient tellement sincères (?). Qu'il frappe à ma porte à 3 heures du matin pour que l'on parle et fasse l'amour avait *quelque chose de tellement romantique! Avec le temps, monsieur Charisme arrivait toujours affamé, sans jamais oublier de faire les éloges de ma cuisine, évidemment. (Bien sûr qu'il l'aimait vraiment!) Par la suite, il ne se montrait qu'au beau milieu de la nuit. Qui d'autre l'aurait laissé entrer? Et si les phares de sa voiture ne fonctionnaient plus (il a déjà attendu deux semaines avant de les faire réparer), il me demandait d'aller le chercher et de le ramener chez moi. (Pourquoi pas, il n'était qu'une heure du matin...) C'était un parolier doué qui n'allait travailler à Hollywood qu'un week-end de temps à autre : juste ce qu'il fallait pour payer son loyer et s'acheter de la cocaïne.*

*Je continuais de mépriser l'ostéopathe, me permettant parfois d'écouter de chez lui les messages que mon autre amant laissait sur mon répondeur. Si monsieur Charisme me cherchait, je rentrais vite à la maison et j'attendais son appel.*

*Après avoir terminé les trois quarts de votre livre, m'obligeant à rester le soir à la maison pour lire, j'ai compris qu'il ne revenait qu'à moi seule de faire les gestes qui me semblaient alors indispensables.*

*Robin, vous savez combien c'est difficile!*

*Quelques-unes de mes tactiques peuvent peut-être aider certaines de vos patientes. J'ai commencé par demander des petites faveurs à monsieur Charisme. Je me suis permis, par exemple, quelques communications téléphoniques à ses frais parce que j'avais besoin qu'il fasse une course pour moi, ou qu'il vienne me chercher. N'importe quoi. J'ai aussi laissé mon répondeur ouvert pour pouvoir filtrer les appels, puis je ne lui ai parlé qu'au téléphone pendant deux semaines. Un beau soir, j'ai eu envie de me divertir en sa compagnie et je l'ai invité pour un événement particulier, m'assurant d'avoir un autre rendez-*

vous deux heures plus tard. (Nous nous sommes vus en public.) Ces petites manigances m'ont éloignée de lui sans me donner l'impression de le rejeter brutalement. Je le regardais sous un nouveau jour, pensant aux leçons de tennis qu'il ne m'avait jamais données, à la voile, aux randonnées à bicyclette que nous n'avions jamais faites.

Puis, je me suis demandé ce que m'apportait notre relation. La réponse ? Du sexe et de la flatterie. Je me suis imaginé son esprit complètement enfumé et très altéré par la drogue, afin de m'apercevoir à quel point ce qu'il disait était ridicule. J'accordais aussi plus d'attention à ses défauts physiques : la calvitie le menaçait et son crâne luisant avait toute mon attention (silencieuse) ; son alimentation n'était pas très saine et je comparais son corps mou au petit bonhomme de pâte Pillsbury. En parlant de lui, je l'appelais mon «crétin charismatique».

Une nuit, il a téléphoné — à 2 h 30, 3 heures, 3 h 30, 4 heures, 4 h 30 et 5 heures du matin —, laissant des messages de plus en plus insistants. Son attitude me donnait une bonne raison (même si je n'avais pas besoin de me justifier) d'arrêter toute cette histoire, et j'en étais soulagée. Je me suis quand même demandé si je ne devais pas répondre à ses appels, et ce qu'il allait penser de moi si je ne le faisais pas. (La guérison n'est pas instantanée !)

Il y aura toujours un «crétin charismatique». Le plus difficile est de s'en tenir aux gars corrects, car je me surprends à penser : «Il n'y a rien là.» Et l'autre petite voix renchérit : «Qu'est-ce que tu croyais ? Ce petit garçon est un être humain comme les autres. Tu as fait un grand pas, alors ne lâche pas.» Mon ostéopathe n'est peut-être pas **l'homme** qui me convient, mais du moins je peux m'exercer avec lui !

Quand je panique, je cherche pourquoi et je me

*demande ce que je veux. J'attends que la panique
me quitte, ce qu'elle ne manque pas de faire.*

*Dorénavant, je consacre toute mon énergie à mon
travail. Je me répète souvent que si je lui accordais
autant de temps qu'à mes relations, je serais
célèbre! J'attire les gens de façon incroyable. J'ai la
chance d'être entourée d'amis et d'avoir de nombreux contacts professionnels; je peux donc continuer dans la voie que je me suis fixée.*

*Je suis prête à prendre des décisions (ce qui repré-
sente toujours un risque) et je sais maintenant ce
qui est bon pour moi. Quand je passe à l'action,
j'aime observer les réactions que cela provoque. J'ai
l'impression d'avoir du pouvoir. Un pouvoir qui a
les deux pieds sur terre. Ça fait du bien!*

*Hedy P.*

Chère Hedy,

La clé de votre comportement se trouve dans le
paragraphe concernant vos rapports avec vos
parents et votre sœur. En le lisant, j'ai compris
tout le reste parce que, dans les autres domaines
que vous décrivez — votre travail, vos amitiés, vos
relations et votre mariage —, je vois ce besoin
compulsif de vous détacher de l'identité que vous
a donnée votre famille. Leur insistance à vous
considérer comme une auxiliaire de votre sœur et
leur incapacité de vous reconnaître comme une
personne valable, unique et distincte doivent encore
vous blesser profondément puisque vous faites des
prouesses exagérées pour montrer que vous êtes
agréable, compétente, intéressante et attrayante,
et pour vous distraire de ce que je crois être la
peur que leur jugement soit correct. A la fin de
votre lettre, vous faites part de la panique qui

s'empare de vous lorsque vous n'êtes pas entièrement accaparée par une occupation. A mon avis, vous êtes sur le point de remplacer les utiles mélodrames de votre vie amoureuse par un acharnement au travail. Vous pouvez changer de formes de dépendance, mais vous ne guérirez pas, à moins de trouver le courage de vous regarder en face et de ne plus concentrer votre énergie sur un homme (excitant ou non), un nouveau travail, un nouveau diplôme, un événement social, une rencontre familiale ou toute autre distraction.

Pour vous arrêter, vous aurez probablement besoin d'aide et vous devrez admettre que vous ne pouvez pas surmonter votre problème seule. J'espère que vous saurez trouver le courage de reconnaître que votre vie n'est pas aussi stimulante et formidable que vous voulez bien le croire. De plus, si vous désirez guérir, vous devez accepter de n'être probablement jamais, pour les membres de votre famille, aussi spéciale que vous le souhaiteriez. N'accordez plus autant d'importance à leurs opinions. Leur façon de vous percevoir en dit plus long sur leur identité que sur la vôtre. Quand vous aurez compris cela, vous n'essaierez peut-être plus aussi désespérément de mériter leur attention, leur approbation et leur amour. Vous pouvez changer cette situation, mais cela vous demandera beaucoup d'humilité, car vous cachez, derrière vos activités et vos réussites, un rejet de vous-même.

## Si nous étions dans le vrai, aurions-nous besoin de guérir aujourd'hui ?

Je ne peux imaginer un défi plus grand, pour quelqu'un ayant votre personnalité, que celui de rechercher l'humilité. L'action et le pouvoir ont été vos défenses devant la douleur, et la modestie exige l'inverse : abandon, soumission et acceptation du fait qu'aucun d'entre nous ne détient la vérité et que nous devons donc nous en remettre à une puissance plus grande que la nôtre.

La guérison demande très souvent de faire le contraire de ce que nous avons toujours fait. Cela semble effrayant, n'est-ce pas ? Mais si nous étions dans le vrai, aurions-nous besoin de guérir ?

*Chère madame Norwood,*

*J'ai passé près de trente ans à m'interroger sans cesse sur le sens de ma vie, cherchant à savoir comment elle pouvait être aussi gâchée. Ma bibliothèque contient presque uniquement des livres d'autothérapie. Mes études collégiales ont surtout porté sur la sociologie et la psychologie. J'ai participé à toutes sortes de regroupements et j'ai souvent consulté un thérapeute. Pourtant, aucune de mes tentatives ne m'a vraiment aidée ni permis d'y comprendre quelque chose.*

*Mes deux ex-maris ne se ressemblaient pas du tout, c'est du moins ce que je croyais. Le premier était gentil, doux, aimant la plaisanterie, instigateur de projets et trouvant plein de centres d'intérêt tant à la maison qu'à l'extérieur. On l'aimait et on le respectait en tant qu'individu aimable et intègre. Mon second mari était un solitaire, sans passe-temps ni projets, qui aimait m'accaparer. Il voulait* toujours m'avoir à l'œil et m'en voulait d'être entourée de gens. Un certain talent de comédien et un merveilleux sens de l'humour se manifestaient à l'occasion.

D'où m'est venue cette attirance envers deux hommes aussi différents que le jour et la nuit ? Pourquoi mes deux mariages se sont-ils si mal terminés ? Je ne leur trouvais aucun point commun jusqu'à ce que je lise Ces femmes. Et tout est devenu clair : ni l'un ni l'autre n'étaient véritablement disponibles. Tous deux avaient d'autres préoccupations, l'un trouvant plein d'intérêts autour de lui, l'autre imbu de lui-même. Chaque fois, je me retrouvais dans un rôle secondaire. Comme lorsque j'étais enfant ! C'était une **habitude**, c'est évident.

Mon père était un homme préoccupé et absent. Médecin, il se permettait d'être toxicomane et alcoolique. Son caractère et sa santé se sont détériorés lentement, et il est mort d'une crise cardiaque après avoir dû garder le lit pendant deux ans. Ma mère a toujours tout fait pour lui, refusant toute aide extérieure. Ce martyre a développé chez elle une faiblesse cardiaque.

En grandissant, j'ai regardé ma mère souffrir. Elle prétendait aimer mon père, mais je n'ai jamais compris pourquoi. Il était dur envers elle, envers mon frère aîné et moi-même. Elle nous a assurés avoir reçu un grand choc quand il lui a dit sans ménagement qu'il ne l'aimait plus. Elle ne s'en était jamais aperçue, ou n'avait pas voulu voir tous les signaux avertisseurs. Elle nous a dit qu'elle était restée avec lui à cause de nous, les enfants. Mon frère était reconnaissant, mais, moi, je trouvais cela malsain. Je me serais mieux portée sans mon père. J'ai dû apprendre à souffrir, adoptant même le masque que ma mère se composait. Je me voyais le faire. Avant même que j'entreprenne mes études secondaires, je possédais bien mon personnage. J'étais profondément triste et j'assumais, en plus, la douleur de ma mère. Je me disais que je l'aimais, essayant de faire d'elle la mère que je voulais qu'elle soit. J'agissais comme si elle était cette personne inventée de toutes pièces, et il semble bien que j'en aie tiré avantage.

Sans qu'ils sachent vraiment pourquoi, mon père et ma mère étaient très sévères. Ils disaient toujours non à tout et à n'importe quoi. Ils agissaient en fonction de leurs peurs, sans tenir compte de moi ni de ma personnalité. Ils ne m'ont jamais demandé comment les choses allaient pour moi. Je ne me souviens même pas que l'un ou l'autre m'ait posé la moindre question personnelle. Ils agissaient ensemble selon leurs propres présomptions, la plupart négatives. C'était leur seul terrain d'entente. Ils se chicanaient en silence et ont supposé que ni mon frère ni moi n'en étions affectés. Si, de temps à autre, leur rage bouillonnait en surface, ils la refoulaient bien vite. Les gens bien ne se battent pas comme chien et chat. Agir ainsi aurait été vulgaire et ils n'étaient surtout pas vulgaires. Oh ! non.

En grandissant, j'étais à couteaux tirés avec mon frère. Nous tentions toujours de nous faire du mal, heureux que l'autre souffre ou soit malade. De trois ans mon aîné, mon frère ne s'est jamais opposé à mon père, et je ne l'en ai que plus haï pour cela. Il agissait sans réfléchir, parlant au mauvais moment, ce qui provoquait la colère de mon père. Moi, au moins, je savais quand me taire. Mon premier mari, toutefois, s'entendait bien avec lui et j'ai moi-même commencé à apprécier un peu plus sa compagnie.

J'ai épousé le seul homme que mon père ait vraiment accepté. A l'époque, je savais déjà que c'était un moyen détourné de me rapprocher de ce père qui m'avait toujours ignorée ou qui s'arrangeait pour me rendre la vie impossible d'une manière ou d'une autre.

Dès le début, ce mariage a pris une mauvaise tournure. Quand les enfants sont nés, je me suis aperçue que mon mari n'était présent ni pour eux ni pour moi et j'ai commencé à m'énerver, sans me rendre compte que l'histoire se répétait. Mais cette situation me semblait familière, trop familière. Me sentant coincée à cause de mes deux jeunes enfants, je me réfugiais chez ma mère. Malgré notre grande différence d'âge, nos vies conjugales et nos enfants nous rapprochaient l'une de l'autre. Sans nous en parler, nous partagions la même infortune.

Plus tard, j'ai commencé à sortir. J'ai revu un homme qui m'avait charmée plusieurs années auparavant. Il n'était pas disponible et se plaignait **toujours** de sa vie conjugale. Il avait deux enfants beaucoup plus vieux que les miens et une femme narcomane, qu'il avait au départ amenée à prendre des pilules pour maigrir. Son accoutumance l'avait poussée à falsifier ses ordonnances en vue d'obtenir des amphétamines et, de là, elle était passée à l'alcool.

Notre relation devenait de plus en plus sérieuse. Il m'accordait toute son attention et j'étais aux anges. Quant à lui, il se sentait bien avec moi puisque je ne recourais à aucune drogue et qu'il pouvait compter sur moi en permanence. Puis je l'ai épousé. A mes yeux, nous représentions l'un pour l'autre tout ce dont nous avions été privés. De prime abord, on aurait cru à un mariage béni par le ciel. Pas tout à fait, cependant. Je sentais bien qu'un problème allait survenir, mais j'étais convaincue de pouvoir y faire face; notre relation avait trop de bons côtés. Je me trompais! Je me suis mise à boire pour supporter la pression, jusqu'à ce qu'il me dise carrément qu'il me quitterait si je devenais aussi alcoolique que sa première femme. Je savais à quel point il était sérieux et j'ai cessé de boire. J'ai tenu ma promesse. De mon côté, je lui ai demandé de contrôler ses colères et d'analyser sa froideur, mais il n'a jamais respecté cette part de notre marché. Les choses allèrent de mal en pis.

A la même époque, je voyais un thérapeute et j'insistais pour que mon mari m'imite. Il ne m'a suivie que dans quelques séances orageuses. Je ne pouvais sauver seule mon mariage, mais j'y mettais beaucoup d'énergie parce que j'aimais vraiment cet homme. Je n'avais jamais autant souffert. J'étais presque anéantie. Deux fois, j'ai consulté un avocat et entamé les procédures de divorce. Deux fois, j'ai fait demi-tour. Je n'étais pas convaincue que notre mariage était foutu, et j'essayais de lui faire peur en l'obligeant à reconnaître ce qui nous arrivait. Je croyais que notre mariage signifiait autant pour lui que pour moi. Je me trompais encore!

J'ai commencé à montrer des symptômes de sclérose en plaques. Après une série de tests, deux médecins ont confirmé le diagnostic et deux autres l'ont rejeté. Il était évident qu'on ne savait pas vraiment de quoi je souffrais.

Aujourd'hui, j'ai encore ces symptômes. Après des années et des années de vaines tentatives pour sauver mon mariage, je divorce de mon second mari. Malgré tout l'inconnu qui m'attend: l'argent, la maison que j'avais fait mettre à son nom, l'auto et le reste, je suis plus heureuse que jamais auparavant. Je suis enfin parvenue à un point crucial: on m'a émotivement maltraitée **pour la dernière fois.**

*Tant pis si je deviens clocharde. Je veux me libérer
de toute ma tristesse, de toutes mes souffrances, de
tout et de quiconque y est pour quelque chose. Je
l'ai souvent dit. Cette fois-ci, je le pense de toute
mon âme.*

*Je vous envoie cette lettre, avec ses fautes et tout,
certaine que vous ne m'en tiendrez pas rigueur.*

*Leslie S.*

Chère Leslie,

Dans une famille comme la vôtre, où les deux
parents sont malades (l'un à cause de son alcoolisme grandissant et l'autre à cause de ses efforts
croissants, désespérés et inutiles pour le dominer), il n'est pas rare de retrouver une enfant dont
les besoins d'attention, d'affection et de sécurité
ont été presque entièrement ignorés. Lorsque cette
enfant devient adulte, la nécessité de se savoir
aimée est souvent insatiable, bien qu'elle n'ad-
mette pas en être digne. Si en plus, elle n'arrive
pas à choisir un partenaire sain, on peut s'attendre à des situations difficiles dans le mariage.
Après avoir cru que tous ses besoins allaient être
comblés et que les nombreuses blessures subies
pendant son enfance allaient être guéries, elle
déchante. Le vide se fait sentir à nouveau et elle
cherche désespérément quelque chose pour le
remplir. Elle se sent trahie parce que son mariage
et son conjoint ne lui apportent ni amour ni sécurité. Avec le temps, son compagnon n'est plus flatté
de lui être indispensable ; ce qu'il prenait, au début,
pour une véritable passion n'était qu'un envahis-
sant désir d'amour et cela a nui à leurs rapports.

Nous avons tous tendance à choisir un conjoint
qui soit capable du même degré d'intimité que

nous. Ainsi, deux personnes qui se marient ont souvent des passés semblables qui les ont bien ou mal préparées au partage. Ceux qui ont été blessés dans leur enfance n'apprécient guère de s'engager totalement ou d'être très intimes avec quelqu'un ; ils étouffent et se sentent menacés au plus profond de leur être. Une atmosphère tendue et des combats fréquents entre leurs volontés opposées éloignent le danger d'une trop grande proximité. Ils pensaient que le mariage serait la solution miracle mais il devient le pire de leurs problèmes.

Chacun choisit donc son camp et sa stratégie. L'un peut s'approprier le rôle de poursuivant, harcelant avec intensité puis avec rage l'autre qui, devant une telle situation, assumera le rôle de poursuivi et tentera par tous les moyens de s'éloigner, par crainte d'être submergé. A la veille d'une rupture ou d'une crise imminente, le couple peut échanger les rôles : le poursuivi traque maintenant son partenaire qui, en proie au désespoir, cesse son jeu pendant un certain temps. Cette permutation peut amener des réconciliations fondées sur l'effet sécurisant temporaire d'un changement de tactiques de guerre, mais le désir ou la capacité de ces deux personnes de donner et de recevoir de l'amour sont toujours absents. De tels revirements ne servent qu'à prolonger le manque d'intimité véritable.

Si l'ex-poursuivante change d'idée, se laisse attendrir par l'attention cajoleuse dont fait soudainement preuve son conjoint, et s'engage à nouveau dans la relation, on est revenu à la case départ. Les deux partenaires reprendront très vite leurs anciens rôles et leur comportement familiers ; encore une fois, ils n'auront pas à assumer un trop grand niveau de confiance et de familiarité l'un envers l'autre.

Dans votre premier mariage, vous semblez avoir été la poursuivante, alors que dans le second, au moins au début, vous étiez la poursuivie. Je présume que votre deuxième mari était un coalcoolique, tout comme vous. Ce qui me met la puce à l'oreille est que sa première femme soit droguée et la deuxième alcoolique. Lorsque vous avez renoncé à boire, pour l'empêcher de partir, vous avez éprouvé un immense ressentiment, ce qui est habituel dans ce genre de situation. En effet, on attend de celui qui exigeait cette sobriété une marque de gratitude. Votre lettre indique que votre deuxième mari n'est jamais parvenu à vous « récompenser ».

## Quand notre besoin de l'autre est atténué, nous trouvons plus facilement le partenaire qui a quelque chose à donner.

Lorsque vous décrivez vos tentatives pour obtenir de chacun de vos maris l'amour et l'attention dont vous aviez besoin, et à quel point elles vous ont rendue malade, vous présumez que chacun d'eux **aurait** pu vous donner ce que vous demandiez si seulement il vous avait aimée suffisamment. Je crois que cette hypothèse est erronée. Chaque homme a donné autant qu'il le pouvait et, comme ce n'était pas suffisant, chacun s'est retiré de peur d'être submergé, exaspéré de ne pas être à la hauteur. C'est un peu comme si une femme à la recherche d'eau prenait un seau et se dirigeait vers le puits marqué « mari ». Quand elle retire le seau du puits et découvre qu'il n'est pas rempli, _elle est blessée et fâchée ; elle replonge le seau encore et encore, renversant de plus en plus d'eau et en retirant de moins en moins. De guerre lasse, elle peut se tourner vers un autre puits marqué «famille», mais avec le même résultat, ce qui l'offense et l'irrite encore plus. Par contre, il y a peut-être une douzaine d'autres puits, desquels elle pourrait, si elle le voulait, puiser différentes quantités d'eau pour satisfaire ses exigences. Son erreur est de **vouloir à tout prix obtenir d'un seul puits toute l'eau dont elle a besoin**.

A cause de leur propre manque, de leur propre vide, votre famille ainsi que chacun de vos maris ne pouvaient vous donner qu'une petite partie de ce que vous désiriez. Chaque adulte a le devoir de se prendre en charge. Il ne faut pas s'entêter, s'apitoyer sur soi-même et s'obstiner à tout exiger d'une même source.

Une des principales caractéristiques de la maladie dont nous parlons est justement cette énorme dépendance, souvent cachée derrière une force apparente. Elle atteint un point culminant parce que plusieurs besoins non assouvis pendant l'enfance font surface. Les personnes qui souffrent de dépendance dans leurs relations ne parviendront pas à établir des rapports sains avant d'avoir appris à utiliser plus d'une source pour répondre à leurs attentes. Il nous faut des amis, des intérêts, la spiritualité, etc., afin de nous aider, de nous valoriser, de remplir notre vide. Si nous n'assumons pas nos propres désirs, nos liaisons seront toujours difficiles : nous pouvons jouer la carte de la (pseudo) force et choisir un homme faible, ou bien jouer sur notre fragilité et choisir un compagnon solide. Mais il y a de bonnes chances que cet homme «fort» cache en réalité des besoins personnels tout aussi profonds que les nôtres. Alors que vous vous détachez de ce deuxième mariage, j'espère que vous vous tournez vers des amis pour nourrir votre soif d'affection et que vous élargissez vos horizons afin de faire une place à l'expression créatrice et aux rapports constructifs. Cet agrandissement du cercle de vos sources vous aidera à voir votre prochain partenaire comme il est réellement, avec ses qualités et ses défauts. Lorsque vous vous rapprocherez, vous ne vous préoccuperez pas autant de vos propres exigences car elles seront moins envahissantes. Vous risquerez beaucoup moins de vous lier à lui aveuglément si vous vous occupez convenablement de vous-même. Mieux on se soigne, moins on exige de son partenaire, moins on risque de choisir quelqu'un qui est lui-même dans le besoin. On peut alors être réellement heureux et reconnaissant de ce qui nous est donné.

Les deux lettres suivantes doivent être lues ensemble pour que l'on comprenne l'entêtement d'une femme souffrant de dépendance dans ses relations. Il n'est pas difficile de lire entre les lignes et de voir la colère et le dédain de Wynne envers tous les hommes qu'elle rencontre. Comme l'indique sa première lettre, ses sentiments proviennent de son passé. Elle doit laisser tomber l'amertume qu'elle ressent à l'égard de son père si, un jour, elle veut avoir avec un homme une liaison qui ne dégénérera pas en un rapport de forces.

Bien que je n'aie pas inclus ces éléments, la deuxième lettre de Wynne renferme aussi des descriptions détaillées de lectures qu'elle me suggère de recommander et un article qu'elle croit que je devrais inclure dans mon prochain livre. Elle me conseille de participer à une émission de télévision particulière et offre enfin de réviser mes textes! La compulsion de Wynne à contrôler les autres, sous prétexte de les aider, est caractéristique des personnes intoxiquées de relations.

*Madame Robin Norwood,*

*Je ne suis pas une fille d'alcooliques, mais celle d'un homme-enfant égoïste, constamment en compétition avec moi pour s'approprier l'attention de ma mère. Comme il m'accusait d'être responsable de la maladie de celle-ci, j'ai essayé davantage encore de gagner son approbation et son amour.*

*Depuis, je ne me sens attirée que par des hommes inaccessibles. De mon propre chef, et après une lutte d'un an et demi, j'ai mis fin à une relation sans issue en envoyant à mon ami un mot d'adieu froid et définitif. J'étais amoureuse d'une idée, et l'homme en question ne reconnaissait pas ma générosité, nos sentiments n'étaient pas réciproques. Maintenant, je suis déchirée. Je sais que j'ai bien fait, mais suis-je capable de m'entendre avec un homme tendre et chaleureux? Les hommes de ce genre me semblent apathiques et ennuyeux; il n'y a aucun défi à relever avec eux.*

*Wynne F.*

*Chère Robin,*

*Il y a presque un an que je vous ai écrit. Je continue de recommander votre livre et de le relire.*

*Parlons de mes progrès. Je me «programmais» depuis quelque temps à rencontrer l'homme idéal quand le «serpent à sonnettes» que j'avais fréquenté m'a téléphoné; je l'ai revu, mais en demeurant sur* mes gardes. Pas facile d'oublier ce gars-là. Il débarque tout à coup, active le système hormonal et disparaît de nouveau. Entre-temps, ma «programmation» a donné des résultats, et un homme très gentil est apparu dans ma vie. Ayant depuis trois ans des rapports amicaux avec lui, je sais qu'il a toutes les qualités que je recherche actuellement, mais je l'avais vite catalogué comme un être ordinaire, gentil mais ennuyeux, et ne représentant aucun défi; bref, un homme qui ne m'excitait pas. Il est bon avec moi et bon pour moi, mais mon être émotif et sexuel se languit pour le «serpent à sonnettes».

Je me rends bien compte que je dois changer certaines données que j'ai en tête afin de me défaire du «serpent à sonnettes». Je ne le désire pas; je voudrais seulement que lui me désire. (Je vivais la même chose avec mon ex-mari.) Mon ego n'accepte pas que cet homme ne soit pas revenu après le mot d'adieu en disant: «Tu es une fille extraordinaire, je te veux, j'ai besoin de toi et je t'aime!» J'aurais pu alors lui répondre: «Dommage!» Vous voyez bien que c'est mon ego qui s'affirme...

Malheureusement, le «serpent à sonnettes» envahit mon esprit et mon lit — c'est une image — quand je suis avec le gars gentil.

Selon la théorie du contrôle mental, il faut faire attention à ce qu'on programme, à ce qu'on demande, puisqu'on va l'obtenir. Comme le «serpent à sonnettes» ne voulait pas de moi, j'ai prié pour que Dieu m'accorde un homme qui me voudrait plus que moi je le voudrais. Le gars gentil remplit bien cette mission. En conséquence, il faut que je me «programme» encore et demande relation de tendresse et d'amour réciproques. Je dois me dégager du «serpent à sonnettes» et apprendre à aimer et à désirer le type gentil.

*J'ai essayé de gagner l'acceptation et l'approbation d'au moins trois hommes et j'ai survécu... Je sais donc de quoi vous parlez dans votre livre! J'en ai tiré profit.*

*Wynne F.*

Chère Wynne,

Il y a deux éléments dont je voudrais vous parler. Le premier est ce que j'appellerais «l'entêtement», par rapport à «la volonté de Dieu», et le deuxième est lié au principe négatif du désir et de la séduction.

J'aimerais commencer par le dernier. Il est évident que vous n'aimez pas l'homme que vous appelez le «serpent à sonnettes» — bien que vous prétendiez l'avoir aimé et le trouver encore très attirant sexuellement. Il s'agit là d'un phénomène courant chez les femmes qui vivent des relations de dépendance, et cela n'est pas difficile à comprendre si vous cessez de croire que le grand trouble que vous ressentez a quelque chose à voir avec l'amour. Vos désirs physiques peuvent probablement se comparer à l'excitation que ressent le chasseur quand il se rapproche de sa proie. L'amour par contre est l'acceptation profonde et affectueuse d'une autre personne. Il y a un côté prédateur dans les jeux sexuels, un désir de subjuguer l'autre par l'attrait que l'on exerce sur lui. C'est un combat farouche dont l'enjeu est la domination, le contrôle et, finalement, la victoire.

## Il y a un côté prédateur dans les jeux sexuels, un désir de subjuguer l'autre par l'attrait que l'on exerce sur lui.

Il est extrêmement difficile, pour la femme qui vit des relations de dépendance, d'avoir des rapports intimes et paisibles. Cela ne devient possible que lorsqu'elle est bien engagée sur la voie de la guérison, et que les drames et les difficultés n'ont alors plus d'attrait pour elle. Quand on pense plus à sa propre sérénité et à son bien-être qu'à la recherche de l'homme idéal, alors on devient capable de choisir des compagnons avec lesquels des rapports sains sont possibles. Pour les personnes en passe de réussir, aimer réellement son conjoint consiste à partager avec lui son intimité; il n'est plus question de combattre et de conquérir un amant impossible.

Revenons maintenant au premier élément dont je vous ai parlé au début: «l'entêtement» par rapport à «la volonté de Dieu». Votre lettre laisse sous-entendre que vous êtes engagée dans ce qui est souvent appelé la «nouvelle pensée», une approche religieuse et philosophique qui préconise, entre autres choses, le recours à l'affirmation pour obtenir certains résultats. Ce qui suit n'est, bien entendu, que mon opinion, mais je désire vous en faire part.

Je crois utile et j'encourage l'usage d'affirmations pour amener des conditions favorables (par exemple: «Chaque jour je suis plus sereine»), et l'usage de dénégations afin de modifier des états défavorables («Je ne souffre plus»). Je crois, cependant, que nous commettons une grave erreur en essayant d'obtenir d'une puissance supérieure des résultats particuliers, telles la venue tant attendue d'un partenaire, ou l'arrivée d'un certain événement, ou l'obtention d'un bien matériel quelconque. Puisque cette puissance sait mieux que nous ce qu'il nous faut, nous risquons, en fait, avec nos déclarations précises (ou, pour utiliser votre mot, notre programmation), de limiter notre propre croissance et notre bien-être. Nous devrions toujours demander une aide spirituelle, plutôt qu'une chose, une personne ou un événement particulier. Par exemple, en vous programmant pour la venue d'un autre homme dans votre vie, vous vous engagez peut-être à vivre des relations difficiles pendant encore très longtemps; c'est du temps que vous pourriez passer à vous guérir.

La plupart des femmes avec lesquelles j'ai travaillé et qui ont eu une existence semblable à la vôtre ne pouvaient espérer avoir des rapports sains avec un homme avant d'avoir passé suffisamment de temps à mieux se comprendre elles-mêmes. Elles avaient besoin d'oublier leurs rancunes et, au moins dans leur cœur, de demander pardon à tous ceux avec lesquels elles s'étaient battues dans le passé.

C'est un travail spirituel très exigeant qui requiert de ne jamais perdre de vue son chemin, de s'armer d'humilité, d'être disposée à laisser tomber la colère et la fausse vertu auxquelles on tient depuis si longtemps. Cela prend souvent des mois, des années, même. Mais quand la douleur du passé s'estompe chez la personne de bonne volonté, tout devient souvent plus clair. La lucidité vient tout d'un coup, ou par bribes. Ces moments sont douloureux, ou pleins de joie. Mais on a toujours cette impression de laisser tomber quelque chose de dur, de figé, qui n'avait jusqu'alors jamais bougé, quelque chose d'incroyablement vieux et d'immensément profond. Je crois que ce travail de pardon nous apprend la raison pour laquelle nous sommes venus dans ce monde.

Votre colère envers votre père est vieille, profonde et amère, et tant que vous n'aurez pas décidé de vous remettre de cette relation, vos rapports avec les hommes en seront affectés. Je ne dis pas que vous devriez aller le trouver et lui dire à quel point il a été horrible avec vous, dans l'espoir qu'il en soit désolé et qu'il vous demande pardon. Ce serait là une nouvelle tentative de contrôle et vous risqueriez beaucoup. Plus nous avons **besoin** que quelqu'un agisse d'une certaine façon avec nous, plus nous sommes dépendants de cette personne et plus nous nous exposons à ses réactions de défense. Si votre père, pour se protéger, se fâche et vous répond que vous êtes folle, s'il nie tout ce que vous dites, ou s'il ne se rappelle pas ces événements, vous allez probablement réagir selon votre habitude. Si votre tendance, dans des situations frustrantes, est de vous emporter, alors vous serez en colère. Si vous êtes encline à la dépression, vous aurez peut-être envie de vous suicider. Si l'échec vous blesse, vous allez vous apitoyer sur vous-même. Si vous êtes portée à rendre la pareille, vous allez l'insulter. Il est évident que vous ne pouvez vous permettre de miser votre sérénité sur sa réaction. Vous devez apprendre à ne pas avoir besoin de lui.

C'est pourquoi vous devez faire votre travail spirituel et prier quotidiennement afin d'arriver à pardonner à votre père le mal qu'il vous a fait. Pendant ce temps, il se peut que d'autres souvenirs douloureux fassent surface, soit dans vos rêves, soit pendant vos activités quotidiennes. C'est un peu comme si l'inconscient, en entendant notre prière, nous aidait soudainement à faire le ménage. Je le répète, il s'agit là d'une tâche difficile. Vous vous sentirez souvent fatiguée. Vous devez accepter l'importance du travail à accomplir, ainsi que l'énergie et le temps (souvent, des années) que vous devrez y consacrer. Vous devez prier fréquemment afin que vous viennent le désir, la force et le courage de regarder honnêtement votre histoire, de ressentir toutes vos émotions, d'assumer votre responsabilité, de vous pardonner et de pardonner aux autres, d'oublier la blessure du passé. Dans votre cœur, vous devez désirer l'indulgence de votre père pour la colère et le ressentiment que vous avez éprouvés à son égard pendant toutes ces années. Si vous pouvez lui demander pardon en personne, acceptez de le faire. Si cela est impossible, à cause des blessures que cela pourrait provoquer en vous ou chez d'autres personnes (ou pour toute autre raison), le fait que vous le fassiez dans votre cœur provoquera des changements incroyables dans votre vie et dans la sienne. Même si votre père est décédé, il n'est pas trop tard pour redresser les torts. Quand vous en serez capable, commencez à travailler dans ce sens, pour votre propre bien et celui de votre père.

Wynne, je crois personnellement que nous nous manifestons sur cette terre plusieurs fois et que nos âmes, en quête d'enseignements menant à la perfection, choisissent les conditions de vie qui leur permettront d'évoluer. Mais, pour comprendre certaines leçons, nous devons être plongés, comme vous l'êtes, dans des situations qui produiraient normalement l'effet contraire. C'est en dépassant nos réactions naturelles que nous assimilons la leçon. Supposons par exemple que je doive apprendre à être patiente : si ma patience est poussée à sa limite, il est possible, mais pas certain, que je laisse tomber mon impatience. De même, si je dois apprendre à pardonner, je dois connaître l'impardonnable pour ensuite, à travers les effets auto-destructeurs de l'amertume, être prête à pardonner. Si je ne pardonne pas l'impardonnable, qu'aurai-je appris ? Où est la croissance éprouvante et salvatrice ?

Une participante à un atelier me confiait un jour la théorie de son thérapeute selon laquelle seules les victimes d'inceste n'ont jamais à pardonner. Je crois que ce n'est pas un devoir, mais nous devons le faire, tôt ou tard, si nous voulons vraiment guérir. Le pardon signifie que nous nous détachons suffisamment de ceux qui nous ont blessés pour ne plus être offensés personnellement par leurs agissements. Nous nous appuyons alors sur une puissance supérieure pour trouver notre raison d'être. Nous comprenons que ces personnes étaient probablement affectées elles-mêmes et qu'elles ont fait de leur mieux, même si ce n'était pas très correct. Leur vie est entre les mains du Très Haut, tout comme la nôtre, et nous les acceptons telles qu'elles sont.

Quand vous dites que vous devez laisser tomber le « serpent à sonnettes », vous vous liez à cet homme encore davantage en l'appelant ainsi. La colère et la haine que nous ressentons envers quelqu'un nous enchaînent à lui avec des liens d'acier. Voilà pourquoi pardonner et demander à être pardonné sont si importants. Nous libérons et nous sommes libérés. Sinon, nous retournons vers cette personne ou un autre partenaire semblable pour rejouer sans fin notre drame. Le pardon nous affranchit de la soumission. Nous rendons le **bien** pour le **mal** et c'est fini.

Lorsque nous pardonnons, acceptons et libérons l'autre, nous le faisons aussi pour nous-mêmes ; peut-être pour cette existence, peut-être pour la suivante ; voilà pourquoi ce travail est si important. L'histoire qui suit est un exemple du lien qui existe entre le pardon de soi et celui des autres. Le fait que Sue ait rêvé de certaines vies passées n'apporte pas beaucoup à sa guérison, bien que ces rêves aient été très révélateurs pour elle et qu'ils lui aient permis de connaître une expérience spirituelle profonde. Certains lecteurs prétendront que cela n'a rien à voir avec la réalité. Quoi qu'il en soit, ne vous intéressez qu'à ce qui peut vous être utile et faites fi du reste.

## La colère et l'animosité cimentent nos relations.

Sue, la trentaine, a été traumatisée dans son enfance par les violences physiques et sexuelles de son père, mais aussi de sa mère, de sa grand-mère et d'une de ses belles-mères. Elle devint une adulte sexuellement très impulsive et insoucieuse de sa sécurité. Elle a été violée plusieurs fois et s'est souvent retrouvée dans des situations extrêmement dangereuses. Après dix années d'aventures essentiellement sexuelles, elle rencontra un homme beaucoup plus jeune qu'elle, qui avait les mêmes problèmes qu'elle. La première fois où elle mit les pieds dans son appartement, le sol était jonché de matériel pornographique. Avant et après le mariage, il courtisait constamment d'autres femmes et avait des liaisons secrètes, tout en continuant à s'intéresser à la pornographie qui devenait, avec le temps, de plus en plus orientée vers la violence, la soumission et l'asservissement. Après plusieurs années pendant lesquelles la situation s'aggravait, Sue divorça.

Sue avait toujours accordé de l'importance à la spiritualité, à la prière, à la méditation et à la lecture. La douleur de la rupture l'amena à se tourner vers ces sources de réconfort et de guérison avec plus d'intensité qu'elle ne l'avait fait depuis des années. Elle travailla sur son coalcoolisme et fit du programme Douze Etapes du Al-Anon une pratique quotidienne.

Malgré cela, Sue continuait à rencontrer des hommes obsédés sexuels et drogués. Et chaque nouveau partenaire avait un penchant de plus en plus marqué pour la violence.

Pendant ce temps, le père de Sue est décédé. A cause de la peine qu'elle éprouvait et de la colère qu'il lui inspirait, elle commença à faire une série de rêves très clairs dans lesquels elle se voyait vivre, dans une vie antérieure, comme son père l'avait fait dans celle-ci. Ces rêves lui permirent de ne plus juger son père aussi sévèrement et de lui pardonner.

Grâce à d'autres rêves, qui concernaient son comportement et ses sentiments actuels, elle commença, après beaucoup de peur et de honte, à se voir elle-même. Elle comprit qu'elle était sexuellement incontrôlable, et qu'elle s'appliquait à maîtriser un partenaire plutôt que de faire face à son propre problème. La réalité de son environnement se mit à changer. Après un certain temps, elle ne rencontra plus d'exhibitionnistes. Les hommes vraiment malsains qui l'avaient tant captivée cessèrent de l'intéresser et même d'être attirés par elle. Ils disparurent eux aussi de sa vie.

Tous ses rêves l'amenèrent à se reconnaître, à s'accepter et à se pardonner. Elle n'en voulait plus à ceux qui avaient abusé d'elle. Sue repoussa de plus en plus les personnes et les situations pernicieuses qui l'avaient toujours prise au piège. Les leçons qu'elle devait en tirer avaient été assimilées.

Les rêves puissants de Sue étaient un cadeau de son inconscient pour l'aider à guérir. Ils étaient la réponse à sa propre détermination. Avec sagesse, elle n'entreprit pas de recherche sur ses existences antérieures. Elle comprit que nous ne sommes pas conscients des vies passées parce qu'elles sont dépourvues d'intérêt pour le présent. Il est dérisoire de constater à quel point nous sommes toujours prêts à explorer le passé et le futur, à voyager d'un bout à l'autre du globe afin d'atteindre l'illumination, alors que notre travail est là, devant nous. Même sans les rêves, l'effort de Sue aurait été le même. Ils étaient une récompense pour sa décision de pardonner, grâce à ses pratiques spirituelles.

On ne peut exprimer à quel point ce processus d'autoanalyse et de guérison est difficile, dangereux, douloureux et accaparant. Mais, pour Sue, il ne restait plus qu'une vie, et très probablement une mort inextricablement liée à sa maladie.

Rien n'est toujours pareil, et si nous n'avançons pas, nous régressons. Nous sommes ici pour grandir, pour apprendre et nous éveiller. Voilà pourquoi nos relations quotidiennes ne sont pas fortuites. Nous sommes inexorablement attirés vers des partenaires qui peuvent nous enseigner les leçons nécessaires, ou avec qui nous nous enfonçons davantage dans le piège de nos patterns, ce qui augmente la pression et nous force à changer. Il n'y a pas non plus de hasard, à mon avis, dans les contacts entre les âmes, qu'il s'agisse du père, de la mère ou de ceux avec lesquels nous avons des rapports compulsifs. Ces gens représentent des dons pour notre âme, même avec les épreuves qu'ils apportent. Ils nous donnent l'occasion de découvrir la leçon suivante. Ou nous l'assimilons, ou nous devenons malades au fond de nous, perdant contact, malgré la pratique religieuse, avec notre essence spirituelle.

Vous comprenez, Wynne, qu'il faut constamment travailler sur soi pour parvenir à changer son cœur et à abandonner ce rôle qui nous a si longtemps servi, ce rôle de victime, de martyr, de sauveteur, de vengeur justifié. Evidemment, il s'agit là d'un bien plus grand défi que de trouver un autre homme en espérant que cette fois sera la bonne. Il faut d'abord supprimer les causes de nos combats.

Ceux qui connaissent bien la dépendance et sa guérison doivent sans cesse affronter deux situations pénibles : les rencontres avec des gens dépendants qui essaient de prouver qu'ils ne le sont pas, et celles avec des malades qui affirment être guéris. Les premières se produisent le plus souvent avec des personnes dont la dépendance a laissé plusieurs séquelles, et les autres avec des personnes n'ayant pas trop de cicatrices. On s'attire habituellement la sympathie des gens lorsqu'on avoue avoir combattu une relation de dépendance (qu'on utilise ou non cette expression), parce que c'est la forme de servitude la plus romancée et qu'on la considère comme moins sordide que l'alcoolisme ou la toxicomanie. Etant donné que la guérison nécessite de grands efforts, les personnes concernées sont souvent beaucoup moins rétablies qu'elles ne le prétendent. Des déclarations du genre : « Cette fois, j'ai vraiment appris ma leçon », ou : « Je ne pourrais jamais revenir, je serais trop humiliée », ou encore : « Ça va maintenant, je suis trop occupée pour lui courir après » signifient que la personne est encore malade. Rien, dans ces paroles, ne reconnaît la puissance incroyable des relations de dépendance, ou la discipline et le travail nécessaires pour s'en sortir.

## La guérison n'est jamais un fait accompli, c'est un processus inachevé.

Il est très tentant de se croire guérie quand on ne fait qu'entamer un processus de changement et de croissance, d'efforts et de découverte de soi. Pour ne pas tomber dans ce piège, il suffit de comprendre que la guérison sera toujours un processus, jamais un fait accompli. Chaque jour vécu sainement est un cadeau inestimable et un grand exploit.

# 3

# ... qui sont battues

Voici une définition de la dépendance : bien qu'il soit évident que quelque chose nous est nocif, nous ne parvenons pas à nous en détacher. Nous ne pouvons faire face, malgré les conséquences négatives tant sur le plan émotif (l'humiliation, l'avilissement) que sur le plan physique (apparition de maladies). Ceux qui comprennent le mieux notre situation (les professionnels ou les personnes qui ont eu un passé semblable et qui ont recouvré la santé) nous préviennent que nous continuerons de dépérir, à moins de modifier notre comportement. Mais le fait d'être au courant de la situation ne met un terme ni à notre obsession ni à nos souffrances. C'est cela la dépendance.

Cette définition va tellement à l'encontre d'une attitude normale et courante que les personnes dépendantes et leur entourage non initié ne peuvent s'imaginer qu'une conduite humaine soit aussi totalement incontrôlable. Les personnes dépendantes se blâment d'être entêtées et stupides, et les gens qui essaient de les changer font de même.

Ce n'est qu'en saisissant totalement la nature et

la puissance de la dépendance que cet aspect presque inconcevable du comportement humain peut être compris et soigné. La réaction de la femme battue est un exemple en apparence inexplicable. La lettre de Meg, reproduite ci-après, en illustre parfaitement l'irrationalité. On ne peut arriver à l'analyser et à la soigner qu'en appliquant à son cas le concept des relations de dépendance.

Meg correspond pleinement au modèle de la femme battue que j'ai si souvent rencontré dans mon travail. Elle vient d'une famille violente, elle est très attirée par les drames, le chaos et les sensations fortes, et elle a subi des sévices de son partenaire **avant** même de s'engager sérieusement avec lui. Il est essentiel de reconnaître ces éléments lorsqu'ils sont présents (ce qui a été le cas pour toutes les femmes battues que j'ai traitées) afin d'éviter de considérer cette femme comme l'innocente victime d'une brute, ce qui rendrait sa guérison impossible.

Au risque de me répéter, je tiens à rappeler que l'on choisit naturellement des relations dont les éléments nous sont familiers. Le mot familier provient du mot famille. Ce que l'on a vécu dans son propre foyer sera toujours familier, même si c'est complètement malsain. Si l'on a connu la violence, alors, devenu adulte, on choisira automatiquement des conditions et un partenaire violents, parce que cela nous convient et parce que la brutalité nous offre la possibilité d'obtenir ce que nous désirons plus que tout : gagner. Quand on a été traumatisé, de quelque façon que ce soit, on ressent toujours le besoin (habituellement inconscient) de recréer la situation afin de la maîtriser, d'avoir la haute main sur ce qui nous a vaincu auparavant. Plus le traumatisme est important, plus on est poussé à le surmonter.

## Il existe plusieurs types de femmes battues. Mais en chacune couve toujours la fureur d'avoir été maltraitée durant l'enfance.

Il existe plusieurs types de femmes battues : celle qui est démunie et désespérée, celle qui est efficace dans tous les autres domaines de sa vie, et la femme agressive qui se prend pour une sainte. Mais en chacune il y a **toujours** une fureur intérieure qui était déjà présente bien avant de connaître son partenaire. Cette fureur est la conséquence d'une enfance douloureuse. On doit l'accepter, la vivre consciemment, analyser les façons que l'on a adoptées pour la nier, la réprimer ou l'oublier, si l'on veut la soigner.

Je tiens à souligner qu'en insistant pour que l'on identifie ces facteurs, je ne suggère aucunement de blâmer la femme battue. Une personne violente est toujours responsable de ses actes. Cependant, la femme qui a été battue, de même que les personnes qui veulent lui être utiles doivent admettre que l'attirance irrésistible qu'elle ressent envers des hommes violents a contribué à son état. Ceux qui travaillent dans le domaine de la violence familiale, y compris les membres du système judiciaire et des professions de soutien, sont souvent confrontés au fait que le goût évident de la femme pour ce genre de situation déjoue tous leurs efforts pour la soigner et la protéger. Cette attitude doit être acceptée et reconnue.

Tous les foyers et tous les programmes d'aide aux femmes battues devraient tenir compte de trois éléments : la relation de dépendance évidente de la patiente, son coalcoolisme probable et une éventuelle toxicomanie. Environ quatre-vingts pour cent des hommes brutaux sont des alcooliques, ce qui laisse entendre automatiquement que leurs partenaires sont des coalcooliques. (La plupart des femmes battues sont des enfants d'éthyliques violents.) De plus, environ la moitié des femmes maltraitées qui cherchent un refuge sont elles-mêmes dépendantes de substances chimiques. Les employés des foyers d'accueil et les thérapeutes hésitent souvent à soulever le problème de l'alcool ou des drogues avec leurs patientes, de peur que celles-ci ne fuient. Cependant, aucun soin ne peut donner de résultat si l'on ne tient pas compte de ces dépendances. Dans les cas de violences physiques, une femme intoxiquée ne peut acquérir les outils nécessaires à sa guérison avant d'avoir réglé ce problème.

En assistant à des rencontres des Alcooliques Anonymes ou en participant à tout autre programme destiné aux personnes dépendantes de substances chimiques, les femmes battues pourront prendre conscience du pouvoir guérisseur d'un groupe de soutien orienté vers la spiritualité. De telles expériences leur seront utiles dans tous les autres domaines, y compris celui des relations humaines. De la même façon, toutes les femmes battues qui sont coalcooliques parce qu'elles ont un partenaire ou une famille alcoolique, ou les deux, devraient assister à des rencontres du Al-Anon. Dans les cas où ni la femme ni son conjoint ne boivent, celle-ci peut trouver de l'aide dans le programme Douze Etapes de Relationships Anonymous *(voir le chapitre 9)* ou dans tout autre programme Douze Etapes qui traite des relations de dépendance. Quelle que soit sa situation, toute femme battue devrait participer à au moins un pro·ramme Douze Etapes ; cela représente pour elle une source de guérison essentielle.

Pour une femme battue, la guérison de la dépendance dans les relations fait partie d'un long et difficile processus à suivre au jour le jour et qui nécessite une très grande volonté de guérir. Ce type de maladie est aussi difficile, déroutant et complexe que l'alcoolisme, et son taux de rétablissement est encore plus faible, peut-être à cause des troubles multiples qui l'accompagnent. (On retrouve souvent, chez la femme battue, en plus de l'alcoolisme et de la toxicomanie, un désordre alimentaire et des obsessions sexuelles.)

Il est décourageant de travailler avec des femmes battues, à cause de leur faible taux de guérison. Apeurées, meurtries et désespérées, elles amèneront peut-être les thérapeutes à vouloir exercer leurs pouvoirs pour les « sauver ». Mais, pour être vraiment utiles, ils devront garder en mémoire les principes actifs dans cette guérison et les partager avec elles.

En lisant la lettre de Meg, par exemple, on est tenté de faire ce qu'elle demande et de lui conseiller de rester ou de partir. Cependant, de tels propos de la part du thérapeute sont aussi inappropriés que peuvent l'être ceux des amis, car **dans les cas de dépendance, les recommandations ne servent à rien.** La seule chose utile est de suggérer à Meg de prendre en main sa propre dépendance.

*Chère Robin Norwood,*

*Je suis en train de lire votre livre et je m'identifie à toutes ces femmes qui aiment trop.*

*A 24 ans, je suis mariée depuis trois mois. Mes parents se sont séparés quand j'en avais 11 et ils ont divorcé cinq ans plus tard. A la maison, papa agissait plus comme un maître de discipline que comme un père et, pour nous garder dans le droit chemin, il nous battait plus souvent qu'il ne favorisait les conversations à cœur ouvert.*

*A 18 ans, j'étais au collège et à la charge de mon père alors que nous habitions dans le Massachusetts (maman et le reste de la famille vivaient dans l'Ohio). A cette époque, j'ai eu une aventure avec un garçon de 24 ans qui conduisait une belle voiture, et nous habitions ensemble. Il est devenu extrêmement violent quand je lui ai fait part de mon intention de le quitter. D'habitude, si j'empruntais un ton sarcastique pendant nos disputes, il me frappait assez fort pour que je tombe. Un soir, il a essayé de me tuer «pour que je n'appartienne à personne d'autre». Je me suis enfuie et des agents de police m'ont reconduite chez mon père. Scandalisé par l'état dans lequel je me trouvais, il a claqué la porte, un revolver à la main. A son retour, il m'a lancé cet ultimatum: je devais porter plainte sinon il tuerait ce garçon. J'ai porté plainte, en disant que je n'irais pas à la convocation. Je ne m'y suis pas présentée. Je suis retournée à l'école et je n'ai plus jamais entendu parler de ce garçon.*

*Pendant mes études, je n'ai fait aucune rencontre importante. J'ai ensuite trouvé un emploi temporaire. A la recherche d'un appartement, j'ai pensé retourner à Worcester pour que papa puisse m'aider à m'installer. Il m'aurait trouvé un appartement en échange de l'argent — un prêt étudiant — qu'il m'avait emprunté pendant ma première année. Mais j'ai rencontré Tim et je me suis arrangée pour rester à New Rochelle. J'ai emménagé avec lui et chômé pendant trois mois. Puis mon ancien employeur m'a offert un autre emploi temporaire que* j'ai accepté parce que j'espérais ardemment devenir employée permanente.

C'était orageux entre Tim et moi. Parfois, nous nous disputions toute la nuit et il me frappait. Je pleurais, puis je me laissais consoler. On se réconciliait et on faisait l'amour.

Je ne pensais qu'à déménager. Je faisais et défaisais mes valises. Mes amis me suggéraient de le quitter, mais j'ai préféré les laisser tomber, eux.

Finalement, Tim m'a conduite chez mon père à Worcester et, tout le long du trajet, nous nous sommes disputés. Pendant que j'étais au volant, il m'a même frappée à la figure avec son journal parce que la voiture avait zigzagué.

Je suis restée pendant un mois chez mon père qui me harcelait au sujet de mon poids et parce que j'avais du mal à trouver du travail. Croyez-le ou non, Tim me consolait au téléphone et me suppliait de «revenir à la maison».

Peu après, Tim, en ayant assez de New Rochelle, est venu me voir à Worcester. Nous nous sommes encore une fois disputés et je l'ai mis à la porte. Il a repris l'autoroute et il est rentré à la maison. J'ai pleuré presque sans arrêt jusqu'à ce que je l'aie au bout du fil, huit heures plus tard.

Il a consenti à venir s'installer définitivement à Worcester, mais deux semaines plus tard, il n'était toujours pas là. Il avait disparu et personne, pas même sa mère, ne savait où le trouver. Il a dit qu'il était allé au Mexique et en Californie pour m'oublier.

Entre-temps, j'avais eu une courte aventure d'une semaine avec un garde de sécurité du bureau. Je lui ai fait mes adieux en cachette, avant de mettre fin à notre relation, car Tim était revenu.

Après notre installation à Worcester, rien ne

*changea. Notre vie était encore une fois ponctuée de bagarres autant verbales que physiques. Quand je lui ai demandé de partir, il m'a docilement obéi. Puis je l'ai supplié de revenir.*

*Nous avons décidé de nous marier — c'était mon idée. Il a récupéré ma bague de fiançailles au bureau des prêts sur gages (contrairement à son habitude, il n'avait pas perdu le billet) et nous nous sommes mariés deux mois plus tard.*

*Au bout d'un mois de mariage, en pleine dépression, j'ai tenté de me suicider avec des pilules. Un psychiatre a suggéré que nous consultions un conseiller matrimonial. Tim a accepté, puis a changé d'idée.*

*Ayant été deux fois victime de vol à son travail (le soir, à temps partiel), il a récemment acheté un revolver pour se protéger. J'ai peur que cette arme ne fasse un jour partie intégrante de nos disputes domestiques. L'autre nuit, il m'a réveillée à minuit (je couchais dans la chambre d'amis) pour me demander de quitter la maison. Il prétendait m'en vouloir tellement qu'il était sûr d'en venir aux coups.*

*Je me suis réfugiée chez mon père où j'ai l'intention de rester tant que je n'aurai pas pris de décision quant à notre avenir.*

*Nous nous étions disputés parce que j'avais accepté une lettre recommandée venant de la femme qui s'occupe de son fils. Cette femme le poursuivait pour lui soutirer une pension alimentaire. Il a dit aussi que je devais quitter la maison parce que je claquais les portes, même après qu'il m'eut demandé expressément de ne pas le faire.*

*Maintenant, il voudrait que je retourne à la maison. Je lui ai dit que mon père me cherchait un nouvel appartement et que j'avais l'intention de demander l'annulation de notre mariage.*

*Il dit qu'il sera plus délicat, non violent, qu'il rencontrera le conseiller matrimonial, etc.*

*Robin, ce qui me reste d'entendement me dit que cette relation se fonde sur de vains espoirs. Croyez-vous qu'un conseiller matrimonial pourrait quelque chose? Est-ce que Tim et moi ne sommes pas mieux chacun de notre côté?*

*Pourtant, quand nous ne nous disputons pas, nous avons d'intéressantes conversations sur la société, la religion, la famille, les enfants. Généralement, nous allons chaque semaine au cinéma ou faisons quelque chose d'amusant.*

*Par contre, Tim n'est pas généreux de sa personne, ayant même oublié mon anniversaire lors de notre toute première année de vie commune à New Rochelle. A plusieurs autres occasions du même genre, il s'est montré plus ennuyé qu'heureux d'offrir des cadeaux.*

*Malgré tout cela, reste-t-il quelque espoir? Même en faisant appel à un conseiller matrimonial? Ou devrais-je simplement tourner la page et oublier notre mariage?*

*Je cherche la meilleure solution.*

*Meg C.*

Chère Meg,

Vous souffrez de l'une des pires formes de dépendance dans les relations. Non seulement votre santé est menacée, mais votre vie l'est aussi, comme vous l'avez vous-même pressenti lorsque Tim a acheté son revolver. Toutefois, même si je vous disais (comme d'autres avant moi ont dû le faire) que vous devez vous éloigner de Tim, il vous serait impossible de suivre ce conseil sur-le-champ. Aussi, je vous suggère plutôt de chercher de l'aide pour vous libérer de votre dépendance envers Tim — pas pour sauver votre mariage, mais pour vous sauver vous-même. Aller chercher un soutien ne veut pas dire quitter Tim. La violence habitera votre vie tant que vous n'aurez pas soigné votre dépendance. Celle-ci ne disparaîtra pas par enchantement. Au contraire, que ce soit avec Tim ou avec quelqu'un d'autre, les situations dans lesquelles vous allez vous trouver vont devenir plus dangereuses, vos rencontres plus menaçantes et les sévices plus graves. Votre propre dépendance ainsi que la tendance à la violence de votre partenaire sont des conditions qui empirent naturellement avec le temps.

Un grand nombre d'hommes violents sont aussi alcooliques, et énormément de femmes battues proviennent de foyers violents et alcooliques ; aussi la plupart de ces femmes sont-elles en droit de participer au Al-Anon. Si c'est votre cas, appréciez-le parce qu'il n'existe pas de meilleur endroit où affronter son blocage devant les gestes et les sautes d'humeur d'une autre personne. Quand vous comprendrez réellement votre impuissance devant Tim, vous pourrez alors commencer, dans le cadre du programme, à mieux prendre soin de vous-même et à guérir éventuellement ce trait de caractère qui, jusqu'à maintenant, **vous poussait à choisir des hommes et des situations dangereux.**

Comme beaucoup de femmes ayant été maltraitées par leur père, vous êtes liée à lui de très près (et vice versa). Vous établissez entre vous des marchés qui maintiennent les liens qui vous unissent. Puisque votre père a été votre premier agresseur, chaque fois que vous quittez un homme et que vous vous réfugiez chez lui, dans son territoire, avec ses règles, ses conseils, sa « protection », vous passez en fait de la poêle à frire au feu lui-même. Vous êtes constamment en lutte contre lui ou contre un autre homme violent, les considérant tour à tour comme un problème ou une solution. Ce sera contraignant d'apprendre à vous arrêter, à affronter votre propre fureur et à la soigner, à amorcer une vie progressivement plus calme ; ce sera plus difficile à surmonter que les attaques physiques continues et les déménagements auxquels vous vous êtes habituée. Mais, avec le temps, apprendre à guérir vous sauvera la vie.

## Avec le temps, apprendre à guérir vous sauvera la vie.

Vous ne parviendrez pas à changer toute seule ou avec la seule aide d'un thérapeute. Il vous faut une source d'appui constamment disponible. Vous avez besoin de gens qui partageront avec vous leurs moyens de s'en sortir sans vous laisser vous complaire dans des comportements obsessionnels tels que le contacter, essayer de le dominer, de le punir, ou ne parler que de lui. Vous avez besoin de gens qui, par leur exemple, vous amèneront à vous intéresser à la guérison, par le contact avec des forces supérieures.

De grâce, Meg, rappelez-vous que comprendre le pourquoi de vos agissements n'est pas suffisant pour vous changer. Vous admettez que, seule, vous ne pouvez vous empêcher de choisir des hommes violents. Vous devez vous joindre à d'autres personnes qui ont le même problème et qui se soignent, si vous aspirez à vivre un jour une vie saine et sereine. J'espère que vous chercherez dans votre région un refuge où l'on saura vous aider et

vous mettre en contact avec un groupe qui utilise
la méthode de rétablissement des Douze Etapes.

*Chère Robin,*

*J'ai été élevée dans un environnement très strict et
très conservateur, sans drogues, ni alcool, ni jurons,
mais où il y avait beaucoup de critiques, de rudesse,
de violence et de punitions sévères. Aujourd'hui, je
**sais** que mon mariage est malsain et qu'il nuit à
mon épanouissement, je dois être dépendante puisque, tous les jours, je me demande pourquoi, pourquoi, **pourquoi** je suis encore là! La cruauté
verbale et mentale de mon mari se perpétue depuis
des années (au moins cinq ou six) et, finalement
(même si je n'ai jamais cru qu'il y viendrait), il a
ajouté à son arsenal la violence physique. Comme
si ce n'était pas suffisant, son fils de 15 ans (d'un
premier mariage) m'a agressée deux fois et je sais
qu'il récidivera. J'ai consulté deux conseillers matri-
moniaux (l'un séculier, l'autre chrétien) et deux
psychologues qui m'ont dit de quitter mon mari. Ce
dernier a consulté trois psychologues et nous avons
dépensé des **tonnes** d'argent pour le « soigner »,
mais en vain. **Tous** (les amis, la famille, les fonc-
tionnaires chargés de l'application de la loi, le service local d'aide aux femmes, etc.) semblent penser
qu'il faut que je quitte la maison, parce que j'ai
affaire non pas à un agresseur, mais à **deux**! A
l'heure qu'il est, le fils est plus violent que le père et
la maison ressemble à un champ de bataille. Un
baril d'essence qui cherche une allumette. Pourtant,
je suis **encore** là!*

*Plusieurs facteurs concourent à cette situation et
la compliquent de façon inextricable. Une des choses qui m'ont le plus frappée dans votre livre est la*

référence que vous faites à la spiritualité. *En tant que chrétienne, j'éprouve* **beaucoup** *de difficultés à trouver un compromis entre deux positions qui me semblent extrêmes. Je participe à un excellent programme pour femmes battues au YWCA, mais j'y ai si fréquemment entendu des «Quitte ce bâtard!», «Envoie-le promener!», «Fiche le camp!», «Demande le divorce!», etc., que c'est, on dirait, la seule ligne de pensée, ce qui me dérange. L'*autre* extrême, qui prévaut à l'église, dans mon groupe d'étude de la Bible, et chez la majorité de mes amis chrétiens, demande de ne pas briser les liens du mariage QUOI QU'IL ARRIVE. Il ne faut* **jamais** *abandonner. Le divorce demeure la suprême déchéance, et rester mariée passe avant ma sécurité personnelle! Visiblement, ces gens voudraient faire de moi une martyre et que j'abandonne tout espoir de bonheur.*

*Devant une telle alternative, je reste incapable de prendre position; pendant ce temps, nos problèmes persistent. Que vous intégriez le développement spirituel au processus de guérison m'a paru* **vraiment** *rafraîchissant. Je sais trop bien à quel point il est important de m'en remettre à Quelqu'un quand ma frustration et mon exaspération débordent. Tant de gens semblent s'éloigner de Dieu de nos jours que j'ai presque été étonnée qu'on y fasse allusion dans un livre non religieux.*

*Fay K.*

Chère Fay,

Les combats farouches entre deux personnes qui cherchent constamment des renforts autour d'eux — auprès de la famille, des prêtres, d'amis, d'avocats… — ne sont justement que des luttes entre **deux** personnes obstinées en furie, déterminées à changer (dominer) l'autre. L'entêtement de **chacune** à vaincre rend difficile l'arrêt de ces rapports violents. Et c'est aussi vrai pour l'agressé que pour l'agresseur.

Votre façon d'utiliser votre affiliation religieuse représente une de vos armes les plus puissantes dans ce conflit constant que vous entretenez avec votre mari et son fils. Parce que être chrétienne demande douceur, humilité et fidélité à la volonté de Dieu, vous croyez peut-être que votre comportement envers votre mari provient de votre amour chrétien pour lui. Ce n'est peut-être pas tout à fait le cas. Je crois que, comme tant d'autres, vous cachez derrière votre « chrétienté » votre propre obstination à le changer, en tenant pour acquis que Dieu est de votre côté. Pouvez-vous honnêtement prétendre que chacune de vos tentatives d'influencer votre mari a été affectueuse, plutôt que contraignante ou manipulatrice ? Lorsque l'on croit posséder la réponse, notre sentiment de sagesse est incompatible avec les principes spirituels d'humilité et d'acceptation.

## Peut-on se dire honnêtement que les tentatives de changer l'autre sont affectueuses plutôt que contraignantes ou manipulatrices ?

Agir comme si l'on détenait la vérité peut malheureusement nous empêcher de voir ce que l'on est vraiment. Vous vous êtes engagée dans ce mariage, révoltée par les sévices que vous avez subis enfant, et les affrontements avec votre mari vous permettent d'exprimer cette colère tout en la nourrissant.

Certaines personnes peuvent divorcer et continuer à se battre pendant des années. Rester avec l'autre ou quitter le foyer ? La solution n'est pas aussi simple qu'elle le paraît. Si vous voulez vraiment ne plus dépendre de votre partenaire, il vous faut reconnaître que vous l'avez choisi et que vous vivez cette relation avec lui parce qu'elle a quelque chose à vous enseigner. Votre première leçon est d'apprendre à ne plus vouloir le changer. Ensuite, vous devez prendre la décision de vous guérir du mal qu'on vous a fait. Voilà la tâche à accomplir que vos luttes incessantes avec votre mari, et son fils, vous ont permis d'éviter. Quand vous serez prête à affronter ce travail, vous ne les laisserez plus vous éloigner de votre but. Vous prendrez soin de vous et laisserez Dieu s'occuper d'eux.

Sur le chemin de la guérison, on n'agit plus, on ne parle plus en fonction des réactions de l'autre, dans l'espoir qu'il comprenne et qu'il change enfin, qu'il soit désolé ou en colère, ou qu'il s'en aille. On agit et on parle dans un seul but : celui de maintenir sa paix intérieure. On arrête de participer à l'affrontement et le combat cesse. Vous devez comprendre, Fay, que l'objectif n'est pas de gagner mais de ne plus jouer. En général, quand on renonce à transformer l'autre pour travailler à son propre rétablissement, on traverse une période d'énormes tensions au cours de laquelle on apprend à agir et à penser différemment. Notre partenaire essaie peut-être de nous amener à combattre à nouveau, et une partie de nous désire, aussi, ce face-à-face qui nous est familier. Quelquefois, quand les choses se calment, on s'aperçoit que, pendant que l'on pensait à soi, le partenaire et la relation se portaient mieux. Ce n'est cependant pas toujours le cas. Ironiquement, il est plus facile de partir. En s'occupant de soi, on se détache naturellement du combat; on accepte davantage l'autre et on est moins en colère. C'est la colère, non l'amour, qui maintient les gens dans des relations malsaines. Au moment où l'on se prend en main, on devient moins dépendant et plus capable de lâcher prise. Désormais, avec l'autre, on ne se sent plus vide, désespéré, fâché ou frustré et accablé. Nous lui permettons d'être lui-même et nous canalisons notre attention sur notre bien-être.

Vous devriez participer aux groupes de soutien qui existent dans votre région, afin d'obtenir l'aide dont vous aurez besoin pour effectuer les changements nécessaires à votre rétablissement.

Le but de *Ces femmes* était de démontrer, de façon aussi persuasive que possible, que la dépendance dans les relations est une maladie qui progresse pour finalement devenir fatale. La lettre de Nan, ci-après, est un exemple qui étaie cette théorie. Elle indique que Nan était prise au piège d'un comportement qu'elle n'arrivait plus à contrôler et qui la minait. Si elle n'avait pas cherché de l'aide et **persévéré**, elle serait probablement morte.

Bien que l'on soit tenté de voir dans la violence de son mari une menace contre sa vie, la sincérité de Nan nous amène à constater qu'il n'est qu'un des multiples partenaires dangereux qu'**elle a choisis** à cause de sa maladie.

*Robin Norwood —,*

*J'ai rencontré M. Merveille le 1er mai et nous vivions ensemble dès la fin du mois. Deux semaines* plus tard, il m'avait arraché le bord de l'oreille droite. Après qu'il m'eut craché à la figure, enfoncé un manche à balai dans le corps et frappée à plusieurs reprises, je l'ai fait arrêter par la police. Ah! j'oubliais: il a aussi mis le feu à mes cheveux et brûlé mon visage et mes bras avec des cigarettes.

Après trois mariages et trois divorces, je ne supportais pas l'idée d'un autre échec, Robin. Quand on l'a remis en liberté, après six mois de prison, je l'ai laissé revenir à la maison. Il m'a frappée encore, mais le procureur de la Couronne a rejeté la plainte que j'avais déposée contre lui, même s'il y avait un harcèlement évident et une rupture de contrat.

La lecture de Ces femmes m'a, depuis quelques mois, encouragée à mettre un terme à plusieurs relations (quatre) que j'avais entamées pour briser ma solitude. J'ai réussi à me tenir loin de mon mari, et aussi d'un homme qui abuse des tranquillisants, d'un homme marié et d'un alcoolique qui se drogue.

Je commence à comprendre pourquoi tout cela m'est arrivé. J'ai été adoptée. Ma mère adoptive travaillait pendant que son fils exerçait des violences sur nous, les autres enfants.

Le service d'aide aux victimes et aux témoins de la Couronne m'apporte généreusement son aide. C'est fantastique. J'y puise beaucoup de réconfort.

Mon mari sera prochainement appelé devant les tribunaux et me veut à ses côtés. Mais je ne peux ni ne veux supporter encore sa violence et je maintiens ma demande de divorce. Malgré ma solitude, je ne veux plus retrouver mon ancienne existence.

Souhaitez-moi bonne chance. Je commence à me rendre compte que Dieu m'aime.

Nan G.

Sur le contrat que Nan me fit parvenir, par lequel elle m'autorisait à publier sa lettre, il était écrit que son divorce était prononcé, qu'elle avait dû faire arrêter son mari de nouveau pour harcèlement, qu'elle poursuivait sa thérapie et que depuis, chaque jour, elle sait qu'elle a une raison de vivre.

Nan apprend actuellement à s'occuper d'elle-même et à se protéger. Si elle persévère dans cette voie, elle devra, un jour, analyser les aspects de sa propre violence. Quand elle aura pris conscience de la douleur et de la fureur qui l'habitent, quand elle les aura affrontées et soignées, elle ne rencontrera plus d'hommes violents dans sa vie.

Il y a un principe spirituel qui veut que l'on rencontre les personnes qui nous permettent d'apprendre. Quand on a réglé intérieurement nos problèmes, ces «guides» disparaissent.

Les thérapeutes qui conseillent les femmes battues ont souvent choisi ce service à cause de leur propre fureur non acceptée et non résolue, particulièrement envers les hommes. Elles ne peuvent aider leur patiente à se détacher réellement des situations violentes plutôt que de vouloir les surmonter que si elles y réussissent elles-mêmes. Pour chacune d'entre nous, patiente et conseillère, le travail essentiel est celui que l'on fait sur soi.

*Chère Robin Norwood,*

*Après avoir entendu parler de* Ces femmes, *je l'ai commandé et l'ai fait livrer à mon bureau. J'ai informé ma secrétaire que je suivais un cours (je ne croyais pas si bien dire!) et que, obligée d'étudier pendant mon heure de déjeuner, je ne voulais pas qu'on me dérange. Mes yeux rouges auraient pu vendre la mèche, mais ce ne fut apparemment pas le*

*cas. Après trois mois, je poursuivais mon «cours»
en assistant à des séances Al-Anon une fois par semaine, à midi, et en rencontrant un conseiller agréé
dans un centre de réhabilitation pour alcooliques.
Trois autres mois ont passé et, avec l'approbation
de mon conseiller, j'ai décidé de quitter la région en
secret afin d'éviter toute confrontation avec mon
mari alcoolique et violent. Avec l'aide de déména-
geurs et sous la surveillance d'un agent de police,
j'ai rempli un camion U-Haul, j'ai emmené avec
moi ma fille de 8 ans et notre chat, et je suis partie
à Washington où habitent deux de mes sœurs.*

*J'ai, depuis, trouvé un bon emploi dans mon
domaine hautement spécialisé et je consulte un
autre spécialiste en alcoolisme et en coalcoolisme,
espérant passer prochainement à la thérapie de
groupe. Ma fille se porte bien, malgré ses peurs bien
justifiées; celles-ci m'ont d'ailleurs poussée à l'em-
mener de temps en temps chez un psychologue pour
enfants. J'ai loué une maison juste en face de celle
de ma sœur préférée qui nous offre un grand soutien
moral.*

*Mon ex-mari ne nous a pas encore harcelées,
mais il écrit parfois à ma fille (pas aussi souvent
que je le voudrais, pourtant). Il est pas mal détra-
qué, abuse de la marijuana, de la bière et de la
cocaïne, et souffre d'un début de cancer du côlon.
J'espère que j'aurai la chance de faire un voyage
dans le Sud pour qu'Amelia voie un peu son père
avant qu'il ne meure, quand je me sentirai assez
forte pour que tout se passe bien.*

*La solitude me plaît. Elle me permet de concen-
trer mes efforts sur moi-même afin que je sois en
mesure d'entretenir une relation saine avec un homme,
s'il en vient un. Le changement qui s'est opéré en
moi depuis seulement un an tient du miracle! Et*

*j'ai de l'influence: mes sœurs m'interrogent discrè-*
*tement sur les séances des Adult Children auxquel-*
*les j'assiste! J'ai tellement hâte qu'elles en fassent*
*autant, mais je n'en glisserai mot tant qu'elles n'y*
*feront pas allusion elles-mêmes.*

*Ces femmes a sans doute eu un effet aussi reten-*
*tissant sur ma vie que mes parents; c'est le livre qui*
*m'a enfin permis de devenir adulte. Merci.*

*Kathryn F.*

Voilà une façon bien encourageante de terminer un chapitre consacré aux femmes battues. Kathryn fait tous les efforts appropriés pour se rétablir et cela fonctionne. Cependant, si elle était ma patiente, je l'encouragerais à étudier sérieusement les raisons de ses voyages avec sa fille pour rendre visite à son ex-mari.

Aux yeux de ceux qui croient que la fillette devrait voir son père, je vais sembler dure en soulignant les deux points suivants. Tout d'abord, cet homme est un alcoolique et un toxicomane en phase très avancée. Tant qu'il boit et se drogue, les visites de sa fille seront pour elle consternantes, troublantes et, même, dangereuses. Ensuite, c'est une erreur grave de croire qu'il est le seul à avoir un problème et que Kathryn peut le revoir en toute sécurité et sans courir de risque. Je ne veux pas seulement parler de sa sécurité physique, bien que ce soit assurément une considération importante. Pour Kathryn, ses visites à son ex-mari ne sont-elles pas aussi dangereuses qu'un verre d'alcool pour un ex-alcoolique?

Nous éprouvons tous un grand besoin de faire en sorte que les choses soient comme nous le désirons ; nous voulons transformer les situations intolérables en histoires qui finissent bien.

Pour nous qui souffrons de cette maladie, il est très important d'étudier nos raisons de rétablir le contact avec les personnes qui ont été notre drogue. Quelquefois, ces raisons semblent valables, humanitaires, même, pourtant elles ne sont que des alibis, pour retrouver notre comportement malsain. Si Amelia et son père doivent se voir, cela devrait être sur l'initiative de celui-ci. Il est peu probable qu'il puisse planifier un tel projet à moins d'être sobre.

Nos illusions sur la vie sont détruites aussi sûrement par l'alcoolisme que par la mort. On doit accepter la réalité de la situation. Amelia doit savoir ce qui fait ou non partie de son enfance. Kathryn ne doit pas, pour sa fille ou pour son ex-mari, trouver une façon de les réunir. Mieux vaut laisser ces choses se faire d'elles-mêmes.

La recherche de la guérison passe toujours avant les règles de l'étiquette, dans une vie de dépendance ou de codépendance, et c'est là un des aspects de la guérison les plus difficiles à comprendre. Ce qui est nécessaire à notre propre amélioration n'est pas toujours ce qui semble correct aux yeux des autres. On peut nous croire égoïstes, et sans générosité. Mais nous nous devons de faire tout ce qui est en notre pouvoir pour aller mieux. Le don le plus précieux que cette mère pourrait faire à sa fille serait de guérir. Kathryn permettrait ainsi à Amelia de reconnaître un choix sain et de fuir les solutions faciles, socialement acceptables, mais qui entraînent la dépendance.

Ce ne sont pas les paroles, mais les actes de Kathryn, qui sont importants pour Amelia. Le rétablissement de sa mère ne garantit pas qu'Amelia ne deviendra pas elle-même dépendante d'une relation; mais, étant donné les expériences qu'elles partagent, la guérison de Kathryn représente l'une des meilleures assurances contre l'éventualité de cette maladie chez sa fille. Il est réconfortant de constater que prendre réellement soin de soi facilite la guérison chez les autres.

# 4

# ... qui ont été sexuellement agressées ou qui souffrent de dépendance sexuelle

La dépendance sexuelle n'est pas semblable à la dépendance dans les relations. Une femme peut rechercher frénétiquement les expériences sexuelles sans avoir l'intention de créer des liens, ou elle peut rechercher de façon obsessionnelle des liaisons qui lui fournissent un cadre à l'intérieur duquel elle peut s'abandonner à sa dépendance sexuelle. La dépendance dans les relations est un besoin irrésistible d'avoir une autre personne comme centre d'intérêt. La dépendance sexuelle consiste en des pensées ou en des actes sexuels obsessionnels. Ces deux types de comportements peuvent coexister et s'ajouter même à des obsessions alimentaires, à la consommation d'alcool ou à la pratique du jeu. Cependant, chaque maladie est distincte et requiert une guérison indépendante, même si les moyens d'y parvenir sont essentiellement les mêmes.

Les obsessions sexuelles peuvent être pratiquées avec un seul partenaire dans le mariage, comme elles peuvent l'être avec un grand nombre, ou seul. Il est important d'identifier celles dont on souffre et d'envisager la meilleure façon de les soigner.

On a très peu écrit sur le sujet. C'est en parcourant des lettres de lectrices de *Ces femmes* que ma propre éducation dans ce domaine précis a commencé. Aujourd'hui, j'ai le privilège de connaître des personnes qui sont en voie de guérison. Elles continuent de me renseigner sur le niveau de déni présent dans les dépendances et les codépendances sexuelles, sur les manifestations de ces maladies chez les gens «normaux*» et sur le niveau d'honnêteté nécessaire au rétablissement.

Quels sont les éléments propres à la dépendance sexuelle ? Ils peuvent varier d'une personne à l'autre, comme les comportements chez les alcooliques, mais il y a certains principes que l'on retrouve systématiquement chez les personnes souffrant de dépendance, quelle qu'elle soit.

En voici quelques-uns :
• La dépendance rend la vie de plus en plus intolérable.
• Le fait de s'abandonner à son obsession apporte un soulagement temporaire, mais il est rapidement remplacé par un sentiment de malaise.

---

* On a tendance, dans notre société, à faire une distinction plutôt arbitraire entre les gens que l'on qualifie d'anormaux parce qu'ils ont été incarcérés pour des comportements sexuels criminels et ceux que l'on qualifie de normaux parce qu'ils n'ont pas encore été condamnés — un très grand nombre d'incestueux n'ont pourtant jamais été arrêtés et poursuivis en justice.

118

- Un tel comportement menace la santé émotive et, avec le temps, la santé physique.
- C'est la malhonnêteté envers soi et les autres qui perpétue la dépendance.
- Les tentatives de supprimer l'obsession sont constantes mais, en général, futiles.
- La personne qui en souffre a honte à la fois de sa faiblesse et de son impossibilité à agir autrement.
- Les mécanismes de défense comme le déni (l'inconscience de la personne en ce qui concerne son comportement obsessionnel et sa fréquence) et la rationalisation (la recherche d'excuses, particulièrement la projection du blâme sur d'autres personnes) sont toujours présents, empêchant la personne malade d'évaluer correctement son état.

Un comportement sexuel dans lequel on retrouve ces éléments est une dépendance sexuelle. On dit de l'alcoolisme qu'il n'est pas défini par ce que boit une personne ou en quelle quantité et à quelle fréquence, mais par les conséquences de cette habitude sur sa vie. Il en va de même des dépendances sexuelles. Celles-ci ne sont pas nécessairement définies par le nombre d'actes sexuels ou par le choix des partenaires (à l'exception des enfants et du viol), ou par la forme et les conditions de ces rapports. Si ce comportement affecte d'autres aspects de sa vie, et si cette personne est incapable de changer malgré les problèmes que cela entraîne, alors il y a maladie. On entend par problème, par exemple, une activité sexuelle qui, plutôt que d'encourager des rapports sains avec les autres, peut décourager ou même détruire toute liaison. Avec le sida, la vie même est en danger. Le fait de ne pouvoir s'abstenir de ces excès malgré le risque d'être arrêté, poursuivi ou emprisonné est un autre indice. On peut diagnostiquer une dépendance sexuelle même si un seul de ces éléments est présent.

Bien des gens utilisent leur sexualité comme moyen de se distraire et d'oublier, tout comme d'autres utilisent l'alcool, la nourriture, la frénésie de l'achat ou du jeu dans le même but. Mais quand l'activité ou le besoin sexuels (ou tout autre comportement) crée plus de problèmes que de satisfactions, il faut alors regarder en face sa nature pathologique. La pathologie commence quand tout désir devient dépendance. Quand elle est sexuelle, la personne n'a plus le choix ; elle est obligée de s'adonner à cette pratique pour ne pas être submergée par l'angoisse. Le poids de plus en plus grand du malaise provient en partie des difficultés accumulées que la sexualité compulsive avait permis d'étouffer, des blessures du passé qui veulent refaire surface ainsi que des conséquences de la dépendance elle-même.

Selon mes observations, ce n'est pas par accident que certaines femmes choisissent cette sorte de drogue ou des partenaires sexuellement dépendants. Leurs traumatismes sexuels, les sévices qu'elles ont subies dans leur enfance les prédisposent à cela. En effet, les dépendances et les codépendances sexuelles ne sont souvent que deux aspects du même problème : l'obsession sexuelle. Qu'il s'agisse de sa propre obsession ou de celle d'un autre, elle provient toujours des mêmes sources : des violents chocs émotionnels de l'enfance.

Il se peut que ce soit une manière, pour l'inconscient, d'essayer de se remettre de l'expérience passée. De tels souvenirs sont si profondément enfouis qu'il faut peut-être une force aussi dangereuse et éprouvante que la dépendance sexuelle pour les retrouver. Pour guérir, il faut affronter les traumatismes de sa jeunesse et les assimiler. La dépendance peut servir de clé pour y accéder. Mais à moins de s'engager totalement dans son rétablissement, il est facile de trouver des excuses qui expliqueraient l'emprise du sexe et permettraient d'éviter des réminiscences douloureuses.

Plusieurs facteurs rendent difficile l'honnêteté dans les échanges à ce sujet. Ce propos crée un malaise ou encourage une certaine forme de voyeurisme. Par ailleurs, notre ambivalence sur le sujet ne simplifie pas les choses. Il n'y a pas de définition claire d'un comportement sexuel approprié ou déplacé, sain ou dégénéré, libéré ou immoral. Bien qu'il y ait des règles et des valeurs culturelles établies concernant l'expression sexuelle, presque personne ne les respecte. Briser ces règles signifie-t-il que l'on est hypocrite, particulièrement honnête, ou qu'elles n'ont aucune valeur ? Quoi qu'il en soit, je ne fais pas ici un débat éthique. Une dépendance, quelle qu'elle soit, n'est jamais, selon moi, immorale ; elle est seulement amorale, comme toute autre maladie. Elle n'est ni bien ni mal, pas plus que ne l'est un cancer. Les maladies de dépendance impliquent le non-respect de ses valeurs intrinsèques et l'incapacité de mettre fin, par ses propres efforts, à un certain comportement.

La lettre qui suit provient d'une femme médecin très respectée dans sa profession, mais dont la vie personnelle est devenue chaotique à cause d'une dépendance et d'une codépendance sexuelles. Elle décrit sa propre guérison et exprime l'opinion (que je partage) que les programmes Anonymes représentent la **principale** source de rétablissement. La consultation thérapeutique peut venir en sus — l'inverse n'est pas possible, cependant.

Sa lettre est une bonne introduction à la sexualité pathologique.

*Chère madame Norwood,*

*J'ai lu* Ces femmes *avec beaucoup d'intérêt. Je considère ce livre comme une importante contribution à la compréhension de la codépendance des femmes. En tant que médecin et membre d'un groupe d'Anonymes, plusieurs affirmations contenues dans votre livre m'ont impressionnée.*

***1. Ces femmes doivent s'engager dans le programme Douze Étapes en même temps qu'elles reçoivent une aide professionnelle.***

*J'étais vraiment contente de savoir que vous exigiez de vos patientes concernées par les Alcooliques Anonymes, Al-Anon, les Outremangeurs Anonymes, ou tout autre groupe d'anonymes qu'elles participent bel et bien au programme qui leur convient afin de rester en thérapie avec vous. J'ai été atterrée devant le nombre de thérapeutes de ma communauté qui considèrent les Douze Étapes comme une solution de rechange à la thérapie plutôt que comme une partie intégrante du processus d'autoguérison. En fait, plusieurs thérapeutes, psychologues et psychiatres se sentent menacés par ces associations, comme s'ils craignaient de perdre des clients. Plus encore, on semble croire dans le milieu psychiatrique que les groupes de soutien conviennent sans doute pour les problèmes **sans gravité**, mais qu'un professionnel est irremplaçable pour apporter une aide **véritable**. J'ai dressé la liste des thérapeutes de ma région qui travaillent conjointement avec les groupes Anonymes et c'est à eux que j'adresse mes* patients si l'occasion se présente. J'espère que votre livre trouvera un large public et qu'il aura de sérieuses répercussions sur tous ceux qui conseillent les «femmes qui aiment trop».

**2. Le fait que certaines femmes se trouvent aux prises avec des alcooliques ou tout autre genre de dépendants n'est pas accidentel.**

Il y a deux ans, j'ai fait partie d'un groupe Douze Etapes pour les épouses de dépendants sexuels. J'ai entendu d'autres femmes raconter leur histoire, et il était évident qu'elles avaient depuis fort longtemps l'habitude de choisir des hommes dépendants qui ne leur convenaient pas du tout. En les écoutant, je me suis rendu compte que moi non plus je n'échappais pas à la règle, depuis l'homosexuel de mes premières amours à mon mari actuel qui s'adonne systématiquement aux aventures extraconjugales. Comme une de ces femmes l'a si bien dit: «Nous étions des volontaires, et non des victimes.» Cette prise de conscience m'a grandement aidée à pardonner à mon mari la souffrance dans laquelle me plongeaient ses aventures.

**3. Peu importe la dépendance que l'on développe, la dynamique reste la même.**

Vous mentionnez l'alcool, la nourriture, les drogues, le jeu et le travail. Je suis tout à fait d'accord, mais je voudrais cependant insister sur une autre dépendance dont vous ne parlez que brièvement dans votre livre. Vous dites que «les rapports sexuels peuvent donc remplacer le recours à la drogue pour atténuer l'anxiété qui accompagne la sobriété à ses débuts». D'accord. Pourtant, la sexualité peut être une dépendance en soi, avec toutes les caractéristiques propres aux autres dépendances. Le meilleur livre sur ce sujet est The Sexual Addiction de

Patrick Carnes, maintenant publié sous le titre de Out of the Shadows : Understanding Sexual Addiction.

Au pays, plusieurs groupes Douze Etapes s'inspirent de ce livre. Le groupe dont mon mari fait partie s'appelle les Sexaholics Anonymous (SA). Comme Al-Anon pour les Alcooliques Anonymes, S-Anon (dont je fais partie) est pour les conjoints de Sexaholics. Mon mari n'a aucune autre dépendance ; séduire d'autres femmes a toujours été sa « drogue ». Je le trouvais désirable, dynamique, sexy, délicat, etc., mais tant qu'il ne s'est pas inscrit aux SA et moi aux S-Anon, notre vie commune était chaotique. J'endosse tout ce qui se dit à Al-Anon et il y a longtemps que je souscris à cette évidence : peu importe le genre de dépendance, les problèmes sont les mêmes. Depuis environ deux ans, mon mari reste « sobre » et respecte son programme pendant que je respecte le mien ; nos existences respectives en ont retiré d'immenses bénéfices.

Chez les SA, par ailleurs, on retrouve souvent des dépendances multiples. Plusieurs de leurs membres étaient déjà parvenus à se libérer de l'alcool, mais pour se rendre compte rapidement qu'ils étaient dorénavant incapables de refréner leurs appétits sexuels, ce qui menaçait leur sobriété.

Je regrette vraiment que, au moment où vous avez rédigé votre livre, vous n'en ayez pas su plus long sur les dépendances sexuelles et sur les groupes d'entraide qui les concernent. Je suis convaincue que plusieurs de vos lectrices sont aux prises avec ce problème et auraient besoin de savoir qu'une aide est disponible.

*Sharon J., médecin*

Cette lettre décrit clairement les rapports qui existent entre différentes dépendances et codépendances, ainsi que l'efficacité d'une approche Douze Etapes pour atteindre la guérison. Je n'ai rien à y ajouter, sauf mes remerciements à son auteur.

Une attitude appropriée pour le diagnostic et le traitement de la dépendance sexuelle commence tout juste à se manifester au sein des professions de soutien. Bien que les thérapeutes acceptent les problèmes liés à l'absence de désir sexuel ou à l'impuissance, ils commencent à peine à se rendre compte qu'une sexualité compulsive est un processus de dépendance qui est mieux traité par une approche Douze Etapes. J'ai remarqué que plusieurs professionnels dans ce domaine souffrent eux-mêmes de cette obsession (voilà pourquoi ils ont choisi ce sujet particulier). Leurs dénégations, leurs rationalisations et les autres défenses qu'ils ont développées pour ne pas affronter leur propre état les rendent incapables de diagnostiquer la sexualité compulsive chez leurs patients.

Ce sont surtout les alcooliques qui ont permis aux professionnels de comprendre la dépendance à l'alcool et la façon de la traiter. Je crois qu'il en ira de même pour la dépendance sexuelle. Les personnes qui se remettent lentement et qui parviennent à rester sobres sexuellement vont nous permettre d'appréhender cette maladie. Nous apprendrons que les dépendances et les codépendances sexuelles, tout comme l'alcoolisme et le coalcoolisme, doivent se soigner sur les plans physique, émotif et spirituel, si on veut les guérir.

# Nous considérons nos dépendances comme des choix et non des gestes compulsifs.

Bien que l'alcoolique ne semble pas avoir de prédilection pour des carrières particulières, j'ai observé que certaines autres dépendances orientent fréquemment une personne vers des domaines qui reflètent la maladie elle-même. Ainsi, les gens qui souffrent de dépendance dans leurs relations sont attirés par les professions d'aide, particulièrement les soins infirmiers et la thérapeutique. Leur troisième choix se porte vers l'enseignement, surtout avec les personnes handicapées et les enfants en difficulté scolaire. Ceux qui empruntent ou dépensent de façon obsessionnelle sont attirés par la gestion des sommes d'argent, les opérations de banque, la comptabilité, la préparation des déclarations de revenus, la tenue de livres et le prêt. Ceux qui ont des besoins irrésistibles de manger ont tendance à choisir des emplois liés à l'alimentation. Ils étudient la préparation des aliments, travaillent dans les centres de nutrition, rédigent des livres de recettes, enseignent la cuisine, ou travaillent comme serveurs. Ceux qui ont été brutalisés se dirigent souvent vers des carrières où la violence est un élément majeur quoique contrôlé, comme l'armée ou les services d'ordre. Les personnes sexuellement compulsives choisissent habituellement des carrières dans les relations humaines, particulièrement dans le domaine de la morale. Elles sont fréquemment engagées dans l'Eglise ou dans une vie religieuse où elles sont amenées à conseiller les autres. Elles choisissent aussi des professions qui s'intéressent au corps, comme la médecine. (Je ne veux pas suggérer, en vous faisant part de ces observations, que toutes les personnes qui travaillent dans ces domaines sont dépendantes de quoi que ce soit ; je dis que ces domaines attirent les personnes dépendantes.)

On constate aisément que chacun cherche un moyen, par l'effort, l'étude et la connaissance, de **contrôler** la substance ou le comportement qui désorganise sa vie. C'est un essai parfois désespéré d'utiliser sa carrière pour se défendre contre sa maladie. En effet, comment peut-on avoir un problème dans un domaine dans lequel on est expert ?

Mais dans les cas de dépendances, tous ces efforts pour dominer agissent en sens inverse. Une distance de plus en plus grande et inquiétante se fait entre l'image que l'on projette et son comportement secret. La carrière, qui sert de bouclier, empêche, à cause de l'orgueil et de la peur, de lâcher prise et de guérir.

Il faut être conscient de cela en lisant les deux prochaines lettres. Elles font partie de celles qui m'ont aidée à structurer ce présent livre. L'auteur y décrit très bien l'évolution de la dépendance dans les relations (dans son cas, il s'agit d'une codépendance sexuelle) et l'humilité, l'abandon et la persévérance dont elle a dû faire preuve pour atteindre la guérison.

*Chère madame Norwood,*

*J'ai lu votre livre et je présente tous les symptômes de la maladie chronique de* Ces femmes *: crises d'angoisse, claustrophobie, recours aux tranquillisants, graves anxiétés, dépressions, pensées suicidaires, un sentiment* **constant** *et douloureux* *d'une grande peine située dans ma gorge et ma poi-trine, crises de larmes quotidiennes, et générale-ment plusieurs en une seule journée. Je n'arrive ni à soulager ma peine ni à en identifier les causes.*

*Avant de lire votre livre, je croyais devenir folle. Personne ne savait ce qui n'allait pas, surtout pas moi. J'ai 37 ans, avec trois enfants de 9, 11 et 13 ans, et je suis mariée depuis quinze ans à un bel homme, genre macho, adonné au sexe illicite depuis l'âge de 12 ans. Sa dépendance s'est infiltrée dans notre mariage, mais je n'en disais mot et pensais qu'il était de mon «devoir» de lui pardonner. J'y arrivais facilement, ayant pris l'habitude de sup-porter la violence physique et mentale d'une mère alcoolique. (Typique, n'est-ce pas?)*

*Nous sommes tous les deux des ministres protes-tants. Toute une image à préserver! Il y a six semaines, j'avais lu les trois premiers chapitres de votre livre quand mon mari m'a avoué un nouvel «écart»; je l'ai quitté. Aujourd'hui, je suis de retour à la maison avec les enfants et je lui ai demandé de se loger ailleurs. Je ne veux plus le revoir tant qu'il n'ira pas chercher de l'aide auprès d'un thérapeute et d'un groupe de soutien et qu'il n'informera pas les aînés de notre église de ce qui lui arrive. Il y consent, admet qu'il est malade et incapable de s'en sortir tout seul. Il a brisé certaines barrières émo-tives et a pleuré pour la première fois en vingt ans.*

*Entre-temps, la souffrance me démolit et j'ai ter-riblement besoin d'aide. Parfois, la douleur est si intense que je ne sais plus quoi faire. Je n'arrive plus à bien travailler, à prendre soin des enfants ou à m'occuper de la maison. Je pleure sans arrêt et je ne sors que très rarement parce que, dès que j'arrive ailleurs, je fonds en larmes.*

*La douleur et les pleurs ont cette intensité depuis*

*plus d'un an et demi et ne m'ont jamais quittée, même pendant notre récente séparation, il y a de cela six semaines. Je crois que vous savez de quoi je parle.*

*Catherine N.*

*Chère Robin,*

*Je veux que vous sachiez combien je vous suis reconnaissante d'avoir répondu à ma lettre de décembre dernier, et que je suis en bonne voie de guérison. Après avoir quitté mon mari, en novembre, je l'ai revu quelques semaines plus tard lors d'un atelier de trois jours destiné aux professionnels de l'aide et offert par Patrick Carnes, l'auteur de* Out of the Shadows : Understanding Sexual Addiction. *C'est à cette occasion que mon mari a identifié son problème et qu'il a décidé de consulter un conseiller matrimonial et familial. A mon tour, j'ai moi-même reconnu ma codépendance sexuelle et entrepris une thérapie. Dans son programme, le Dr Carnes suggère que mon mari — et nous étions d'accord avec lui — commence par une période de continence, ce qui m'a fait autant de bien qu'à lui. Il n'avait plus besoin de sa «drogue» (le sexe) ni moi de la mienne (lui). J'ai suivi votre conseil au sujet du S-Anon : j'ai déniché ce groupe par l'entremise de mon mari qui s'est inscrit aux Sexaholics Anonymous, et, depuis, j'assiste toutes les semaines à mes réunions. A l'époque, notre conseiller nous a fortement recommandé de vivre séparés, ce que nous avons fait pendant sept mois.*

*Tout ce temps, j'ai continué de souffrir et de pleurer, la dépression devenant plus profonde à mesure que je faisais face à la réalité. J'ai commencé à m'occuper des problèmes liés au fait de grandir entourée d'alcooliques, lisant* It Will Never Happen to Me *de Claudia Back, et participant à un atelier de huit semaines sur le sujet. Je me sentais suicidaire et j'avais très peur de mon mari. Je pleurais à tel point qu'on aurait dit qu'un barrage venait de se rompre. Je me répétais sans cesse : « Les choses ont été trop loin pendant trop longtemps (quatorze ans) avec mon mari et plus rien ne va ; je ne sais même pas si je m'en sortirai un jour. » La volonté de fuir était si profondément ancrée en moi que j'ai dû me raccrocher à cette phrase de votre livre : « … sur la voie de la guérison, vous vous apercevrez que rester n'est pas le problème et que partir n'est pas la solution. » Jour après jour, je restais dans mon lit, emmitouflée dans ma courtepointe, pleurant et m'entourant de livres d'autothérapie. Me lever pour faire la vaisselle me donnait l'impression d'avoir à escalader une montagne. Je croyais ne plus jamais redevenir normale (émotivement saine). Seuls mes cours de danse aérobic me permettaient d'échapper à mes angoisses.*

*Mais j'ai appris que j'avais, moi aussi, un problème ; et depuis quelques semaines, soit huit mois plus tard, je commence à savoir ce que c'est que de me retenir, de m'empêcher d'être obsédée par mon mari, de le contrôler, de le blâmer et de le manipuler. Il a maintenant neuf mois de « sobriété » à son actif et est devenu un modèle et un parrain au sein de son groupe de soutien. (A cause de la nouveauté du programme destiné aux Sexaholics, peu d'« anciens » peuvent jouer ce rôle.) Ma maladie semble plus subtile que la sienne et trouve sans doute ses racines bien plus profondément en moi. D'abord, au lieu de consacrer mes efforts à ma propre guérison, j'ai persisté dans ma vieille habitude d'aider mon mari à suivre son programme.*

Maintenant que nous vivons de nouveau ensemble depuis trois mois, je commence seulement à me détendre. Ma dépression disparaît peu à peu et me laisse en paix trois ou quatre jours de suite. Pendant seize ans, j'ai souffert de crises d'angoisse et, pendant douze ans, d'une anxiété chronique. J'ai essayé de cacher mes problèmes d'anxiété et de dépression de la même manière que tout codépendant camoufle les cuites ou les frasques sexuelles, mais la culpabilité d'être aussi instable devenait insupportable. Après avoir appris à parler à haute voix de ma situation, à l'admettre, à l'accepter et à avoir assez d'humilité pour demander de l'aide, j'ai commencé à aller mieux.

Il fallait toujours que je sois le chien de tête : toujours le médecin, jamais le patient. Cette obsession était si profonde que j'ai même cru pouvoir résoudre mes propres problèmes, cherchant les réponses dans des piles de livres de psychologie. J'ai appris il y a longtemps dans ma vie religieuse que mon obstination et mon autosuffisance supposent que je ne fais pas confiance à Dieu. Dans mon esprit, l'abandon à Dieu occupait une place de choix, mais pas dans mon cœur. Le clergé pourrait grandement bénéficier du programme Douze Étapes quant à la pratique spirituelle ! Pour ma part, j'apprends à regarder en face ce Dieu que j'ai toujours aimé, mais en qui je n'ai jamais mis toute ma confiance.

J'ai aussi appris qu'une des dynamiques de ma dépression consistait à vouloir punir encore mon mari pour ce qu'il m'a fait. J'ai finalement constaté que j'étais l'unique victime de ma vengeance, et ce n'est que lorsque j'ai reconnu mes propres responsabilités que j'ai cessé d'être dépressive.

Aujourd'hui, alors que je suis assise ici et que je vous écris, je me sens en paix avec moi-même et *remplie d'espoir. Guérir en compagnie de mon mari est une belle aventure. Quelle chance d'avoir un mari capable de le faire. S'il n'avait pas cherché de l'aide, s'il n'avait pas persisté, je ne serais jamais retournée avec lui. J'arrive maintenant à exprimer mes émotions et mes besoins tout en restant ferme avec lui. Il me remercie souvent de l'avoir quitté un jour et d'avoir dit : « Je n'accepte plus que tu agisses de cette façon avec moi. »*

*Catherine N.*

Je n'ai presque rien à ajouter aux propos de Catherine. Elle décrit très bien, tant pour les thérapeutes que pour ses semblables, le comportement, les sentiments et la dynamique de la codépendance, la grande souffrance et le combat acharné qui sont nécessaires, non seulement pendant la maladie, mais aussi pendant le long processus de rétablissement. Après une vie passée dans des relations malsaines, la personne codépendante, au début de cette démarche, se sent souvent encore plus mal à l'aise qu'avant, car elle est en période de sevrage de ses vieilles habitudes de pensée et de comportement. A mesure qu'elle apprend à cesser de se concentrer de façon obsessionnelle sur le bien-être et la conduite d'une autre personne, elle n'a plus rien qui la divertisse de ses propres problèmes. Ceux-ci peuvent consister en des crises de panique, en une anxiété chronique (comme dans le cas de Catherine), en des phobies mais aussi en une lutte harassante contre une dépression endogène (à base physique), en des sentiments aigus de haine envers soi-même, de culpabilité et de honte (souvent liés à un passé de violences sexuelles ou physiques).

Il n'est donc pas surprenant que nous choisissions des hommes avec de graves problèmes de dépendance. Nous le faisons consciemment même si, au début, nous refusons de voir l'inacceptable. Seule la gravité de **leurs** difficultés nous permet de ne pas voir les nôtres. S'ils commencent à guérir, nous perdons notre centre d'intérêt extérieur. Il ne nous reste qu'à affronter notre propre maladie ou à nous trouver un autre compagnon ou un autre problème pour nous distraire. C'est pourquoi tant d'individus codépendants sabotent, subtilement ou non, le rétablissement de leurs partenaires ! Pour plusieurs d'entre nous, il est plus facile d'être avec un partenaire malade que de faire face à notre propre mal et d'entreprendre de guérir.

## Une guérison est d'abord un miracle.

La situation de Catherine est typique. Sa carrière lui a servi de dérivatif à sa propre maladie. Elle n'a pas encore découvert la source de sa préoccupation d'ordre sexuel ; elle s'est contentée de l'exprimer comme une inquiétude face au comportement de son mari. L'identification de cette source jouera un rôle important dans sa guérison. Bien que cet examen soit difficile à faire, il sera essentiel.

Que l'on soit thérapeute ou simple profane, il faut se rappeler que la majorité des personnes dépendantes ne se rétablissent pas mieux ni plus vite **que les personnes codépendantes**. Je ne dis pas cela pour décourager le lecteur ; je veux simplement rappeler la réalité. La plupart des gens meurent, tôt ou tard, de leur maladie. La lettre de Catherine révèle pourquoi il en est ainsi. Le degré d'abandon nécessaire au rétablissement est le même dans la dépendance et la codépendance. L'histoire de Catherine dit clairement que toute guérison n'est pas purement accidentelle. Nous devons être prêts à tout pour guérir. Il nous faut, comme Catherine, trouver le courage de chercher partout l'aide dont nous avons besoin et affronter ce que nous allons découvrir sur nous-mêmes. Si nous faisons cela en toute confiance, une puissance supérieure à la nôtre s'occupera du reste.

La lettre qui suit illustre le caractère acquis de l'obsession sexuelle. La très forte dépendance qui s'ensuit provient du besoin de revivre les situations dévastatrices du passé, inconscientes ou refoulées. La lettre de Sandra donne aussi l'exemple d'un traitement approprié, celui de la participation active à un groupe de soutien composé de personnes ayant connu des histoires semblables et contracté des maladies comparables. Bien entendu, la présence, dans un tel groupe, d'un thérapeute ayant vécu et vaincu ces genres d'expériences rend le groupe encore plus efficace, car ce professionnel travaille de façon réaliste et appropriée, et avec la compassion nécessaire.

*Chère madame Norwood,*

*Depuis deux ans, je fais partie des Parents Unis, un groupe de soutien pour parents d'enfants victimes d'inceste, que le responsable soit nous-même, notre partenaire ou tout autre parent proche. Mon thérapeute, que je consulte individuellement, m'a recommandé votre livre puisqu'il met en lumière tous les aspects sur lesquels je travaille en ce moment.*

*On a abusé de moi quand j'avais 4 ans, je m'en*

suis souvenue il y a deux ans et demi seulement, au cours d'une thérapie régressive entreprise en dehors du programme des Parents Unis. Mon thérapeute, peu familier avec la dynamique entourant les violences sexuelles, considérait que, maintenant que je savais, je devais oublier à nouveau et poursuivre ma vie. Evidemment, cette suggestion correspondait en tout point à mon intention de nier tout cela et d'oublier les innombrables conséquences de cette expérience sur ma vie! Eh bien, six mois après ma prise de conscience, j'ai enfin quitté mon second mari. Ce n'est qu'ensuite que j'ai su qu'il avait abusé de ma fille de 15 ans, ce qui m'a littéralement fait courir chez les Parents Unis.

Même si je me reconnaissais d'une façon ou d'une autre à chaque chapitre de votre livre, c'est quand vous parliez de l'enfance que j'ai vraiment été touchée. J'ai compris que le véritable «enfant invisible», c'était moi. Juste avant de lire votre livre, je faisais partie de «Recontact», un groupe qui s'adresse aux adultes victimes d'inceste pendant leur enfance, aux incestueux — hommes ou femmes — et aux mères d'enfants victimes d'inceste. Lors d'une réunion, je me suis surprise à exprimer ma colère à coups de bâton sur un oreiller. Pendant que je me défoulais ainsi, je me suis souvenue d'un détail: mon bourreau me clouait au sol, ses genoux sur ma poitrine. Mon premier mari, un alcoolique qui me maltraitait verbalement, physiquement et sexuellement, faisait de même. Effrayée à en mourir, j'ai laissé les souvenirs m'envahir avant de me faire réconforter par la thérapeute responsable de notre groupe. J'ai vécu le moment le plus terrible, mais aussi le plus beau, de toute cette séance en plongeant mon regard dans celui de la thérapeute pendant qu'elle faisait une mise au point. Je me rendais compte qu'elle me regardait, qu'elle me comprenait et qu'elle était là pour moi ; j'ai pu sentir ma douleur et vivre avec. Avant ce moment-là, je n'avais qu'une façon de fonctionner avec mon « inexistence » et mon « impersonnalité » : je ne trouvais rien de mieux que de me soûler et de racoler des inconnus dans les bars (le seul contact que je connaissais était sexuel) ; quand cela ne marchait pas, j'épousais un homme aussi malade que moi et je m'empiffrais plutôt que de m'enivrer.

Ma thérapeute et moi travaillons ensemble ma grande sévérité et mon manque total de compassion envers moi-même, et envers le fait que j'ai toujours aimé des hommes faibles, dangereux, secrets, défendus (mariés !) ou autrement malsains. J'ai toujours cru que cette part de moi qui choisissait de tels partenaires était malade et corrompue. Votre livre m'a fait finalement comprendre que, d'une fois à l'autre, je recherchais toujours le même genre de sentiments que la présence de ces hommes faisait naître en moi, sentiments que je ressentais déjà au sein de ma famille où l'on ne se touchait pas (sauf pendant l'inceste), où l'on ne se soutenait pas, où l'on ne communiquait pas. Peu importe ce que je faisais, un travail scolaire, domestique ou autre, je n'étais jamais assez bonne pour mes parents. Il va de soi que j'ai ensuite jeté mon dévolu sur des hommes qui affermissaient mon aliénation en me battant, en me violant et en me maltraitant verbalement ou émotivement. Ils ne faisaient que confirmer les messages que j'avais reçus de ma famille de façon manifeste ou dissimulée. Quoi qu'il en soit, je commence à me pardonner d'avoir fait de tels choix. Je ne suis pas encore prête à m'engager dans une nouvelle relation ; ma guérison est trop récente et j'ai peur qu'un homme « sain » ne m'émeuve pas assez ou ne soit pas assez vrai à mes yeux. Par contre, pour la première fois, je me sens bien sans homme, sans faire partie d'un couple, et je n'ai nullement l'intention d'y changer quelque chose.

Votre livre me redonne droit à moi-même, car je découvre à chaque chapitre que je ne suis pas la seule victime de l'autodestruction. Ce qui est encore plus extraordinaire, c'est de me rendre compte, à la lecture du processus de guérison, que je fais déjà tout ce qu'il y a à faire. Je fais partie d'un groupe de femmes (et d'hommes) ayant subi les mêmes blessures que moi, lesquelles ont engendré le même dysfonctionnement. Pour la première fois de ma vie, j'apprends aussi à voir les hommes comme des individus qui me ressemblent — blessés comme moi, seuls comme moi, utilisant comme moi la sexualité pour trouver un contact humain, et qui guérissent comme moi. Je suis sur la bonne voie et je sais que, bientôt, je pourrai même penser à entreprendre une liaison saine avec un homme. Je commence à rechercher des amis sincères, apprenant par le fait même à aimer et à être à l'aise avec d'autres sans qu'il soit question de sexualité. Je n'ai jamais eu de véritable ami et j'ai l'impression de refaire ma vie, comme un bébé venant au monde. J'espère qu'un jour je connaîtrai l'intimité (aïe!) d'une relation vraie.

De son côté, ma fille guérit, elle aussi, grâce aux Filles et Fils Unis. Grâce également à la mère équilibrée que je deviens, celle qui ne garde plus de secrets, qui ne retient plus son affection et qui ne pose plus de conditions à son amour. Ça fait peur, mais c'est vrai et cela en vaut la peine.

Sandra S.

Il est difficile de s'imaginer à quel point l'histoire de Sandra est courante. Nous voyons des gens agir comme elle et nous nous demandons pourquoi. Le besoin de Sandra de rencontrer des hommes dans les bars et d'avoir des relations sexuelles impersonnelles avec eux est un élément fondamental de la dépendance sexuelle féminine; les causes les plus fréquentes sont décrites dans sa lettre. On a abusé d'elle lorsqu'elle était enfant et elle poursuit sa dépersonnalisation et celle de sa sexualité à l'âge adulte. Comme Sandra, beaucoup de femmes ont recours à l'alcool ou à des drogues pour enterrer un traumatisme lié au sexe et à la violence. Alors que l'alcool engourdit leur douleur, il favorise le laisser-aller dans les relations sexuelles dangereuses avec des partenaires-objets. Très loin de soulager, ce comportement intensifie la sensation d'immoralité, de honte et de mépris qui a poussé initialement à ce comportement. Sous l'effet de l'alcool, ces femmes évitent de ressentir un sentiment de responsabilité et d'en étudier les motifs. Le cercle vicieux se poursuit.

Je crois que cette lettre aide à comprendre pourquoi la guérison est difficile. Sandra devait, pour guérir, avoir le courage d'affronter non seulement les souvenirs douloureux des violences qu'elle a subies, mais aussi les conséquences de ses propres choix et comportements de vie adulte. Elle n'aurait pu se transformer aussi profondément si elle n'avait analysé sa propre maladie aussi honnêtement qu'elle a examiné les problèmes de ses parents et de son mari.

La lettre qui suit montre à quel point une personne aux prises avec de telles difficultés peut se détourner adroitement de la réalité. Prononcer les mots « inceste », « abus sexuel » et « violence » n'est déjà pas facile ; cela demande encore plus de courage de les employer pour décrire notre situation personnelle. Les violences physiques et sexuelles sont si courantes dans les familles alcooliques que les thérapeutes doivent faire preuve de tact, de gentillesse et de patience lorsqu'ils tentent de découvrir à quelles occasions de tels événements ont pu se produire.

*Chère Robin Norwood,*

*Depuis neuf ans, j'entretiens une relation vraiment malsaine et votre livre m'a aidée à voir les choses sous un angle nouveau. Je vais suivre une thérapie. Je vis avec un alcoolique, un alcoolique avéré. Il a été malade, nous avons été malades et nous avons frôlé la mort. Nous ne nous sommes jamais mariés, mais nous avons deux filles. Toutes les trois, nous sommes en train de nous remettre, mais lui prétend ne pas être malade. Je ne cesse de souhaiter qu'il change, mais je me rends peu à peu à l'évidence ; il ne changera que s'il le désire et seulement quand il sera prêt. Le voir guéri reste un de mes rêves, un de mes fantasmes. Il est indépendant financièrement et s'enrichit même de jour en jour ; son pouvoir est donc plus grand que sa santé mentale. Plus que toute autre chose, la peur m'empêche de le quitter. La peur de quoi ? Je l'ignore, mais j'ai peur. A cause des filles, en partie. Je ne veux pas qu'il soit près d'elles quand je ne suis pas là. Si je le quitte, je sais qu'il voudra les voir et que je ne pourrai l'en empêcher.*

*Rencontrer quelqu'un d'autre me fait aussi très peur. J'ai essayé d'avoir des relations saines avec d'autres hommes, mais j'ai vite pris la fuite. Je lis et relis votre livre, et je crois qu'il m'aide lentement, mais sûrement. Merci beaucoup de votre attention.*

*Jane S.*

Chère Jane,

Je veux, dès le départ, me pencher sur votre appréhension de ce qui peut arriver à vos filles si vous n'êtes pas là pour les protéger. Je présume que vous craignez que leur père ne soit verbalement ou physiquement grossier, ou qu'il ait un comportement sexuel déplacé, ou tout cela à la fois. Jusqu'à maintenant, vous avez joué le rôle de pare-chocs entre cet homme et ses filles, l'empêchant d'être seul avec elles.

Tout d'abord, vous devez affronter **ce que vous savez déjà** et cesser de **vous cacher** les tendances de cet homme. Les personnes codépendantes sont fréquemment vagues au sujet des attitudes et des tendances de leurs partenaires. Pourtant, une telle imprécision n'est pas souhaitable.

Il est vrai que si vous vous séparez de votre mari, il aura probablement des droits de visite qui vous excluront. Cependant, beaucoup d'alcooliques sont plus intéressés par la bataille juridique que par ce qu'ils obtiendront. Ils ont besoin du drame et de l'action avec leur « ex » afin de se distraire de leur alcoolisme et de ses conséquences. Ironiquement, plus vous combattez avec le père de vos filles, plus vous lui permettez de fuir la réalité.

C'est entre les éthyliques et leurs proches que l'on rencontre le plus souvent des cas de violence et d'inceste. Vous devez confier vos inquiétudes à vos filles, ce qui signifie que vous devez apprendre à parler **objectivement** (sans porter de jugement) de la maladie que représente l'alcoolisme et des agissements déplacés des alcooliques envers les autres et en particulier envers leurs enfants. Vous devez leur parler d'une manière aussi claire et détachée que si vous leur faisiez part, par exemple, d'une crise d'épilepsie qu'aurait eue leur père. Elles doivent savoir à quel genre de comportement elles doivent s'attendre et comment se protéger dans les situations difficiles.

Quand vous pourrez le faire **en toute impartialité**, vous voudrez peut-être faire part à leur père de votre entretien avec vos filles. Mais n'agissez pas ainsi avant d'être capable de ne pas vous mettre en colère, de ne pas vous obstiner ou d'être sur la défensive. Vous devez être très avancée sur la voie de la guérison pour agir ainsi. Al-Anon me semble le meilleur endroit pour apprendre à vous détacher des problèmes de votre mari.


## Nos secrets nous font du mal.

Les secrets que l'on garde nous font du mal. Quand vous aurez cessé de cacher ceux qui concernent cet homme, vous et vos filles vous sentirez mieux, à la condition, bien sûr, que vos confidences soient les bonnes. Vous ne devez pas leur parler pour les mettre de votre côté ou pour discréditer votre mari. Et si vous lui confiez que vous avez eu un entretien avec vos enfants, ce ne doit pas être non plus dans l'espoir qu'il change. Ce serait là une autre tentative pour le contrôler. De toute manière, quand leur secret est éventé, la plupart des alcooliques s'éloignent des personnes qui connaissent la vérité à leur sujet.

Toutefois, si cet homme agit sexuellement de façon inconvenante, je vous en prie, faites tout ce que vous pouvez pour trouver des professionnels expérimentés dans le domaine des abus sexuels envers les enfants.

Si vous voulez vous séparer, trouvez un avocat qui comprenne les troubles de l'alcoolisme. Celui-ci doit être prêt à discuter de tous ces problèmes si jamais ils se présentaient. Même s'il ne s'agissait que d'alcoolisme, votre cas ne se prête pas à la garde partagée si populaire de nos jours et vous avez besoin d'un avocat qui connaisse cela.

J'espère que vous participerez activement à un programme Al-Anon et, si des violences sexuelles sont en cause, à un programme S-Anon. Ces deux groupes de soutien vous aideront à trouver les conseils et la sagesse dont vous avez besoin pour régler votre situation.

Essayez de vous rappeler que vous ne vous êtes pas engagée par hasard avec cet homme dont vous vous méfiez. Je parierais que le problème des abus sexuels a fait partie de votre propre enfance. Les femmes qui ont été molestées lorsqu'elles étaient jeunes ou dont on a abusé ont tendance à recréer le même contexte pour leurs enfants. Je vous implore de soigner cet aspect très important de votre vie. Vous ne répéterez pas ainsi la même erreur avec un autre homme malsain. Votre guérison aidera vos filles à éviter les mêmes écueils, tant sur le plan du choix de leur compagnon que sur celui des enfants qu'elles élèveront éventuellement.


Plusieurs personnes se demandent comment, après la poussée féministe des années 60 et 70, les femmes d'aujourd'hui sont encore accaparées par les hommes et les relations malsaines. La lettre qui suit montre franchement et en détail comment une féministe aux opinions politiques révolutionnaires peut tout de même mener une vie désorganisée par des dépendances sexuelles amoureuses. Terry semble exprimer que la source des opinions et de la dépendance de ces femmes engagées se trouve, aussi, dans les expériences qu'elles ont vécues enfants ; la colère, l'agression et la domination de l'homme, le ressentiment, la docilité et la tendance au martyre de la femme. Tout au long de l'enfance de Terry, l'alcoolisme de ses parents a amplifié cette dynamique stéréotypée entre l'homme et la femme. Dans sa vie adulte, sa propre dépendance aux substances chimiques ainsi que celle de son partenaire l'ont recréée.

*Chère Robin,*

*En lisant votre livre, je me retrouvais à chaque page. A 43 ans, je suis une femme de carrière, un cadre dirigeant un groupe de vingt-cinq personnes. Mariée à deux reprises, j'ai élevé deux filles. Féministe engagée, je suis considérée comme une femme forte. Mes deux mariages n'avaient rien de classique puisque aucun machisme n'y avait droit de cité. Mais je sais maintenant que si un homme devient notre raison de vivre, ça ne change pas grand-chose qu'on lui apporte ou non ses pantoufles. Refuser de jouer le rôle féminin traditionnel ne m'a pas empêchée d'être une femme qui aime trop ; le vrai problème n'était que mieux caché.*

*Aînée d'une famille de douze enfants, j'ai des parents alcooliques. Ma mère est une femme qui aime trop. Trop empêtrée dans sa houleuse relation avec mon père, elle ne voit vraiment pas ses enfants tels qu'ils sont. Refusant de lui ressembler, j'ai toujours gagné ma vie, évitant à tout prix les hommes* qui, comme mon père, ont réussi matériellement. Déterminée à ne pas me faire prendre au piège comme ma mère, je n'ai jamais voulu avoir d'enfants. Elle m'a tout de même appris à aimer trop et à me servir de l'alcool comme palliatif. Même si mon quotidien et le sien n'ont rien de commun, nous avons les mêmes dépendances.

L'alcoolisme de mon père n'a jamais nui à sa vie professionnelle, seulement à sa famille. Sa réussite est phénoménale, tout comme sa grande renommée. Il affirme qu'il contrôle son penchant et, d'une certaine manière, je suppose que c'est vrai. Ces dernières années, il a réussi à freiner son tempérament, mais, toute mon enfance, notre relation a été fort orageuse. J'ai juré que je ne m'engagerais jamais avec un homme comme lui, et j'ai longtemps cru avoir réussi. Aujourd'hui, je me rends compte qu'après avoir lutté contre lui je lutte contre tous les hommes. Leur argent, leurs convictions politiques ou la couleur de leur peau n'y ont pas changé grand-chose.

Toute mon enfance, j'ai gueulé contre mes parents et j'ai défendu mes frères et sœurs contre leur colère et leurs critiques. Je lisais les biographies des martyrs et des grands défenseurs de la liberté, souhaitant y consacrer ma vie. Impopulaire auprès des garçons, je souhaitais désespérément attirer leur attention. J'ai découvert la sexualité à 17 ans et, pour profiter de cette toute nouvelle expérience qui me mettait en contact avec des gens, j'ai renié l'enseignement religieux qu'on m'avait inculqué.

Au collège, j'ai découvert les Noirs et la popularité. Le traumatisme d'avoir un enfant illégitime et de le donner en adoption n'a pas freiné mon élan. A 19 ans, j'ai quitté la maison pour déménager dans *l'Est, gagner ma vie et rejoindre un Noir dont j'étais tombée amoureuse pendant ma grossesse cachée. Littéralement hors de lui, mon père menaçait de me placer en institution psychiatrique. Dex et moi nous sommes donc mariés.*

*Très vite, j'étais à nouveau enceinte et j'ai dû assumer mon rôle de mère six semaines avant d'avoir 21 ans.*

*J'avais encore de grands besoins émotifs et, la nouveauté du mariage s'évanouissant, j'ai eu une aventure. Puis, j'ai repris mes études et je me suis politiquement engagée dans un mouvement révolutionnaire. J'ai eu d'autres aventures que je gardais discrètes pour ne pas blesser Dex. De nature introvertie, il était incapable de m'affronter et notre mariage a périclité.*

*Eugène était un révolutionnaire comme moi et un objecteur de conscience. Après notre courte liaison, un week-end, il est parti au Canada. Dès son retour aux Etats-Unis, j'ai mis fin à mon mariage pour emménager avec lui.*

*Après un an et demi d'une harmonie la plus parfaite, il a déménagé, prétextant qu'il avait besoin de se trouver. Nous avions été amants et compagnons d'armes dans une lutte révolutionnaire qui nous unissait. Déserteur, il devait se cacher et je l'avais entretenu tout ce temps-là.*

*Son départ m'a laissée complètement anéantie. J'ai noyé ma douleur dans le scotch, inaugurant ainsi quinze ans de beuverie quotidienne. Eugène aussi a emprunté cette voie. Je buvais seule, lui avec d'autres. Je ne savais rien encore de l'autre femme. Il m'avait menti et je l'avais cru parce que je ne pouvais faire autrement.*

*Après huit mois d'une séparation pendant laquelle nous nous voyions quand même deux ou trois fois* par semaine, j'ai décidé qu'il valait mieux m'éloigner. J'ai trouvé un nouvel appartement dans une autre ville. Incapable de me laisser partir, Eugène m'a suivie et nous avons repris la vie commune.

Ayant rencontré une femme pendant notre séparation, il s'absentait de plus en plus fréquemment; il prétendait que son groupe de révolutionnaires organisait des réunions nocturnes. Je n'y croyais pas beaucoup et j'insistais souvent pour qu'il m'y emmène. Il refusait parce que, disait-il, j'étais blanche et que son groupe était uniquement formé de Noirs. Puis, la pression devenant trop forte, il est parti à nouveau. Cette fois, il me disait qu'il emménagerait avec un ami. Dix jours après son départ, j'ai été lui rendre visite. Quand j'ai frappé à sa porte, une femme a demandé qui était là. C'est ainsi que j'ai su que j'avais eu raison de mettre sa parole en doute.

Au cours des mois qui ont suivi cet événement, j'ai vécu un véritable enfer. Il me jurait un amour éternel, mais vivait avec elle. Il avait toujours voulu me faire un enfant, mais j'avais toujours refusé. Il a finalement réussi à me convaincre, m'assurant qu'il reviendrait à la maison. J'ai arrêté de prendre la pilule. Je me suis vite ravisée, mais trop tard, j'étais aussi féconde que ma mère. Eugène n'est pas revenu tout de suite. J'avais envisagé cette éventualité avant même de cesser la pilule et, puisque j'élevais déjà un enfant seule, j'avais décidé qu'un deuxième ne ferait pas beaucoup de différence. J'avais aussi l'impression qu'avec un enfant il me resterait toujours quelque chose de notre union. Je savais pertinemment que je garderais un ascendant sur Eugène tant que j'aurais un enfant de lui et que je l'empêcherais de le voir.

Pendant ma grossesse, quand je ne travaillais pas ou quand je ne dormais pas, je buvais. Comment se fait-il que mon enfant ne soit pas né avec le syndrome de l'alcoolisme fœtal (quelque chose dont je n'avais jamais entendu parler à l'époque)? Je l'ignore. Et je dormais avec un revolver sous l'oreiller, espérant avoir le courage de me tuer.

Une dernière conséquence quasi fatale de ma peine et de ma rage... Pendant un séjour d'Eugène au Canada, j'ai failli commencer la nouvelle année en tuant «l'autre femme». J'avais décidé d'aller chez elle et de la tuer, à minuit, le jour de l'an, pensant que l'«accident» serait peut-être interprété comme la suite néfaste de festivités mal engagées. Je courais le risque d'être arrêtée, mais plus rien n'avait d'importance. Je devais faire quelque chose pour résoudre mon problème, quelles qu'en fussent les conséquences. Je ne saurai jamais si j'aurais pu aller jusqu'au bout. Elle n'était pas chez elle, mais au Canada où elle avait rejoint Eugène pour Noël. Trop aimer a failli faire de moi une meurtrière.

Au printemps, quand Eugène est revenu du Canada, je me suis présentée chez cette femme. Devant l'évidence de ma grossesse, elle a exigé qu'Eugène se prononce pour l'une de nous deux. Il a opté pour moi. J'avais gagné.

Même si Eugène vivait avec moi, je me tourmentais à cause de cette femme. Ma fille est née en juillet et Eugène m'a épousée en janvier. Je ne sais pas pourquoi il l'a fait. En ce qui me concerne, je voulais prouver aux autres qu'il m'aimait et retrouver une certaine dignité après mon séjour en enfer. Je me disais qu'ainsi je pourrais toujours divorcer et que ce geste prouverait à son tour que notre histoire d'amour était bel et bien terminée. (J'imaginais que des rituels comme les funérailles et le divorce n'existaient que pour signifier aux vivants la fin de quelque chose.) Peut-être qu'en partie je

147

l'épousais aussi par amour, mais c'était une petite partie.

Quatre ans après avoir déserté, Eugène s'est fait arrêter. Naturellement, devant l'adversité, nous restions des compagnons d'armes et je l'ai sincèrement appuyé. Il n'était pas question que je le laisse tomber dans de telles circonstances.

De ses dix semaines d'internement, il est revenu un tout autre homme et plus amoureux que jamais.

Le temps que cela a duré, un bref moment, nous avons été heureux. Puis nous avons recommencé à déménager sans arrêt. De nous deux, moi seule travaillais. Après quatre ans de mariage, il souhaita que nous nous trouvions, chacun, d'autres partenaires sexuels. Même si cette idée me rebutait, pour ne pas lui déplaire, je lui ai accordé toutes sortes de fantaisies de ce genre. Je l'ai laissé diriger ma sexualité, tout en me considérant comme une femme « libérée » puisque je faisais toutes ces choses.

Puis, il a eu une aventure avec une de ses amies. Dans notre contrat, nous ne pouvions avoir de relations extraconjugales sérieuses, seulement des parties de plaisir. (Démente, cette façon de voir et d'agir, n'est-ce pas ?) Rapidement, il a recommencé à ne plus savoir ce qu'il voulait. Nous avions plusieurs autres problèmes. Il ne nous restait qu'une seule chose à faire : divorcer.

Après notre séparation, la peur de ne trouver personne d'autre me terrifiait. Reléguant aux oubliettes mes préoccupations de féministe engagée, je ne pensais qu'aux hommes. Sans un homme à mes côtés, je n'existais pas ; mais après mes batailles avec Eugène, la trêve me faisait du bien. J'ai donc attendu quelques mois avant de chercher à le remplacer.

Dès que j'ai eu un ami, Eugène a perdu l'esprit et menacé ma vie et la sienne. Plus tard, il a avoué qu'il avait failli nous tuer tous — lui, moi et mon nouvel amant. Ce dernier était marié. Il m'a d'abord subjuguée, mais quand j'ai su la vérité, j'ai voulu le quitter. Il m'a sérieusement battue et la seule façon que j'aie trouvée de rester loin de lui fut de dénicher un autre homme. Le nouveau, deux fois divorcé, refoulait ses émotions comme ce n'est pas permis et refusait de s'engager avec moi. Quand je suis tombée amoureuse de lui, il m'a quittée. Puis il y a eu des retours et des ruptures répétés qui me rendaient folle. C'est seulement quand j'ai compris qu'il ne m'était pas aussi fidèle qu'il le prétendait que j'ai eu le courage de le quitter.

Je me suis immédiatement jetée dans les bras d'un autre homme, mon cadet de dix ans. Sa tendresse me rappelait mon premier mari. Tout de suite, nous avons cohabité et j'ai ainsi découvert qu'il était cocaïnomane. J'ai toujours pris de la drogue avec circonspection pour me préserver de toute dépendance. Pendant les années 60, je les ai à peu près toutes essayées et j'ai très souvent fumé de la marijuana. J'avais complètement arrêté au cours des années 70, me mettant plutôt à l'alcool. Mais puisque toute cette cocaïne me tombait sous la main, je m'en donnais à cœur joie.

Quand j'ai lu votre livre, l'année dernière, la coupe était comble. J'ai regardé ma vie en face. Capable cette fois d'identifier la cause de mon problème, je me suis aperçue que d'autres avaient la même maladie que moi et qu'on pouvait en guérir. J'ai consulté un thérapeute qui traitait les adultes nés de parents alcooliques et il m'a dit que, si je voulais guérir, il fallait que je me considère d'abord comme une alcoolique. J'ai pu cesser de boire, mais pas de me droguer. La présence de mon ami, qui continuait de prendre de la cocaïne, me rendait la

*tâche deux fois plus difficile. Finalement, j'ai sur-*
*monté mon goût pour la cocaïne et l'alcool mais,*
*comme je suis une femme qui aime trop, il m'a*
*fallu quatre mois pour mettre mon ami à la porte.*
*Par la suite, je n'ai pas pu faire autrement que de*
*me rapprocher de l'homme «renfermé» que j'avais*
*rencontré avant lui. Cet homme, je le sais mainte-*
*nant, était aussi alcoolique. Chez les Alcooliques*
*Anonymes, on nous dit: «Pas de relation sérieuse*
*avant un an.» Je comprends pourquoi, mais je ne*
*sais pas si je serai capable de me conformer à cette*
*directive. Je m'invente mille et une excuses, toutes*
*aussi bonnes les unes que les autres, pour rester*
*avec lui. Je suis désintoxiquée et sobre, mais je reste*
*une femme qui aime trop — la seule chose que je*
*m'étais juré de n'être jamais. Voilà qui porte un*
*coup à ma conscience politique de féministe aver-*
*tie.*

*Merci de votre attention, Robin.*

*Terry D.*

Chère Terry,

Votre lettre me donne à penser qu'en plus d'être
alcoolique, cocaïnomane et prisonnière de vos relations, vous avez aussi une dépendance sexuelle.
Plusieurs choses suggèrent la présence de cette
dernière : votre comportement sexuel pendant votre
adolescence et à l'âge adulte, l'attitude compulsive de plusieurs de vos partenaires, vos sentiments de colère et votre désir de vengeance. Je
vois également un indice dans la domination, la
violence et l'alcoolisme de votre père ainsi que
dans l'alcoolisme et la passivité extrême de votre
mère. Ces éléments sont souvent présents dans le
cas d'abus sexuels au cours de l'enfance.

Ce contexte provoque ultérieurement des agissements sexuels compulsifs. Cependant, la violence seule, lorsqu'elle a de fortes connotations sexuelles, peut aussi entraîner ces comportements. De même, vivre avec un parent qui multiplie les infidélités suffit parfois à créer le problème. Bien que, dans votre lettre, vous n'indiquiez pas avoir été sexuellement agressée, votre attitude dans vos relations adultes suggère que vous avez eu un problème de cet ordre. En d'autres mots, votre histoire indique une dépendance sexuelle dans le présent et un traumatisme sexuel dans le passé, que vous soyez ou non consciente de ce traumatisme aujourd'hui.

Voici quelques données :
- Dans notre société, une femme sur quatre a été brutalisée avant d'avoir atteint 18 ans.
- Dans la majorité des cas, les victimes connaissaient leurs agresseurs et avaient confiance en eux. En fait, la plupart des agresseurs sont des membres de la famille.
- Quatre-vingts pour cent des abus sexuels et des agressions domestiques (deux catégories qui se confondent souvent) sont commis dans les familles alcooliques. Viennent en deuxième les foyers très religieux.
- La plupart des victimes de violences sexuelles « oublient » leur expérience en entretenant le mécanisme de défense automatique et inconscient de la dénégation.
- Les victimes d'abus sexuels ont tendance à agresser sexuellement leurs propres enfants ou à choisir un partenaire qui le fera.

L'inceste est le traumatisme et la dégradation ultimes, et il affecte à ce point l'enfant que celui-ci instaure un imposant système de dénégation et d'oubli qui agit tout au long de son enfance et qui persiste à l'âge adulte. En général, ce moyen étouffe efficacement et entièrement les souvenirs douloureux afin d'éviter que l'ego soit submergé. Et parce que ces souvenirs ne sont pas effacés, mais seulement enfouis, ils conservent dans le subconscient une puissante influence sur les comportements, les sentiments et les choix courants. Ils entraînent un très haut niveau d'anxiété, de méfiance et de peur ainsi qu'une sorte de sentiment généralisé de honte qui empêchent l'adulte de vivre détendu et raisonnablement heureux. Tant qu'ils sont étouffés, ces souvenirs enraient toute possibilité d'amélioration.

Le traumatisme sexuel est complexe à identifier, non seulement à cause du mécanisme de défense et de l'aversion naturelle de la victime à admettre les faits, mais aussi parce qu'il est très difficile d'établir ce qu'est un sévice sexuel. Comme pour tant d'autres expériences douloureuses de l'enfance, chacun de nous a besoin de croire que ce qui lui est arrivé n'était pas si terrible que ça. La dépendance de l'enfant à l'égard de ses parents se traduit naturellement par la loyauté, ce qui rend plus délicate l'évaluation de l'étendue du mal subi. Si les souvenirs réapparaissent, on tente de se convaincre qu'on les a imaginés, que ce n'était qu'un cauchemar ou qu'on a tout exagéré. On demeure délibérément vague, refusant d'accorder de l'importance à ses propres sensations. La plupart du temps, la réalité est tout autre. Le refus inconscient, ou la suppression consciente, de son passé maintient la personne dans le présent, prisonnière de sa fureur, de sa honte et de son désespoir.

Terry, laissez-moi vous aider à identifier certaines des formes d'exploitation sexuelle les moins faciles à reconnaître, en plus de celles qui sont plus communément reconnues comme préjudiciables. Rappelez-vous qu'il ne s'agit pas là de concepts juridiques mais psychologiques, qui doivent servir à déterminer de quelle manière la victime a été affectée, et non à établir si ce qui s'est produit peut permettre à qui que ce soit d'intenter des poursuites en justice.

## Chacun de nous a besoin de croire que ce qui lui est arrivé n'était pas si terrible que ça.

L'exploitation sexuelle peut être physique et peut se faire en regardant, en examinant, en touchant, en pénétrant ou en stimulant — de façon inconvenante — le corps de l'enfant. Il peut s'agir d'un événement unique ou reproduit plusieurs fois au fil des ans. D'autre part, l'exploitation sexuelle peut être masquée et essentiellement psychologique. On exploite sexuellement les enfants toutes les fois qu'on leur adresse des paroles, des descriptions ou des suggestions malsaines, qu'on les entretient de conversations déplacées, qu'on les soumet à des questions, à des histoires ou à des farces lubriques, ou qu'on les expose à des objets ou à des publications sexuels ou pornographiques. On doit aussi se rappeler que la violence physique peut être une forme d'agression à tendance fortement sexuelle. Plusieurs filles battues se sont fait arracher leurs vêtements, couper les cheveux ou déposséder de leurs choses intimes par une mère jalouse ou par un père possessif sexuellement.

L'inceste dissimulé comprend aussi la violation

répétée des limites émotives de l'enfant. Lorsqu'un parent fait d'un enfant son compagnon, qu'il lui confie en détail ses problèmes maritaux (y compris les problèmes sexuels), qu'il lui donne des responsabilités d'adulte, qu'il l'accable de ses difficultés affectives, qu'il s'appuie sur lui pour se soulager de ses difficultés et leur trouver des solutions, ou qu'il cherche, par quelque moyen que ce soit, à obtenir de lui approbation et réconfort, il viole l'intégrité et l'indépendance fondamentales de cet enfant. Si, de plus, le parent le met dans la position d'un partenaire émotif, ce qui équivaut à le séduire, il y a de fortes chances que celui-ci développe une sexualité compulsive dans sa vie d'adulte. L'enfant ainsi traité éprouve alors les mêmes sentiments que s'il avait été agressé physiquement : il se sent étouffé, honteux et développe une rage impuissante ainsi qu'un besoin de vengeance et de réparation. L'inceste physique n'exclut pas l'inceste déguisé, et vice versa. Par exemple, un père peut exploiter sa fille physiquement alors que sa mère l'exploite émotivement.

Plusieurs femmes nient avoir été victimes d'inceste dans leur enfance parce qu'elles n'ont pas eu de relations sexuelles physiques. Mais le traumatisme n'est pas nécessairement plus important chez l'enfant qui a été brutalisé que chez celui qui a subi un harcèlement psychologique. Une femme qui, lorsqu'elle était enfant, devait constamment être présente dans une pièce où son père et un ami se racontaient des histoires et des farces lubriques peut avoir autant de difficulté à vivre une intimité saine qu'une autre qui, de son côté, subissait les visites nocturnes de son père. L'abus de confiance, l'imposition du secret, le refus de protection et l'atteinte à l'intégrité physique ou psychologique, ou les deux à la fois, font tous partie du traumatisme engendré par l'inceste. Ce choc émotionnel est ce qui pousse la victime à rechercher, dans sa vie adulte, des rencontres sexuelles qui renferment ces éléments de méfiance, de mystère, de danger et d'excès physiques ou psychologiques.

Notre société considère souvent qu'un comportement sexuel obsessionnel, dans la mesure où cela se produit entre un homme et une femme d'âge raisonnable, n'est que l'expression d'une « libido puissante ». C'est comme si l'on associait à une « soif excessive » l'incapacité d'un alcoolique à cesser de boire. L'obsession sexuelle, comme toutes les dépendances, est la recherche d'un soulagement. L'alcoolique engendre le besoin de boire en buvant. L'endettement de la personne qui consomme à outrance la pousse à dépenser davantage. L'expérience de la séduction pousse la personne dépendante sexuellement à rechercher la prochaine rencontre.

En se rappelant qu'une obsession sexuelle est l'effort inconscient de nier et de surmonter l'impuissance, la honte et la révolte d'avoir été agressé durant l'enfance, on parviendra plus facilement à comprendre que la plupart des femmes qui usent ainsi de leur sexualité ne le font pas par amour pour les hommes, mais au contraire parce que ceux-ci leur inspirent un ressentiment et une peur incroyables. Elles tentent par tous les moyens de rétablir leur équilibre intérieur en contrôlant plutôt qu'en étant soumises et en dominant plutôt qu'en étant dominées. Mais elles jouent avec le feu. Chaque rencontre sexuelle recrée en elles le besoin de récidive, dans l'espoir de gagner finalement. Les femmes les plus ouvertement séductrices sont aussi les plus traumatisées, car elles sont submergées par une furie et une angoisse dissimulées. Le besoin de séduire est un acte désespéré et hostile, une tentative de soumettre un autre être humain.

Terry, vous avez eu beaucoup de chance que votre thérapeute vous ait bien conseillée en vous suggérant d'abord de vous délivrer des substances chimiques. Je crois que la prochaine étape, tout en restant sobre, est de vous abstenir sexuellement pendant un certain temps afin d'identifier la source et les effets de cette dépendance dans votre vie. Ce n'est qu'après avoir surmonté cette phase très importante que vous pourrez vous attaquer à votre dépendance affective.

*Chère madame Norwood,*

*La lecture de* Ces femmes *s'insère dans une recherche qui devait me permettre de trouver les véritables causes de mes deux divorces et de plusieurs relations manquées, de mon impuissance à quitter des hommes impossibles et de ce sentiment que j'ai d'être bonne à rien, de n'avoir aucune valeur, etc.*

*Toute ma vie amoureuse se caractérise par l'attrait que j'ai pour les hommes plus jeunes (le plus jeune avait neuf ans de moins que moi) ou pour les hommes de mon âge; jamais des hommes plus vieux. Etant petite et mince, on me pense plus jeune que je ne le suis. L'homme de ma dernière liaison était cependant plus âgé que moi. J'ai 36 ans, il en a 44. Après neuf mois de fréquentations, nous avons tous deux reconnu que nous étions vraiment amoureux l'un de l'autre. Un an plus tard, il disait que c'était «... trop, trop vite» et qu'il manquait d'air.*

*Parce qu'il était mon aîné, je sais aujourd'hui que mes attentes m'ont poussée à l'aimer avant même d'avoir la chance de le connaître vraiment et de comprendre les raisons qui expliquent son premier divorce et celles pour lesquelles il n'entendait pas signer les papiers de son second divorce. J'ai aussi compris qu'il était un homme à femmes de la pire espèce (il ne fréquentait QUE des femmes).*

*Dans votre livre, j'espérais trouver des cas directement liés à l'inceste. Je n'en ai trouvé que deux et seulement un seul se rapprochait du mien. Voyez-vous, je ne **suis pas** victime d'inceste, mais la cinquième de neuf enfants, dont six filles. Enfant maladive, j'ai évité les avances de mon père, mais je l'entendais toujours avec ma sœur de seize mois ma cadette, dans la chambre d'à côté. Il a abusé de toutes ses filles, sauf de moi. En fait, ma présence semblait lui répugner et nous nous sommes toujours querellés. A 16 ans, j'ai menacé de le tuer s'il me battait comme il avait l'intention de le faire. Il a dit à ma mère qu'à cause de ma maladie je coûtais trop cher et qu'il regrettait que je sois venue au monde. Quoi qu'il en soit, étant la SEULE fille n'ayant pas subi les avances incestueuses de mon père, j'ai fini par avoir le sentiment «d'être incapable d'être aimée ou acceptée par un homme».*

*Cette malédiction a profondément affecté mes relations avec les hommes. Quand un homme me disait qu'il m'aimait, je ne le croyais jamais et le désapprouvais même. D'un autre côté, je réclamais toujours de plus en plus d'affection, incapable d'attendre qu'il soit disposé à l'exprimer. Alors je faisais volte-face, le submergeant d'amour et d'affection au point de l'étouffer. Inévitablement, il me trouvait accaparante et me quittait. La majorité de nos disputes venait du fait que je l'accusais de ne* pas me montrer son amour. Cela semble confus et incohérent, je sais. Je ne comprends rien à cette partie de ma vie.

Votre recherche vous a-t-elle permis de déduire qu'il y a plus de cas liés au fait d'avoir des parents alcooliques ou drogués, plutôt qu'à des pères peu aimants et incestueux? J'ai entendu dire qu'alcoolisme et inceste vont souvent de pair dans une famille. Est-ce vrai? Mes parents ne buvaient pas; mais mon père, lui, avait un ulcère.

J'ai mentionné la maladie: il s'agit d'une dermatite atopique que compliquent plusieurs allergies à divers aliments, au pollen et aux composés chimiques de l'air, etc., en plus d'un eczéma particulièrement aigu. Des traitements inadéquats ont laissé ma peau profondément marquée de cicatrices, ce qui a aggravé mon sentiment d'insuffisance.

Peu à peu, je m'accepte comme je suis car, dans son immense bonté, Dieu a voulu que je mette au monde deux merveilleux garçons, aujourd'hui de 6 et 13 ans, sans allergies ni problèmes de peau. Ils sont en excellente santé, très intelligents et très aimants. J'ai été assez sévère et directive avec eux, incapable de leur prodiguer assez d'amour. Je voudrais être détendue et les aimer tels qu'ils sont, mais j'ai du mal à savoir comment. C'est pourquoi j'ai entrepris ce retour sur moi-même et j'essaie de les aimer vraiment, en étant moins critique et moins autoritaire et en essayant de leur inculquer le sens des responsabilités et de les préparer à l'âge adulte. J'ai hâte de devenir leur amie, surtout de celui qui a 13 ans. Cela prendra du temps, mais je suis prête à faire les efforts.

*Lana Z.*

Chère Lana,

Vous dites dans votre lettre que vous n'avez pas été victime d'inceste, mais c'est faux. Le fait que votre père ait eu des relations sexuelles avec vos sœurs ne vous a pas immunisée contre le dommage que cela vous a causé. Aucune de vous n'a connu votre père comme un adulte digne de confiance, capable d'assurer votre bien-être et de vous protéger. Il était, au contraire, une source constante de menace et de danger, un homme malade qui violait et maltraitait ses enfants.

Il n'est pas surprenant que vous ayez été attirée par des hommes plus jeunes que vous. Le besoin de contrôler est souvent présent chez les femmes qui vivent avec des partenaires moins âgés qu'elles. Elles ont l'impression d'avoir plus d'expérience, d'être plus fortes, plus sages et moins vulnérables. Ce n'est pas nécessairement le cas, surtout en ce qui concerne la vulnérabilité, mais, au début, c'est ce qu'elles imaginent.

Il n'y a rien d'étrange, non plus, que l'homme plus vieux que vous avez fréquenté ait des problèmes d'honnêteté avec les femmes, surtout dans le domaine sexuel, puisque nous avons tous tendance à répéter les expériences de notre enfance. L'inconvenance, la méfiance et le danger dans le contexte de la sexualité sont des éléments qui vous sont très familiers.

Il est vrai que l'inceste est souvent présent dans les foyers alcooliques, mais il est aussi très fréquent dans les familles extrêmement religieuses ainsi que dans celles où la discipline est sévère. C'est une maladie qui se transmet de génération en génération, c'est-à-dire que l'agresseur a pu en être victime dans son enfance et que, devenu adulte, il violente à son tour ses enfants ou ceux des autres. La femme ayant subi l'inceste choisit un conjoint qui maltraitera tôt ou tard ses enfants. De plus, on commence à peine à entrevoir la fréquence des agressions commises par les femmes elles-mêmes. Ainsi le problème passe d'une génération à l'autre, dans le secret.

## Nous pouvons apprendre à aimer et à choyer l'enfant que nous étions et l'adulte que nous devenons.

Toutes celles d'entre nous qui ont été traumatisées dans leur enfance ressentent le besoin irrésistible de surmonter ce qui les a terrassées dans le passé. Plus l'expérience fut écrasante, plus grand est le besoin de la recréer afin de la maîtriser. C'est ce qui pousse les personnes qui ont été agressées à continuer d'accepter la situation ou à devenir agresseurs, ou encore, à rechercher la compagnie d'agresseurs afin d'essayer de les soumettre. Cette dépendance dans les relations et ces agissements impulsifs perdent de leur emprise si on les rapproche du besoin de contrôler dans le présent ce qui fut incontrôlable dans le passé.

Vos liens avec vos enfants laissent entrevoir de la sévérité. Comment pourrait-il en être autrement ? Tout ce que chacune de nous connaît du rôle de parent provient des expériences de son enfance. Malgré notre détermination à ne pas commettre les erreurs de nos parents, nous sommes incapables d'agir autrement. Voilà pourquoi j'insiste toujours pour que les gens essaient de se guérir des blessures qu'ils ont subies. Adultes, nous pouvons apprendre à aimer et à choyer cet enfant que nous avons été et l'adulte que nous sommes devenus. Nous pouvons, si nous le voulons, commencer à nous aimer sans condition. Ce travail nécessite beaucoup de prières et d'efforts. Notre propre guérison est le plus beau legs que nous puissions faire à nos enfants. Il n'est **jamais** trop tard ni pour eux ni pour nous.

Toutes les maladies physiques sont liées au stress, c'est-à-dire qu'elles sont provoquées ou amplifiées par le stress. C'est le cas plus particulièrement des maladies cutanées. On dit, avec raison d'ailleurs, « avoir les nerfs à fleur de peau ». Selon moi, vous devriez travailler avec un groupe de personnes ayant connu les mêmes problèmes que vous, car c'est avec lui que vous commencerez à vous rétablir. Vous aurez peut-être besoin d'une thérapeute ; alors assurez-vous que celle-ci comprenne bien le problème de l'inceste, de ses conséquences et ce que son traitement nécessite.

Il vous faudra du temps pour guérir. Sachez-le. Le problème date et votre dépendance a été nourrie pendant plusieurs années. Soyez courageuse et ne perdez pas patience. Votre guérison sera une bénédiction pour votre santé, dans votre rôle de parent, vos rapports avec les hommes et votre vie spirituelle.

*Chère madame Norwood,*

*J'ai 21 ans et je termine mes études en psychologie. Depuis un an, je me débats avec de douloureux souvenirs qui me ramènent à l'enfance, époque où mon père abusait de moi. Jusqu'à l'année dernière, j'avais complètement rayé cette période de ma conscience. Mais j'ai décidé à un moment de sérieusement remettre en question mes relations avec les hommes. Malheureusement, il a fallu plusieurs de ces liaisons malsaines et de douloureuses erreurs avant que je comprenne que mon comportement suivait un pattern. C'est ce qui m'a poussée à lire votre livre. Son contenu concordait avec mes problèmes, mes sentiments et mes croyances. J'ai compris mon attitude et sa raison d'être — l'expérience que m'avait fait vivre mon père. Je suppose que jusque-là je m'étais empêchée de faire un lien entre mon père et mes relations malsaines. Ne voulant pas rejeter le blâme sur lui, je m'accusais de tout.*

*A la lecture de votre livre, j'ai compris que ma conduite avait des racines beaucoup plus profondes que je le croyais, et que je devais faire face à mon problème. J'ai finalement admis ce qui m'était vraiment arrivé et que cela continuait de me poser des problèmes. Heureusement, un de mes amis travaille comme stagiaire au service de consultation psychologique de l'université. Il m'a recommandé une thérapeute qui m'a permis de me délivrer de ce poids énorme que je supportais seule depuis presque treize ans.*

*Pendant un mois, nous avons exploré mes sentiments pour mon père, lesquels allaient de l'exonération complète à l'éveil d'une colère sans pareille. J'ai compris comment il avait contribué à faire de moi une femme qui aime trop. J'ai vu soudainement les raisons pour lesquelles j'ai besoin de contrôler, mon désir de changer les autres et de les rendre meilleurs, ma propension à aimer un rêve et le refoulement de mes propres émotions. Pour la première fois de ma vie, je me sentais vraie parce que j'avais laissé émerger la douleur et la colère profondément enfouies en moi. Dès lors, j'ai su que je ne pourrais plus jouer la comédie, surtout à la maison.*

*J'étais en thérapie depuis un mois quand les va-*

cances de Noël m'ont ramenée à la maison, le cœur plein de sentiments bouillonnants. Il m'a été impossible d'agir normalement avec mon père. Nous avions toujours donné l'impression d'entretenir une bonne relation, quoique je me souvienne de m'être sentie passablement mal à l'aise auprès de lui à certains moments. Il a remarqué le changement qui s'était opéré en moi.

L'aînée de mes sœurs est venue en ville et, comme me l'avait suggéré ma thérapeute, je lui ai parlé de ce que j'avais vécu avec mon père, pour découvrir qu'il avait aussi abusé d'elle. Je croyais avoir été la seule et elle pensait de même. Cette découverte a accru ma colère que je contrôlais avec difficulté. J'ai compris que la confrontation était nécessaire. Il fallait aussi penser aux autres membres de la famille : ma mère, mon frère et mes deux autres sœurs.

Les rapports entre ma mère et mon père n'ont jamais été très bons et, depuis quelques années, ils allaient de mal en pis. Mon père craint de montrer ses émotions à ma mère qui est, bien sûr, une femme qui aime trop. (Je lui ai prêté Ces femmes.) Papa garde ses distances vis-à-vis d'elle, bien qu'il ne cache pas son attirance pour les autres femmes, parlant d'elles sans arrêt et se permettant même des aventures. Malgré tout, ma mère reste avec lui. Elle est intelligente, compatissante et très volontaire. Elle a eu beaucoup de mal à réussir son mariage, je dirais même qu'elle y a mis trop d'énergie.

Pour le moment, elle est retournée aux études, espérant obtenir un diplôme en travail social, et nous sommes devenues très proches. Nous avons parfois de longues conversations sur papa, ses contradictions et leur vie ensemble, conversations qui m'ont révélé à quel point elle a été malheureuse. Toujours est-il que ma mère a pris conscience de *la colère que je nourris envers mon père et a compris que je devais l'exprimer. Elle croit toutefois que c'est l'absence de sensibilité de mon père et son comportement obsessionnel-compulsif qui ont déteint sur moi. A plusieurs reprises, nous les enfants (et maman) avons essuyé l'absurde colère de notre père, ses sautes d'humeur inconsidérées, pour ne pas mentionner son comportement tendancieux. Les visites à la maison n'étaient pas toujours aussi excitantes que cela aurait dû l'être. Ce n'est pas surprenant que nous couvions tous une certaine colère; nous ne nous permettions jamais de nous fâcher avec papa parce que nous ne savions jamais comment les choses allaient tourner. Ma mère m'a parlé de ces moments où papa frappait les murs de sa tête ou de ses poings. Il l'effraie elle aussi et depuis les tout premiers jours de leur mariage. Les périodes où il est tranquille et détendu ne représentent pour nous rien d'autre que le calme avant la tempête.*

*Le pire dans tout cela, comme dans d'autres cas semblables, j'imagine, est que mon père est considéré comme un être parfait. On se représente notre famille comme une famille idéale. En ce qui nous concerne, nous nous sommes conformés à cette idée tant que nous grandissions. Comme son père et deux de ses frères, mon père est un ministre protestant aujourd'hui à la retraite. Mes amis répétaient avec insistance qu'il était «extra». Les amies de ma mère lui répétaient combien elle était chanceuse d'avoir épousé un homme aussi merveilleux. Ses fidèles le vénèrent presque plus que leur Dieu. Et plusieurs femmes ont tenté de le séduire. Mais aucune de ces personnes n'avait à vivre avec lui.*

*En faisant un retour sur nos vies à tous, je m'aperçois qu'aucune n'était aussi belle que je vou-*

lais bien le faire croire. J'avais plusieurs sœurs et un frère, tous apparemment équilibrés, et nos parents restaient unis plutôt que de rejoindre le rang des divorcés. J'ai grandi en enfant modèle — très bonne à l'école, polie, jolie, de nature aimable et mûre pour mon âge. Je donnais l'image de la perfection. Ma mère m'a même avoué récemment que, des quatre enfants, elle croyait que j'étais le seul qui n'avait pas de gros problèmes. A mesure que nous nous sommes rapprochées l'une de l'autre, elle a vu plus clair.

Ces dernières années, avant même de faire face à l'inceste, chacun (sauf mon père) s'est aperçu que son image s'effritait. Maintenant, ma sœur aînée et moi sommes aux prises avec un affreux dilemme. Faut-il révéler à notre mère ce que notre père nous a fait il y a tant d'années ? Est-ce que cela vaut la peine ? Qu'arrivera-t-il à notre famille qui n'en avait jamais été une dans le vrai sens du terme ? Serons-nous en mesure de supporter la culpabilité de notre mère ? Comment les autres membres de la famille réagiront-ils ? Qu'adviendra-t-il de cet homme, grand en surface seulement, et que nul ne connaît vraiment, lui encore moins que les autres ?

Nous avons décidé que oui, il fallait faire quelque chose. Tout comme moi au début de ma thérapie, ma sœur craignait d'affronter mon père ; mais ma colère était si forte que j'étais convaincue d'en être capable. Au fur et à mesure que nous nous y préparions, ma mère a commencé à voir clair. A partir de certains indices que ma sœur et moi lui avions fournis et à partir de ses lectures sur certains comportements bizarres qu'adoptait mon père (sautes d'humeur, dépressions, attitude obsessionnelle-compulsive, préoccupations d'ordre sexuel, etc.), elle a compris. Elle m'a demandé s'il avait déjà abusé de moi. *En disant «oui», j'ai vu dans son attitude ce que je craignais et que j'attendais. Mais j'ai aussi vu sa force et sa détermination apparaître. Elle était d'accord pour que je parle à mon père avant tout autre chose. Elle aussi en avait gros sur le cœur, elle avait hâte de le dire.*

*Le lendemain, à l'écart, papa et moi avons eu une longue conversation. Honnêtement, je peux dire que lui parler — m'ouvrir et livrer sincèrement mes émotions — a été la chose la plus difficile de toute ma vie. Il savait que j'avais quelque chose derrière la tête et notre relation l'inquiétait beaucoup. Il avait aussi deviné que ma colère et mon ressentiment à son égard avaient quelque chose à voir avec l'inceste. Visiblement, il n'avait rien oublié.*

*Il y avait tellement de larmes et d'amertume dans notre conversation. Même si je le blâme de ce qui est arrivé et que je trouve ça épouvantable, le fait qu'une telle chose soit possible et qu'elle arrive si fréquemment m'attriste profondément. Voir cette image de soi et de sa famille tomber en mille miettes m'a brisé le cœur. Voir mon père s'effondrer lamentablement a été une torture. Etrangement, même en lui exprimant ma colère, j'étais encore capable de l'aimer; mais je ne peux plus continuer à ressentir de l'affection pour lui. Maintenant, j'oscille entre la colère, le dégoût et la pitié. Parfois, je ne ressens rien du tout et me fous complètement qu'il disparaisse de cette terre. Je me demande si nous aurons jamais un jour une relation vraiment digne de ce nom.*

*Ma mère et mon père voient un thérapeute. Séparés, ils ont l'intention de divorcer bientôt. Ma sœur aînée et moi poursuivons notre thérapie à nous et j'aimerais peut-être travailler un jour avec des filles ou des femmes victimes d'abus sexuels. Mon autre sœur et mon frère comprennent ce qui se passe et* nous en parlent souvent. En fait, parler à mon frère nous a fait comprendre que lui aussi avait été victime du harcèlement de mon père. Maintenant, je crois que nous formons une véritable famille pour la toute première fois, chacun étant à l'écoute et essayant de comprendre l'autre. Enfin, je me sens **vraie** et je suis capable de porter attention à mes propres émotions et désirs, ce qui m'aide à défendre mon point de vue en famille et à d'autres occasions. Plus que jamais, j'aime me trouver en présence de ma mère, de mes sœurs et de mon frère. Nous sommes très liés. Nous nous aidons les uns les autres, avec empathie et sincère dévouement. Nous grandissons.

Le divorce nous bouleverse tous, mais ne surprend personne. C'est la meilleure solution. Il n'en demeure pas moins qu'il est difficile de se faire à cette idée, après trente-cinq ans de vie commune. Ce qui me fait le plus mal, c'est de voir ma mère tourmentée par ces années perdues à essayer de faire de cet homme ce qu'elle voulait qu'il soit et de chercher en vain chez lui ce dont elle avait besoin. Malgré cela, elle entend poursuivre sa démarche et s'aperçoit qu'à 54 ans elle est encore assez jeune pour refaire sa vie. Papa n'a pas la même énergie et je ne peux que prendre sa faiblesse en pitié. Peut-être retrouvera-t-il un peu de force grâce à sa thérapie, peut-être retrouvera-t-il un peu de notre respect.

En ce qui me concerne, j'essaie parfois d'éviter de faire face à tout cela et, d'autres fois, l'intensité de mes émotions m'atterre. J'apprends à me connaître et c'est ce qui compte. D'ailleurs, c'est à la fois assez amusant, très contraignant et un peu effrayant. Je persiste et j'ai déjà fait beaucoup de gestes que je n'aurais jamais faits si je n'avais pas accepté cette expérience passée. A plusieurs occasions, d'ailleurs, *je me suis surprise moi-même. Lentement mais sûrement, je m'adapte à mes désirs et à mes besoins et j'apprends à reconnaître ce qui est bon pour moi et ce qui ne l'est pas. J'en ai assez de commettre les mêmes erreurs. Le plus difficile reste de faire les bonnes choses. Je n'en ai pas l'habitude et parfois la seule idée d'être dans un environnement sain et stable me met mal à l'aise.*

*Le pire, c'est les relations. Rechercher activement quelqu'un en qui l'on puisse avoir confiance n'est pas une sinécure! Je doute même de mon propre jugement. L'exemple néfaste de mes parents et mes aventures malheureuses me poussent à me méfier. J'essaie pourtant de ne pas généraliser et de garder espoir. J'avance très lentement dans cette voie, mais je crois sincèrement qu'au bout du compte se trouve la bonne personne. Je suis tellement heureuse de ne pas être déjà mariée à l'un de ces perdants que j'ai déjà fréquentés. Le sentiment le plus extraordinaire est de savoir que je m'en sortirai.*

*Amy M.*

Chère Amy,

Votre lettre est un exemple poignant de l'embarras dans lequel sont plongés les foyers ayant connu des abus sexuels. Tant que la famille continue d'ignorer le problème, elle vit dans le leurre, demeure apparemment intacte et jouit de l'approbation qu'octroie la société à ceux qui semblent normaux. Cependant, lorsque les violences sexuelles sont étalées au grand jour, l'unité familiale est à ce point affectée qu'elle ne parvient généralement pas à survivre. En d'autres mots, la famille est souvent récompensée de garder le secret et punie pour l'avoir révélé. Plutôt que de permettre le rétablissement d'un équilibre, il se peut que la dénonciation de l'inceste fasse souffrir davantage chacun des membres. Je ne sous-entends pas, en disant cela, que la solution est de le nier et de garder le secret ; je veux simplement montrer qu'accepter le fait qu'il y a un problème ne signifie pas qu'il est réglé. C'est, cependant, la première étape pour arriver à guérir. Evidemment, vous pouvez vous rétablir, que votre père y parvienne ou non ; mais, comme vous avez pu le constater, il faut plus qu'une confrontation avec l'agresseur pour effacer le tort qu'a causé l'inceste.

Selon moi, tous les membres de votre famille devraient suivre une thérapie familiale plutôt qu'individuelle, avec des professionnels qui comprennent les dépendances sexuelles. Cette approche favorisera le traitement de chacun d'entre vous tout en tenant compte de l'unité familiale à l'intérieur de laquelle l'inceste a eu lieu. Je crois pouvoir diagnostiquer que votre père souffre d'une dépendance sexuelle. Cela signifie qu'il est malade, comme un alcoolique. Bien que cela ne l'exonère pas de la responsabilité de ses actes, on ne doit pas pour autant, **selon moi**, lui reprocher d'être malade. Le cas de votre père est comparable à celui d'un tuberculeux : on ne peut pas blâmer la personne mais elle doit s'assurer qu'elle n'infectera pas quelqu'un et suivra les recommandations appropriées. La maladie dont votre père est atteint est sa responsabilité, non sa faute. Je crois qu'elle provient d'abus sexuels qu'il a lui-même vécus et que, pour guérir, il doit faire face à un traumatisme semblable à celui que vous avez connu. C'est en travaillant au cœur de la famille entière que l'on peut atteindre à la plus grande honnêteté, au plus haut degré de responsabilité personnelle, de compréhension et de pardon. C'est le traitement idéal.

Je dois aussi vous prévenir que les rôles opposés que vous avez assignés à vos parents — votre père méchant, hypocrite et oppresseur, et votre mère bonne, honnête et opprimée — ne peuvent être vrais même s'ils sont pour vous commodes et même rassurants. Les violences sexuelles qui ont eu lieu au sein de votre famille ont, en effet, nécessité de chacun, y compris de votre mère, une certaine malhonnêteté. Des questions sont demeurées sans réponse, des faits ont été niés, des émotions étouffées. Dans le cas de familles incestueuses, il devient souvent évident que le parent passif (dans votre cas, votre mère) a autant besoin d'aide que l'agresseur et qu'il est aussi malade que lui. La maladie de votre père ne va pas disparaître automatiquement, du seul fait qu'elle a été dévoilée, et la codépendance de votre mère ne va pas se résoudre avec un divorce.

Je souligne au passage que certains hôpitaux offrent des thérapies dans le traitement des dépendances sexuelles au sein de la famille. La plupart de ces programmes, qui comportent une approche Douze Etapes, ont été créés parce que, en analysant les dépendances chimiques de plusieurs patients, les thérapeutes ont souvent décelé la présence de dépendances sexuelles dans les foyers alcooliques. Traiter l'éthylisme sans s'occuper de la dépendance sexuelle n'avait alors pas de sens. De plus, la thérapie familiale qui est utilisée s'applique tout aussi bien au traitement de la dépendance que de la codépendance. Dans une thérapie de ce genre, on amène les membres de la famille à se parler **entre eux**, plutôt qu'à parler les uns des autres, et on dévoile les problèmes familiaux afin qu'ils soient reconnus et soignés.

Amy, il se pourrait que les membres de votre famille ne veuillent pas tous participer à une thérapie familiale sur l'inceste (que ce soit dans un hôpital ou non). Quoi qu'il en soit, je crois que c'est ce qui offre les plus grandes possibilités de guérison. Plus vous serez nombreux à y participer, plus profond sera votre rétablissement.


*Chère madame Norwood,*

*Je suis en train d'évoluer et je fais partie des Alcooliques Anonymes, des Drogués Anonymes, des Outremangeurs Anonymes et du Al-Anon. De plus, je me suis récemment aperçue de ma dépendance sexuelle et je trouve mon soutien chez les Sexaholics Anonymous. Je consulte une thérapeute ainsi qu'un conseiller pour les abus de médicaments.*

*Je suis, moi aussi, une enfant de parents alcooliques et commence seulement à travailler cet aspect de ma personnalité. Mon plus grand problème est d'avoir trop refoulé (peut-être même une relation incestueuse) et que je ne sais plus comment entrer en contact avec mes émotions. Mariée depuis huit ans, j'ai cinq enfants. Mon mari n'habite plus avec moi depuis deux ans et il boit encore. Je continue de souhaiter et d'espérer qu'il change, mais je me console dans les bras de «perdants» et en multipliant mes ébats sexuels. Tous ces hommes sont alcooliques ou drogués. Avec chacun, je me suis crue amoureuse et incapable de mettre fin à la danse. Sauf avec mon mari, j'ai deux mois de continence à mon actif depuis ma dernière aventure sexuelle.*

*J'étudie dans l'espoir de devenir un jour thérapeute. C'est un projet à long terme, mais je veux*

*maintenant avoir une direction vers laquelle m'orien-*
*ter. J'ai déjà écrit à Patrick Carnes, qui m'a répondu,*
*et c'est ce qui m'a poussée à m'engager dans cette*
*voie. J'espère avoir de vos nouvelles dans un avenir*
*rapproché.*

*Felice D.*

## Si vous soupçonnez avoir été victime d'inceste, il est fort probable que ce soit le cas.

Chère Felice,

J'aimerais partager avec vous certaines de mes connaissances sur les obsessions sexuelles. Elles proviennent souvent d'abus subis durant l'enfance. Bien qu'une telle expérience provoque une répugnance sexuelle, elle entraîne, selon moi, encore plus souvent une obsession sexuelle. Celle-ci, tout comme la violence, est un comportement acquis. Les gens qui sont violents ou qui vivent avec quelqu'un de violent (ou les deux) proviennent de foyers violents. Ceux qui souffrent de dépendance sexuelle ou qui sont attirés par des gens ayant des contraintes sexuelles (ou les deux) proviennent de foyers où l'on souffrait de dépendance sexuelle et, la plupart du temps, dans lesquels ils ont été sexuellement agressés lorsqu'ils étaient jeunes.

Si vous croyez avoir été victime d'inceste, il est probable que ce soit le cas, pour trois raisons. La première est que vous ayez ce doute. Plusieurs personnes concernées ne peuvent se rappeler les détails, mais ressentent une impression trouble. Elles ont effacé ces souvenirs, parce que les conflits émotifs qu'ils suscitaient les submergeaient. La deuxième raison est votre obsession sexuelle. Ce comportement n'est pas apparu tout seul. Vous vous identifiez à un objet sexuel et vous avez des rapports basés essentiellement sur la sexualité, probablement parce que c'est ainsi que vous avez été traitée dans votre enfance. Tout traumatisme peut entraîner un besoin irrésistible de recréer l'événement qui l'a causé, dans l'espoir d'effacer la douleur et le bouleversement émotif qu'il a provoqués.

Le fait que vous ayez été élevée dans un foyer éthylique est la troisième raison qui aurait pu vous faire vivre des épisodes incestueux, l'alcoolisme étant souvent lié à l'inceste.

Vous devez, pour vous rétablir, vous rendre compte que ce n'est pas en multipliant vos ébats sexuels et en cherchant à vous consoler dans les bras d'autres perdants que vous y arriverez. En agissant ainsi, vous nourrissez votre dépendance et c'est de là que provient votre souffrance actuelle.

Vous vous demandez probablement pourquoi vous avez autant de maladies. Peut-être puis-je vous aider à le comprendre. Plusieurs dépendances sont « surdéterminées », c'est-à-dire qu'il y a plus d'une raison pour qu'elles existent. Dans votre cas, vos parents vous ont probablement légué une prédisposition psychologique à l'alcoolisme et aux drogues ; ou alors, peut-être que votre alcoolisme est un comportement que vous avez acquis ou un mécanisme de défense que vous avez adopté en grandissant dans une famille éthylique ; enfin, votre toxicomanie pourrait provenir d'une tentative d'atténuer le choc émotionnel de l'inceste. L'une ou l'autre de ces possibilités (et peut-être même toutes) est peut-être vraie dans votre cas, comme elle est aussi probablement un facteur de votre déséquilibre alimentaire.

Essayez de comprendre que, malgré tous les problèmes qu'ont pu engendrer vos dépendances, vous les avez créées afin de survivre au traumatisme du passé. Enfin, avec l'aide des programmes Anonymes et des groupes de soutien, vous pouvez commencer à vous attarder sur votre dépendance la plus enracinée : votre obsession sexuelle.

Vous ne savez plus à quel saint vous vouer. Je vous suggère donc, plutôt que de suivre telle ou telle thérapie, de travailler à reconnaître ce qui se cache dans votre passé. C'est la première étape à franchir. Priez pour accepter vos problèmes et trouver le courage de les régler honnêtement ; le reste viendra automatiquement. Vous découvrirez le programme et les gens dont vous avez besoin dans votre démarche, et vos souvenirs se feront jour au rythme de votre capacité de les assimiler.

Je loue le courage dont vous faites preuve en poursuivant votre rétablissement et en voulant devenir thérapeute. Selon moi, il n'y a pas de meilleur thérapeute que celle qui a elle-même souffert et accumulé plusieurs années de comportement sain recouvré. D'une certaine manière, plus on a enduré de dépendances, plus on en a affronté, meilleure est notre compréhension de la maladie des autres et de la façon de les guérir. Plusieurs personnes qui travaillent dans les professions de soutien ont des antécédents semblables aux vôtres, qui ont engendré les mêmes problèmes et les mêmes obsessions. La question est alors de savoir si ceux qui travaillent pour les autres nient leur propre maladie ou sont sur la voie de la guérison. A mon avis, la dénégation peut les rendre non seulement inefficaces mais dangereux. La guérison, par ailleurs, requiert un tel sacrifice de son orgueil (le besoin de bien paraître) et une telle obstination

(«Je peux m'en sortir seule») que la plupart des professionnels de soutien choisissent plutôt de bien garder leurs secrets. Mais quand la vie nous aide en rendant la supercherie impossible, quand nous n'avons pas d'autre choix que de nous soigner, l'humilité qui naît en nous lorsque nous affrontons nos difficultés nous permet de mieux aider les autres dans leurs propres démarches. Dans toutes les années d'étude qui vous attendent, votre propre rétablissement sera sans aucun doute votre meilleur apprentissage.

Mais quand vous aurez obtenu votre diplôme et le droit de pratiquer, rappelez-vous que vous êtes d'abord convalescente, ensuite professionnelle. Si vous renversez ces deux rôles, vous serez peut-être forcée de prétendre que certains aspects sont guéris alors qu'ils nécessitent encore votre attention, afin de justifier votre statut de thérapeute. Vous risqueriez d'utiliser votre profession pour vous distraire de votre propre maladie. Comme la vie présente toujours des défis, que l'on soit diplômé ou non, les problèmes personnels que vous rencontrerez dans votre profession vous pousseront dans le meilleur des cas à travailler humblement à votre propre rétablissement ou dans le pire à vous mettre sur la défensive. Si cela se produit, votre efficacité de conseillère en souffrira et votre amélioration en sera affectée. Heureusement, les qualités dont vous devez faire preuve pour guérir vous aideront dans votre vie professionnelle. C'est là un des gros avantages de la guérison.

**5**

# ... qui souffrent d'autres dépendances

De nos jours, la plupart des spécialistes s'accordent à reconnaître qu'une dépendance est une maladie et qu'il faut la traiter comme telle. Ils la décrivent comme un état qui va en empirant, accompagné de symptômes physiques, émotionnels et comportementaux particuliers. Le traitement nécessite la participation du patient à un groupe de soutien afin qu'il atteigne la sobriété. Une telle approche rend possible la guérison. Autrement, la maladie devient progressivement fatale.

La compréhension de notre dépendance, de son évolution et de son traitement peut expliquer nos sentiments et notre comportement. Elle sera peut-être la clé pour soulager plus d'un problème. Nos diverses obsessions peuvent nous rendre la vie difficile à des degrés différents. Par exemple, une dépendance peut en cacher une autre, comme lorsque le besoin de faire de l'exercice cache un déséquilibre alimentaire. Elle peut aussi en protéger une autre, comme dans le cas d'un alcoolisme qui rend impossible le traitement d'une compulsion sexuelle encore plus importante.

Certains, pour des raisons particulières, n'accepteront jamais de voir la dépendance dans les relations et l'alcoolisme comme des processus pathologiques. Cependant, plusieurs médecins considèrent que les malades qui se sont rétablis sont les véritables «experts» dans leur domaine. Ceux qui sont sur la voie de la guérison peuvent aider les professionnels du domaine de leur dépendance. Lorsque ceux qui souffrent acceptent de reconnaître leur état, lorsqu'ils se soignent en conséquence et se rétablissent, ils confirment le fait que l'on doit considérer toute dépendance comme une maladie.

La lettre qui suit est un bon exemple des points communs qui existent entre l'alcoolisme et la dépendance dans les relations, et du traitement nécessaire pour soigner chacune de ces maladies. L'auteur a souffert de ces deux dépendances personnellement. Elle sait aussi la difficulté de communiquer avec une personne, même bien intentionnée, qui ne comprend pas leur processus.

*Chère madame Norwood,*

*Comme elle ressemble beaucoup à celles que vous avez déjà entendues, je ne veux pas vous raconter l'histoire de ma vie. Je veux simplement vous dire combien* Ces femmes *a profondément changé l'entente entre mon ex-belle-sœur et moi.*

*C'est mon amie depuis trente ans. Mariée à mon frère pendant vingt-cinq ans, elle a joué son rôle de femme au foyer; pendant ce temps, je me suis mariée deux fois, et j'ai vécu de longues périodes de «célibat». Divorcée depuis quelques années, ma belle-sœur a choisi et entretient des liaisons fort dif-*

férentes des miennes. *Pendant que je me débattais avec les vieux spectres d'un romantisme éculé, elle entretenait des relations assez stables et plus valorisantes que les miennes. Pendant toutes ces années, elle écoutait mes doléances avec patience, tentant de m'aider et de me réconforter de longues heures durant. Pendant ces mêmes heures, moi, j'essayais de lui faire comprendre pourquoi je persistais à maintenir des relations aussi stressantes. Nous avions beau y mettre toute la bonne volonté du monde, je n'arrivais pas à bien m'expliquer et elle n'arrivait pas à me comprendre.*

*Je suis une ex-alcoolique. Parce que je crois que l'alcoolisme est une maladie, je fais partie des Alcooliques Anonymes, je sais trouver le soutien dont j'ai besoin, et, remercions-en le ciel, je n'ai pas touché à l'alcool depuis sept ans. Par contre, je sens bien que ma maladie progresse, que je boive ou non.*

*Comprendre que l'alcoolisme est une maladie m'a beaucoup aidée à envisager mon problème avec les hommes sous son vrai jour. Cela ne m'a pas empêchée pour autant de vivre des amours de plus en plus malsaines. En juin dernier, j'ai mis fin à deux années de célibat, me sentant enfin assez solide pour faire la connaissance de quelqu'un après une période romantique désastreuse. Mais j'ai dû me rendre rapidement à l'évidence. Quelque chose ne va pas chez **moi** : la détresse a immédiatement recommencé.*

*Ayant adopté la même attitude négative avec l'homme que j'ai rencontré en juin, je me suis retrouvée mille fois plus misérable qu'avant.*

*En août, le stress avait une fois de plus eu raison de moi. En quelques jours, trois personnes différentes en trois endroits différents m'ont suggéré de lire votre livre. Je suis un rat de bibliothèque et j'achète* rarement des livres, mais, cette fois-ci (comme tout bon alcoolique anonyme), j'y ai vu un signe divin. Je me le suis procuré et je l'ai lu.

Tout comme j'ai eu besoin d'un éveil spirituel pour régler mon problème d'alcoolisme, la lecture de votre livre a suscité en moi le besoin d'analyser mes relations. Pendant des années, je me suis sentie incomprise parce que les personnes auxquelles je confiais mon désarroi n'étaient pas dépendantes de nature ou n'entretenaient pas une relation de dépendance. Bien sûr, il m'était impossible de comprendre les conseils qu'on me prodiguait et encore moins de les suivre. Quelque chose n'allait pas, et ça m'obsédait, mais je n'arrivais pas à mettre le doigt dessus. J'ai fini par me convaincre que j'étais anormale.

C'est comme si je souffrais de daltonisme, mais ni moi ni les autres ne nous en rendions compte. Quand on essayait de « m'expliquer les couleurs », nul ne saisissait comment et pourquoi la communication ne se faisait pas. Maintenant, après avoir enfin compris que j'avais toujours tenu un langage incompréhensible pour mes amies et conseillères, j'ai découvert que je n'étais pas seule. J'ai un problème sérieux, oui, mais je ne suis sûrement pas la seule ! Tout comme je m'acceptais progressivement à mesure que je faisais face à mon alcoolisme, découvrant qu'un million de gens souffrent de la même maladie, je me suis trouvée plus « normale » quand j'ai admis ma dépendance envers les relations amoureuses. L'arrivée de mon dernier amant, la lecture de Ces femmes et mon éveil subséquent ont fait d'août et de septembre des mois mouvementés, croyez-moi ! Parmi trois propositions, je n'avais qu'un choix :

1. *N'entreprendre aucun changement chez moi, et donc rester incapable d'établir une relation positive — dans ce cas, je ne voyais aucune raison de vivre.*

2. *Abandonner l'idée d'une intimité vraie et saine avec un homme qui me convienne; être seule le reste de ma vie — dans ce cas, je ne voyais aucune raison de vivre.*

3. *Accepter ma dépendance et faire tout ce que je peux pour cesser de dépendre des autres, et me sentir enfin bien dans ma peau.*

*Fière de moi, il me fait plaisir de vous dire que j'ai mis fin à mon histoire d'amour et que j'ai choisi la troisième possibilité! Quand j'ai compris que, pour moi, aimer n'est pas tellement différent de boire, et parce que je possède déjà quelques outils grâce aux rencontres des Alcooliques Anonymes, c'est avec confiance que j'ai entrepris ma nouvelle démarche. En septembre, je me suis sevrée de cet homme (ou peut-être étais-je en train de me séparer de toutes mes relations antérieures?). Cela a été bien plus difficile que de cesser de boire, mais j'étais bien résolue à y arriver: c'était une question de survie physique et émotionnelle. J'ai été en thérapie, j'ai participé à des ateliers expressément destinés aux coalcooliques, je me suis analysée, j'ai décortiqué mes anciennes liaisons malheureuses et j'ai lu tant que j'ai pu sur ces sujets.*

*Comme par magie, à la fin de septembre, j'étais guérie de ma dernière relation amoureuse. Tout ce temps-là, j'ai bénéficié de l'écoute attentive de ma belle-sœur qui, après avoir lu* Ces femmes *à ma demande expresse, a pu m'être d'un soutien plus bénéfique encore. Aujourd'hui, comme on compatit au désarroi des «malades d'amour»!*

*Oh! je sais que tout n'est pas réglé et que cette rémission n'est que temporaire. Mais en tant qu'alcoolique qui ne boit pas, je sais ce qui vient et comment passer au travers. Devant les nouvelles possibilités qui s'offrent à moi, je chancelle encore, mais je crois que les principes que j'ai adoptés grâce aux Alcooliques Anonymes vont m'aider à guérir de ma dépendance à l'égard des hommes et à trouver une meilleure façon d'envisager ma vie et de la vivre mieux. Je vais réussir parce que je veux y travailler.*

*Vous avez dit dans votre livre que des groupes comme les Alcooliques Anonymes peuvent vraiment aider dans les cas de dépendance affective. J'ai pensé mettre sur pied un tel groupe, mais je ne l'ai pas encore fait. Pourtant, je crois comme vous que ce partage reste absolument nécessaire. Quand je me sentirai plus sûre de moi et que j'aurai réglé un ou deux autres petits problèmes d'ordre pratique, je tenterai de rejoindre d'autres personnes comme « nous ».*

*Rhonda D.*

Chère Rhonda,

Je suis entièrement de votre avis : la dépendance dans les relations, tout comme l'alcoolisme, est une maladie progressive. Une des énigmes de la dépendance est qu'un malade puisse être guéri tant qu'il s'abstient de consommer l'alcool ou les drogues dont il dépend, et qu'il soit **aussi** malade qu'avant dès qu'il y retouche. Physiquement et émotionnellement, c'est comme s'il n'y avait jamais eu de période d'abstinence, même si celle-ci a duré plusieurs années. On ne sait pas l'expliquer.

Dans mes conférences, on me demande souvent si je crois à la progression de la maladie et si une personne peut rechuter et se retrouver au point de départ. Selon mon expérience et mes observations, je réponds oui. Votre aventure du mois d'août est une chose que j'ai constatée maintes fois. A mesure que la maladie s'aggrave, le temps qui s'écoule entre le moment où la malade commence une relation de dépendance et celui où sa vie apparaît complètement perturbée devient de plus en plus court. En outre, les effets physiques et émotifs se font jour plus rapidement et empirent, avec chaque nouvelle crise, comme c'est le cas avec l'alcoolisme.

Voici un exemple. Une jeune femme, que j'appellerai Gail, est parvenue, en participant sans relâche à des rencontres du Al-Anon, à avoir suffisamment d'autonomie pour mettre fin à une relation avec un drogué violent et sans emploi (en dehors de la vente de drogues). Elle a cessé de le voir, malgré les appels de celui-ci, grâce au soutien d'Al-Anon, de ses amis et de son groupe d'aide.

Il a fallu quatre ans à Gail pour réussir à mener une vie normale. Un jour, par hasard, elle rencontra son ancien amant dans la rue. Ils échangèrent quelques mots et il l'invita au restaurant. Elle accepta de déjeuner avec lui deux jours plus tard, convaincue de pouvoir maîtriser la situation. Entre-temps, elle se surprit à penser de plus en plus fréquemment à lui ; elle était empressée de lui montrer à quel point elle avait changé. Elle crut même qu'elle était suffisamment guérie pour pouvoir l'aider.

Mais il ne se présenta pas au rendez-vous. Elle laissa la tension monter pendant deux heures avant de téléphoner à sa mère (le seul moyen qu'elle avait encore de le joindre) afin de le retrouver. Elle avait eu, dans le passé, plusieurs conversations comme celle-ci au cours desquelles elles tentaient toutes deux de découvrir où il pouvait bien être. Gail composa le numéro que lui avait donné cette dame et, bredouille, se rendit à l'appartement où il habitait maintenant. Au cours des quatre jours qui suivirent, elle chercha obstinément à le retrouver afin de lui montrer à quel point **il** était malade, à quel point **il** avait besoin d'aide. Elle téléphona à plusieurs reprises, pria sa mère de cesser de lui donner de l'argent pour le dépanner et la supplia de participer à un groupe Al-Anon, ce que cette femme n'était pas prête à faire. Bien que Gail ne soit jamais parvenue, pendant ces quatre jours, à retrouver son ex-amant, elle s'adonna, de toutes les façons possibles, à son penchant.

## L'alcoolique, lui, peut « reboucher sa bouteille », mais qui d'entre nous pourrait survivre à l'absence de relations ?

Quand je revis Gail, le quatrième jour de ce marathon, elle avait vieilli de dix ans, elle avait le teint terreux et les yeux creusés par la fatigue et l'insomnie. Elle était atterrée de voir comment, après quatre ans de sobriété, elle avait pu agir ainsi. Accepter de revoir cet homme avait eu le même effet sur elle qu'un verre d'alcool aurait eu sur un alcoolique sobre. Toutes ses années de rétablissement avaient été anéanties et son état était aussi déplorable qu'avant.

Heureusement, Gail participait régulièrement à des rencontres du Al-Anon et le quatrième jour de sa rechute, elle était présente pour parler de sa récidive et trouver l'appui et l'encouragement nécessaires pour cesser de se tourmenter au sujet de son ex-amant.

D'une certaine façon, on peut comparer le besoin irrésistible d'absorber de la nourriture à la dépendance dans les relations. Alors que l'alcoolique peut «reboucher sa bouteille» et ne plus jamais absorber une goutte d'alcool, la personne qui souffre de dépendance dans ses relations ou de déséquilibre alimentaire doit, en quelque sorte, vivre avec la source de son obsession. En effet, on ne peut vivre sans nourriture et sans rapports humains. Le boulimique doit apprendre à se nourrir sainement et à éviter les aliments qui agissent comme une drogue dans son corps. De la même façon, la personne qui est tributaire de ses relations doit apprendre à avoir des liaisons saines et à éviter les personnes qui sont pour elle la drogue qui la plonge dans les affres du manque. La lettre qui suit illustre bien ce principe.

*Chère Robin,*

*Il faut que je vous dise ce qui m'est arrivé après avoir lu* Ces femmes. *Je venais de divorcer pour la deuxième fois et j'ai décidé de mettre de l'ordre dans ma vie. J'ai repris contact avec un groupe de vieux amis, tous des couples, avec lesquels je m'entendais bien lors de mon premier mariage; mon second mari ne les appréciait guère et ils le lui rendaient bien. Je m'étais bien sûr pliée à ses désirs et, bien malgré moi, j'avais cessé de les fréquenter pendant dix ans.*

*Dernièrement, avec les femmes de ce groupe d'amis, j'ai été invitée à participer à un tournoi de golf. Les hommes s'étaient organisé un match au club au même moment et deux seulement s'étaient joints à* eux. Mes amis avaient hâte de me les présenter. Tous avaient parié sur Hal, trois fois divorcé, riche, beau, et, d'après eux, «un véritable indompté» (comme ils me connaissent bien!). L'autre, Greg, qu'on disait «sympathique» et «gentil», pratique le droit à Phoenix. Deux mois plus tôt, je me serais jetée sur Hal comme une mouche dans la mélasse, mais, maintenant plus avertie, je l'ai évité comme la peste; j'ai préféré passer la soirée à faire la connaissance de Greg. Il est sympathique et gentil, c'est vrai. Deux mois plus tôt, je l'aurais sans doute trouvé banal et ennuyeux; mais là, je l'ai trouvé fort intéressant et intéressé.

Chez les Weight Watchers, on dit de certains aliments qu'ils sont «sans danger». Depuis votre livre, j'ai décidé d'appliquer le terme à certains hommes. Greg est très certainement «sans danger». Pas de folles envolées, pas de feux d'artifice, mais un échange calme et amical. Lentement, nous apprenons à nous connaître.

*Millie D.*

Chère Millie,

Lors d'une conférence que je donnais sur la boulimie, une femme me demanda comment elle pouvait identifier les aliments sains et dangereux pour elle. Une autre prit la parole: «Soyons réalistes. Personne ne se lève au milieu de la nuit pour parcourir la ville dans tous les sens à la recherche d'un brocoli.»

Je cite souvent ces paroles pour expliquer le problème. Je ne suggère pas aux femmes de ne fréquenter que des hommes aussi mornes que l'est un régime draconien. Je tiens simplement à souligner que certains hommes sont comme le brocoli, pas très excitants mais sains et bons pour nous, alors que d'autres sont comme le gâteau au chocolat, très attirants mais, pour celles qui souffrent de dépendance, réellement dangereux.

*Chère madame Norwood,*

*Votre livre m'a tant bouleversée qu'il me fallait absolument vous écrire. Je me suis reconnue dans chacune de ces femmes, tout comme j'ai pris conscience de mon attirance pour les hommes qui séduisent et abandonnent. Moi qui me croyais unique, cela m'a vraiment soulagée de savoir que je ne suis pas seule à être aveuglée par le besoin d'avoir un compagnon, qu'il soit sain ou non.*

*Me rendre compte des patterns dans mes relations ne m'a toutefois pas empêchée d'être désemparée devant mes besoins. Je combattais mes sentiments, qui devenaient de plus en plus forts... Puis je me laissais emporter.*

*Cela commençait quand je rencontrais un homme qui avait un problème. Je le conseillais et, lui, soulagé de me voir prendre son problème en main, restait avec moi le temps que je trouve le moyen d'améliorer sa vie. J'entreprenais cette relation, sachant très bien que les hommes de ce genre ne s'installent pas à demeure. Mais c'était tellement stimulant, tellement excitant, tellement flatteur qu'on dépende de moi ! Je me disais même qu'il fallait profiter de l'occasion qui passe, parce qu'il se pouvait bien que je ne puisse plus jamais revivre des moments aussi intenses.*

*Mais dès que je demandais qu'on accorde du temps et de l'attention à mes propres besoins, immanquablement mon compagnon disparaissait sans même prendre la peine de me téléphoner ou de m'adresser un mot d'adieu. Ces hommes-là ne* ménageaient pas leurs efforts pour briser mes résistances quand leurs problèmes me semblaient répugnants ou particulièrement dangereux. C'est alors qu'ils multipliaient les appels téléphoniques, les fleurs, les petits soupers en tête à tête, les longues conversations pleines d'empathie, les nombreux moments passés à deux. Mais j'avais l'impression que dès qu'ils pensaient me posséder, le temps était venu pour eux de prendre le large.

Je n'ai entretenu qu'une ou deux relations un peu saines. J'ai fréquenté Phil pendant une année de collège ; c'est ma plus longue aventure. Il était tout ce que ces autres hommes ne sont pas : fiable, attentionné, généreux, disponible. Lentement, mais sûrement, mon « amour » pour lui s'est évanoui. J'ai essayé de lui faire comprendre comment mes sentiments avaient changé, comment j'en étais venue à m'ennuyer avec lui. Puis, j'ai pris la seule porte de sortie que je connaisse. J'ai rencontré un homme marié et absolument pas disponible. Cette liaison a été de courte durée, mais elle a eu l'effet désiré : Phil a compris. J'avais remplacé un ennui intolérable par une situation de crise et de chagrin bien familière.

Après le collège, deux années de dépression m'ont presque menée au suicide. Une de mes amies m'a amenée à quelques réunions du groupe Alcooliques Anonymes dont elle faisait partie. Voulant à tout prix mettre fin à ma douleur, j'ai cessé de boire et suis restée sobre pendant six mois. Les Alcooliques Anonymes m'ont grandement réconfortée et m'ont donné les moyens de modifier mes vieilles habitudes, non seulement en ce qui concerne l'alcool, mais aussi dans ma façon de voir les choses.

Mais il n'est pas facile de sortir d'une dépendance affective. Après cinq mois d'une histoire tout à fait platonique, je me suis mise à fréquenter Al avec assiduité; lui aussi faisait partie des Alcooliques Anonymes. Je savais qu'il tenait à moi, mais il ne m'attirait pas. Comme Phil, il était attentionné et digne de confiance. Espérant ne pas retomber dans le même piège qu'avant, je priais ma Puissance de me rendre amoureuse de Al. On nous dit de faire attention à ce qu'on demande dans ses prières, parce qu'on a des chances de l'obtenir. C'est ce qui est arrivé. Je suis devenue de plus en plus dépendante émotivement de Al. En tant qu'amis, nous passions presque toute la journée ensemble, que ce soit pour assister aux réunions ou pour autre chose. Une fois amants, je ne me suis pas rendu compte qu'il avait besoin d'espace. J'ai présumé que nous passerions autant de temps ensemble, et même que ce serait plus intense. Je me suis entièrement donnée à lui, parce que je sentais que c'était sans danger.

Dois-je préciser qu'avec cette intensité je l'ai presque écrasé? Forcément, nous nous sommes quittés et je me suis retrouvée tout aussi désemparée qu'avant. C'est ici qu'entrent en ligne de compte les Alcooliques Anonymes et votre livre. Je ne m'en suis pas remise et je pense encore à lui. Mais au moins je sais maintenant que je suis **capable** d'affection pour quelqu'un qui en a aussi pour moi. Je suppose qu'il ne me reste qu'à tempérer mes sentiments.

Phil disait que je n'ai pas le même dispositif de défense que la majorité des gens. Que je n'ai qu'un seul mur de brique. Si l'on réussit à y faire une brèche, je deviens tout aussi vulnérable que l'huître hors de sa coquille.

Le plus drôle est que mon travail consiste à aider ceux qui abusent des drogues. Vous visiez juste quand vous affirmiez qu'il y a trop de gens comme nous chez les conseillers et les thérapeutes. Au moins *aurai-je appris à me connaître et à savoir quel genre d'aide il me faut.*

*Suzi C.*

Chère Suzi,

Un élément clé de votre lettre, à mon avis, tient dans cette phrase : «Je suppose qu'il ne me reste qu'à tempérer mes sentiments.» Si seulement c'était aussi simple! Dans le domaine des relations de dépendance, votre déclaration est aussi désespérément naïve que celle d'un alcoolique qui dirait : «Je crois que je dois contrôler ma boisson.» En fait, si cela était suffisant, il n'y aurait pas de dépendance. Les gens «tempéreraient» leur attitude dès que les choses deviendraient frénétiques, et tout serait réglé. Comme de tels efforts sont malheureusement futiles, attardons-nous un peu sur ce qui peut vraiment vous aider.

Nous devons, pour nous débarrasser d'une dépendance, accepter de nous accrocher à une **autre** source. Impossible d'éliminer ce comportement sans le remplacer par un autre. Impossible d'éliminer une «solution» à notre solitude et à notre anxiété sans en trouver une autre. Souvent, les gens qui ont connu le même problème que nous et qui ont atteint un certain niveau de sobriété peuvent nous conseiller, mais il faut aller vers eux et leur confier nos difficultés. Quand nous cessons de vivre sur un modèle, nous pouvons trouver un réconfort et combler le manque en assistant à des réunions et en lisant des livres traitant du moyen de résoudre notre problème. Rien, d'autre part, ne fonctionne mieux que la prière, dans la mesure où nous nous soumettons à la volonté de Dieu. Si nous ne faisons pas ces efforts, l'angoisse nous étreint et le besoin irrésistible de retomber dans nos habitudes malsaines se fait de plus en plus pressant. Pour la personne tributaire de ses relations, le besoin de rencontrer un partenaire peut être aussi irrésistible que le besoin de se procurer de la drogue pour un héroïnomane. Nos coups de fil, nos visites à son appartement, souvent au milieu de la nuit, ressemblent étrangement au désespoir du drogué à la recherche de provisions. Mais une drogue peut s'acheter, alors que ce n'est pas le cas d'une personne ; aussi sommes-nous constamment atterrées par la peur de ne pouvoir garder cet homme qui nourrit notre dépendance. Nos tentatives désespérées d'être importante à ses yeux, d'être attrayante, irrésistible, d'être aussi indispensable pour lui qu'il l'est pour nous nous transforment en des femmes entêtées, séductrices, manipulatrices, étouffantes, despotiques et parfois abjectes. Il en arrive à nous mépriser comme nous nous méprisons nous-mêmes.

Votre façon personnelle d'entretenir votre dépendance est d'offrir un marché à l'homme qui vous semble dans le besoin : « Je m'occupe d'abord de toi et tu t'occuperas ensuite de moi. »

Ainsi, vous commencez par jouer le rôle du parent qui accepte tout, qui se donne entièrement, qui nourrit son enfant maussade et exigeant. Tant que vous pouvez vous charger de lui, votre relation semble fonctionner. Mais comme votre attitude envers lui épuise rapidement vos ressources émotionnelles, vous devez finalement lui réclamer l'amour et l'attention que vous lui avez prodigués. Incapable d'y répondre, malgré vos attentions, il s'irrite de vos demandes. Il a accepté la première partie de votre offre (que vous preniez soin de lui) mais pas la seconde (qu'il prenne soin de vous). Ainsi, quand vous sollicitez votre part du

marché, l'entente est rompue et la relation s'effrite.

Quand on a besoin d'une drogue, d'un comportement ou d'une autre personne pour soulager son
malaise, et particulièrement sa peur, on court le
risque de créer cette habitude malsaine. Un vieux
dicton chinois décrit bien l'évolution de l'alcoolisme et de toute servitude :

L'homme prend un verre,
Le verre prend un verre,
Le verre prend l'homme.

Le danger de devenir dépendant est présent
chaque fois que l'on fait quelque chose dans l'espoir d'être soulagé d'une anxiété superficielle ou
profonde (l'homme prend un verre). On se sent mal
et on veut se sentir mieux. On avale une drogue,
on mange une glace, on achète quelque chose, on
rencontre un autre homme, et on se sent mieux…
pour un certain temps. Mais comme on a eu recours à un truc pour alléger son mal-être, on n'a
pas réglé le problème à la source. Notre capacité
de l'affronter n'a pas été renforcée et, quand le
malaise revient, on est encore moins capable de le
supporter. On est devenu paresseux. On a trouvé
une manière facile d'éviter cet état et l'on devient
prisonnier de ce moyen.

Mais nos habitudes, en échange du bien-être
qu'elles nous procurent, exigent quelque chose en
retour. Non seulement elles nous empêchent de
faire face sainement à notre problème, mais chacune d'elles entraîne une conséquence particulière, un nouveau malaise émotionnel ou physique,
ou les deux à la fois. Par exemple, les personnes
souffrant de dépendance dans leurs relations éprouvent une angoisse profonde quand leur partenaire

quitte le lit, la chambre ou la maison. Une peur d'être abandonnées s'empare d'elles et ne peut être calmée que par l'assurance qu'il reviendra. Sa présence, plutôt que de soulager leur anxiété, l'exacerbe. Elles ont de plus en plus besoin de lui (le verre prend un verre).

Enfin, la servitude grandissante crée, chez le malade, une tension intolérable ; celui-ci en est réduit à essayer d'engourdir le mal par tous les moyens dont il dispose (le verre prend l'homme). Ces moyens — prendre un verre, se droguer, manger, dépenser, chercher une nouvelle personne — deviennent, à leur tour, une drogue dont il ne peut se passer et qui contrôle sa vie. Non seulement son habitude ne le soulage plus, mais elle le rend encore plus malade qu'avant.

## C'est par la sérénité reconquise que l'on mesure un rétablissement.

Quand une femme dépend d'un homme (ou d'une relation), elle est particulièrement vulnérable puisqu'il sera peut-être inquiet, occupé, indifférent, peut-être même déplaisant ou grossier quand elle aura le plus besoin de lui. Elle attend qu'il fasse disparaître sa douleur alors qu'il ne fait que l'amplifier. Elle se retrouve encore plus isolée qu'avant, malheureuse et mécontente. Elle attend encore plus de lui, avec plus d'intensité et de désespoir. Cela ne se passe pas comme elle le voudrait, mais elle ne peut s'arrêter là. Ce qui lui a semblé, au début, être la solution idéale est devenu son pire problème. C'est un cercle vicieux.

Suzi, votre dépendance envers les relations est une maladie plus grave que votre alcoolisme. Vous devez, bien sûr, devenir sobre avant de l'affronter et vous devez le rester pour guérir. Mais il vous sera plus difficile de vous débarrasser de votre dépendance primaire que de votre alcoolisme.

Ne sous-estimez pas l'ampleur de votre maladie. Servez-vous, pour l'affronter, de tous les outils offerts par les Alcooliques Anonymes, dont leur programme Douze Etapes. Vous devez comprendre que vous aurez des rechutes fréquentes et décourageantes. Les intoxiqués de relations ne peuvent compter sur le nombre de jours durant lesquels ils sont restés sobres. Ils ne peuvent évaluer leur amélioration que par le degré de sérénité qu'ils sont arrivés à atteindre dans leur vie.

*Chère madame Norwood,*

*J'ai toujours fréquenté des hommes avec lesquels aucune intimité n'était possible puisqu'ils ne me plaisaient pas vraiment. Je crois bien que je les choisissais ainsi parce que j'avais peur de m'engager dans une relation.*

*Puis, pendant mes années de collège, j'ai rencontré un homme très gentil, très doux, très chaleureux. Mais j'avais peur. Il me semblait plus mûr et plus affectueux que moi ; je me sentais inférieure et, même si je m'étais beaucoup attachée à lui, j'avais la certitude de ne pas mériter son amour. J'avais seulement 23 ans quand il m'a parlé de mariage et je me trouvais trop jeune. Nous nous sommes donc quittés.*

*Ensuite, je suis restée «seule avec moi-même» pendant quelque temps. Des mois durant je n'ai fréquenté personne, passant tout mon temps à réfléchir, à retrouver ma fierté, à apprendre à me sentir bien dans ma peau.*

*Aujourd'hui, malgré ce retour sur moi-même et*

même si ma carrière est florissante, ça ne va pas très bien avec mon nouvel ami. Sa plus grande préoccupation est de savoir qui il est et ce qu'il veut faire de sa vie. Dernièrement, nous avons failli nous séparer à cause de certains gestes qu'il a faits. J'ai été **choquée** et blessée et j'ai sérieusement pensé mettre fin à notre liaison. Ma sœur m'a rappelé que si je le quittais, je me retrouverais seule et vulnérable. Lui et moi avons donc parlé ouvertement et je lui ai clairement indiqué les limites de ma tolérance, et j'ai pleuré et pleuré... Je sais maintenant qu'en traversant colère, compréhension, honnêteté et indulgence, j'ai grandi et j'en ai appris un peu plus sur les rapports avec les autres. Je me rends compte des patterns qui me viennent de l'enfance et qui affectent ma relation avec mon ami, surtout la façon dont je me comportais avec mon frère aîné, toujours agressive et sur la défensive.

Mon ami et moi sommes tous deux boulimiques et nous essayons de composer avec cela. Je n'ai pas de problème de poids parce que je fais des exercices quotidiens ; lui, par contre, est obèse. Vivre notre dépendance à deux est plus une bénédiction qu'une malédiction. Au moins, nous pouvons en parler — chips défendues !! Je reconnais que le désir de manger ne me quitte pas, que j'y donne suite ou non. Je ne fume pas, je n'ai jamais touché aux drogues, et je ne bois qu'en de rares occasions. L'alcool ne m'attire pas du tout, même quand je suis déprimée ou fâchée. Je ne me souviens que d'une seule fois où j'ai eu envie de boire, mais j'ai vite changé d'avis car l'idée seule m'avait fait peur.

En tout cas, je ne peux tout analyser. Il faut vivre la vie, avec ses peines et ses mauvais moments, et y trouver un rayon de soleil quotidien.

Mikki K.

Chère Mikki,

C'est vrai, on ne peut tout analyser. Cependant, certaines des choses que vous dites méritent d'être étudiées.

J'aimerais d'abord m'attarder sur ce qui se passe entre vous et votre ami. Vous décrivez, dans votre lettre, une façon courante de s'accommoder de l'attitude inacceptable d'un partenaire, mais qui ne donne, selon moi, que peu de résultats. Vous dites que ses propres préoccupations ont amené votre ami à agir d'une façon qui vous a blessée. Vous dites que vous avez réglé le problème en lui imposant des limites dans son comportement. En d'autres termes, vous lui avez dit ce que vous acceptez et ce que vous refusez et vous attendez sûrement qu'il agisse en conséquence.

Si ses agissements vous ont blessée, c'est qu'ils allaient à l'encontre de votre système de valeurs. Vous avez 26 ans. Je présume qu'il a le même âge, ce qui signifie que vous êtes deux adultes ayant des principes moraux qui fonctionnement dans vos vies respectives. La conduite de votre ami s'opposait à **vos** valeurs mais pas aux **siennes**.

Je ne cherche pas à couper les cheveux en quatre, Mikki. Vous devez reconnaître que cet homme vous communique des éléments importants sur lui et sa conception de la vie. Il est vain et naïf de croire que vous pouvez lui apprendre ce qui se fait ou ne se fait pas. Vous n'avez pas à lui enseigner comment changer pour que vous puissiez rester ensemble. Vous devez plutôt vous demander si vous pouvez l'accepter. On est plus heureux quand on peut aimer les gens tels qu'ils sont. Quand on veut qu'ils changent pour soi, on leur manque de respect. Il est fort probable que son comportement vous blessera à nouveau; mais quand cela se produira, vous aurez encore moins de raisons qu'avant d'être blessée ou surprise puisque vous savez qu'il peut agir de la sorte.

J'ai travaillé avec des femmes qui exigeaient de leurs partenaires qu'ils cessent de rencontrer d'autres femmes, d'être sexuellement attirés par les hommes, de se droguer, de boire, de jouer, de lire des revues pornographiques, de les battre, de les critiquer, de fuir dans le travail, etc. Ces hommes ne pouvaient stopper leurs agissements simplement pour plaire à leurs compagnes. Bien sûr, pour rétablir la paix, ils pouvaient renoncer temporairement à leurs habitudes, se restreindre, ou se retenir un certain temps, mais jamais bien longtemps. Le naturel refait surface, car on ne change pas juste pour plaire ou pour obéir à quelqu'un.

J'espère que vous pouvez faire face et accepter que cet homme puisse agir d'une manière qui vous choque. Bien que vous ayez le droit de lui dire de quelle façon il vous afflige, vous n'avez pas le droit d'exiger de lui qu'il soit différent. Le simple fait de lui répéter que son comportement vous irrite revient à le lui demander. Votre tâche, après lui avoir confié une première fois ce que vous ressentez, est de décider comment vous allez vous débrouiller émotivement s'il agit encore de la sorte. Vous pouvez lui faire part de votre décision afin de le tenir au courant, mais pas pour le forcer à changer. Sinon, vous aurez peut-être à lui faire des menaces que vous ne serez pas prête à mettre à exécution.

Ce n'est pas là une chose facile, Mikki; c'est, néanmoins, une façon de vous éviter plusieurs années d'amertume, de douleur et de récriminations. Votre obstination peut vous empêcher de voir la situation sous cet angle. Votre lettre renferme plusieurs indices sur votre entêtement, particulièrement dans le domaine de la nourriture. C'est le deuxième élément que j'aimerais analyser avec vous.

Si vous et votre ami êtes tous deux boulimiques, vous ne devriez pas en parler ensemble. Il est fréquent de voir des gens dépendants épouser ou partager la vie d'autres personnes ayant les mêmes difficultés. Chacun tente alors de contrôler l'autre. Quand l'homme et la femme souffrent de la même servitude, comme c'est votre cas, un des deux prend souvent sur lui de régler le problème pour les deux. Ce besoin de surveiller l'alimentation, tout comme le fait d'en abuser, est une partie intégrante de la maladie, mais il empêche d'admettre que l'on **ne peut pas** se contrôler, ce qui représente une étape essentielle de la guérison. De plus, si vous prenez la responsabilité de votre partenaire, en ce qui a trait à son régime, il ne vous en sera pas reconnaissant. Bien au contraire, votre attitude l'irritera et il aura l'impression d'étouffer. Il développera rapidement la rébellion et même la vengeance. Il fera l'enfant difficile pour répondre à votre rôle de mère tyrannique.

Si vous voulez affronter votre problème alimentaire, commencez par ignorer ce que mange votre ami et concentrez-vous plutôt sur vous-même. Occupez-vous de votre propre rétablissement. Sa boulimie et son poids ne concernent que lui-même. C'est, encore une fois, un manque de respect envers l'autre que de vouloir l'aider à contrôler sa vie, **même quand il donne l'impression de nous inviter à le faire ou de nous y autoriser**. C'est un piège auquel les deux personnes se font prendre et qui indique le refus de chacune d'elles d'assumer ses responsabilités.

Enfin, Mikki, j'aimerais m'attarder sur ce qui me semble être un signe de vos problèmes avec les hommes. Vos rapports avec votre frère aîné dans votre enfance vous ont peut-être incitée à vouloir gagner, à lui tenir tête ainsi qu'à tous vos partenaires, puisqu'ils finissent tous par représenter ce frère pour vous. Si ce besoin de vaincre est encore en vous, vous serez attirée par des hommes et des situations qui ne vous conviennent pas et vous essaierez de les contrôler et de les changer de la même façon que vous auriez voulu le faire avec votre frère. Je crois même que le comportement blessant de votre ami ressemble peut-être, d'une certaine façon, à celui de votre frère. Ce besoin vous poussera à affronter des hommes qui évoqueront toujours, sur un certain plan, son caractère difficile et votre rivalité. Tant que vous n'aurez pas accepté votre impuissance à les dominer lui, et le reste du monde, tant que vous ne serez pas prête à laisser guérir cette partie de vous qu'il a blessée, vous ne parviendrez pas à abandonner votre besoin de contrôler un homme, à l'aimer et à accepter son amour.

*Chère madame Norwood,*

*Moi aussi, je suis fille d'un père alcoolique; j'ai toujours été une mangeuse compulsive, mais j'ai aussi été hospitalisée pour une grave dépression. Le dysfonctionnement familial, chez nous, se vivait différemment, car j'ai été étouffée d'amour et surprotégée par mon père. Quand, adolescente, j'ai découvert les garçons et que j'ai cherché à être reconnue en dehors de ma famille, je n'ai pas trouvé la même chaleur inconditionnelle qu'avec mon père. J'en ai déduit que c'était ma faute et j'ai tout fait pour me rendre plus aimable. C'est à partir de ce moment-là que le cercle vicieux a commencé.*

*Je pense que je fais partie d'une catégorie de femmes qui aiment trop dont vous ne parlez pas dans votre livre, celles qui sont toujours restées seules et qui n'ont pas même entretenu une relation **malsaine**. Nous sommes plusieurs qui, atterrées parce que les hommes ne nous aiment pas, n'en sont pas moins dépendantes et recherchent désespérément une relation satisfaisante.*

*Dans les quelques jours qui ont suivi la lecture de votre livre, j'ai senti naître en moi l'amour-propre. J'ai aussi senti le «nœud de l'amour» dans mon ventre et le «vent qui souffle à travers mon cœur vide». Je sais que je continuerai à grandir.*

*Marcie B.*

Chère Marcie,

Quand on a été l'objet de la surprotection et de la possessivité d'un parent, il nous est difficile de redéfinir cette attention flatteuse et, plutôt que de la voir comme de l'amour, de la reconnaître comme un rapport sexuel dissimulé et inconvenant. Plusieurs hommes alcooliques accordent beaucoup plus d'attention à leur fille qu'ils n'en accordent à leur femme ou à toute autre partenaire. L'alcoolique agit souvent ainsi parce qu'il est incapable d'entretenir une relation amoureuse honnête avec un pair. Les dérèglements sexuels sont pour lui monnaie courante à cause des propriétés anesthésiantes de l'alcool et de ses effets inhibitifs sur la production des hormones mâles. De plus, l'amour-propre se détériore pour faire place à un dégoût de soi. Il est donc plus facile, pour le malade, de choisir, comme centre d'affection, sa fille admirative et dépourvue de sens critique plutôt qu'une femme adulte, en colère, déçue et objective.

Quand un alcoolique porte ainsi sa fille aux nues, leur rapport a forcément une connotation sexuelle, qu'ils aient ou non des relations, **parce qu'il se l'est appropriée**.

Toute cette dynamique est inextricablement liée à une autre qui multiplie l'effet de la première. Bien que le parent ait l'air de faire l'impossible pour s'occuper de l'enfant, c'est à ce dernier qu'incombe la responsabilité du bien-être du parent. Les adultes trouvent habituellement chez leurs semblables l'amour, l'appui, l'amitié et la compréhension dont ils ont besoin. On ne peut avoir de telles attentes de la part d'un enfant, car il n'a pas encore acquis la conscience de soi et le détachement suffisants pour y survivre. Il est étouffé pour servir les besoins de l'adulte.

Dans votre situation, Marcie, ces deux dynamiques en corrélation peuvent continuer d'influencer vos rapports futurs avec les hommes. Il n'est pas surprenant que vous soyez aussi effrayée par une relation sérieuse avec un homme que par la solitude. De toute façon, les conséquences du rôle du conjoint que vous a imposé votre père se font sentir. Quand vous êtes avec un partenaire, vous croyez le trahir en l'abandonnant pour un autre homme. Quand vous êtes seule, vous êtes submergée par l'énorme responsabilité d'être pour lui sa fille et sa partenaire principale mais inadéquate.

## La clé dans le traitement d'une dépendance est d'arrêter d'accomplir les gestes réflexes, ensuite d'en parler, mais jamais l'inverse.

Votre besoin irrépressible de manger et votre dépression sont probablement liés de près à votre enfance et à votre hérédité. Plusieurs boulimiques proviennent de foyers alcooliques qui leur ont transmis une prédisposition biochimique altérant leur capacité à assimiler les hydrates de carbone. Vous devez affronter votre boulimie comme une dépendance **primaire** en participant au programme offert par les Outremangeurs Anonymes ; c'est une maladie qui ne doit pas être traitée comme le symptôme d'une autre. Ni la boulimie ni l'éthylisme ne s'estompent simplement parce qu'on parle de leurs causes. Pour l'alcoolique qui désire devenir sobre, ou le boulimique qui veut s'abstenir de manger, il peut être utile de comprendre les raisons de sa maladie, mais ce n'est pas absolument nécessaire. Les facteurs émotionnels font surface peu de temps après le début de la sobriété. Mais sans abstinence, le problème émotif ne peut être abordé et résolu, même si vous en discutez longuement ; en effet, l'engourdissement provoqué par la dépendance à la nourriture, comme celui qui est provoqué par l'ingestion d'alcool ou de drogue, empêche la guérison. La clé dans le traitement d'une dépendance est d'arrêter d'accomplir les gestes réflexes, ensuite d'en parler, mais jamais l'inverse.

Pour que vous puissiez affronter vos sentiments, vous ne devez plus vous servir de la nourriture comme d'une drogue qui les déguise, les étouffe et les engourdit. Ces sentiments qui vous rendent mal à l'aise vont réapparaître et vous permettre de mieux vous comprendre pour vous mener vers la guérison.

En observant, en discutant avec d'autres personnes qui ont connu les mêmes difficultés et en apprenant que vous n'êtes pas seule à avoir vécu de telles expériences, vous trouverez les supports nécessaires pour vous aider dans votre lutte. Mais je crois que votre loyauté envers votre père va être pour vous la pire des embûches. J'espère que vous déciderez malgré tout de participer aux rencontres qui rendront possible votre rétablissement.


*Chère madame Norwood,*

*Votre livre m'a été d'une aide précieuse. Quand j'en ai entendu parler pour la première fois, je me suis tout de suite dit : « C'était moi, autrefois. » J'étais certaine d'être guérie. Je me trompais, et c'est pour ça que je vous écris aujourd'hui. J'aimerais trouver dans ma région une thérapie qui me convienne, mais je ne suis même pas sûre de ce que cela signifie. J'espère que vous pourrez me faire des suggestions. J'aimerais bien pouvoir faire ma thérapie avec vous.*

*Je suis une artiste de 39 ans. Je ne me suis jamais mariée. En fait, je me débrouille fort bien dans la vie, sauf dans le domaine sentimental. Je suis entourée d'amis et, généralement, je suis pleine d'allant. Malgré cela, quand j'entreprends une relation amoureuse, toutes mes certitudes s'envolent. La seule chose capable de me contrarier ou de me déranger est ma vie amoureuse. Je me suis si souvent effondrée à cause d'une histoire de cœur que je ne me*

*reconnais plus. Cela m'inquiète. Je ne veux plus que*
*cela se reproduise.*

*Il y a dix ans, j'ai suivi une thérapie freudienne*
*pendant quelques années. (Ma mère se mourait, à*
*l'époque, et je vivais une relation amoureuse désas-*
*treuse.) Le mois dernier, quand j'ai pris conscience*
*que j'étais émotivement perturbée, j'ai décidé de*
*consulter le même thérapeute. Il est maintenant à*
*la retraite, mais il reçoit quelques patients à son*
*domicile. Je ne suis pas sûre du tout qu'une théra-*
*pie freudienne puisse résoudre mon problème. J'ai-*
*merais que vous me donniez votre avis.*

*Karla J.*

*P.-S. Mon père est alcoolique et il m'arrive de me*
*jeter sur la nourriture. Je ne suis ni anorexique ni*
*boulimique.*

Chère Karla,

Je vous remercie sincèrement de votre lettre car
elle me permet de souligner certains points très
importants. Et je désire commencer par votre incroyable post-scriptum — incroyable car il devrait
faire l'objet principal de votre lettre puisqu'il renferme l'essence de votre problème ainsi que la
solution. Si vous acceptez d'affronter les faits que
vous mentionnez, vous commencerez à traiter les
causes physiques et émotionnelles de vos amours
difficiles.

Vous êtes une mangeuse compulsive et une coalcoolique. C'est mon diagnostic. Ces deux problèmes sont liés, tant physiologiquement qu'au plan
du comportement. Les filles d'alcooliques héritent
souvent d'une prédisposition génétique à dépendre de certains aliments ou à souffrir d'allergies.
Cette prédisposition inclut la compulsion alimen-

taire, qui est aussi un déséquilibre lié au stress, c'est-à-dire qu'il peut être provoqué ou intensifié par le stress. Le fait de grandir dans un foyer éthylique suffit pour provoquer ou exacerber un tel problème et pour développer la tendance aux rapports malsains. Ces habitudes provoquent des malaises qui aggravent le problème alimentaire, qui lui-même perturbe la stabilité émotive et l'équilibre physique nécessaires à l'établissement de relations saines.

La dépression est un élément quasi universel chez les mangeurs compulsifs, non seulement à cause des problèmes qu'ils éprouvent au sujet de leur apparence, mais aussi à cause du fait que leur faible métabolisme affecte leur système nerveux.

La nourriture que vous êtes poussée à consommer n'est pas assimilée normalement (en partie à cause de l'affaiblissement de votre métabolisme) et agit comme une drogue sur votre système. Votre corps et votre esprit dépendent d'une habitude alimentaire que provoque en vous un changement d'état. Vos pensées, vos sentiments et vos agissements ressemblent beaucoup à ceux de n'importe quel intoxiqué. C'est pourquoi le programme offert par les Outremangeurs Anonymes, fondé sur les mêmes principes que celui des Alcooliques Anomymes, est si efficace dans le traitement de la compulsion alimentaire.

S'il y a une dépendance ou une codépendance chez un patient, toute approche thérapeutique doit en tenir compte. Lorsque ces deux éléments sont présents, ils doivent être traités comme des maladies étroitement liées. La première partie du traitement consiste, pour le malade, à éviter les substances chimiques ou les aliments dont il dépend, l'abstinence étant essentielle à sa guérison.

Il serait inutile et coûteux pour vous de consulter un thérapeute qui ne possède pas l'expérience pertinente de la dépendance, quelqu'un qui reconnaît, comprend et peut soigner ces problèmes comme des maladies primaires, **non comme des symptômes d'une autre maladie**. La thérapie la mieux conçue est vouée à l'échec si elle ne remplit pas cette condition.

Selon moi, aucune thérapie n'est vraiment efficace tant que la personne dépendante pratique encore ses manies. Vous devez donc vous attaquer d'abord à votre obsession compulsive. Si j'étais votre thérapeute, j'exigerais **avant tout** que vous participiez à un programme des Outremangeurs Anonymes. Je suggérerais une rencontre par jour pendant au moins un mois, et trois rencontres hebdomadaires ensuite. Et aussitôt que je vous saurais suffisamment engagée dans la voie de la guérison, je vous demanderais de participer aussi à un programme Al-Anon, deux ou trois fois par semaine. Ne vous laissez pas décourager par les contraintes que requiert votre guérison. Rappelez-vous plutôt que ces maladies sont progressives, c'est-à-dire qu'elles s'intensifient avec le temps et qu'elles peuvent toutes deux être fatales. Si vous aviez un cancer, il n'y aurait probablement rien de trop astreignant pour combattre ce mal. Vous trouveriez le temps et les moyens de vous consacrer à votre rétablissement. Essayez donc de vous engager aussi sérieusement dans le traitement des deux maladies mortelles dont vous êtes atteinte.

**Si le degré d'engagement nécessité par le processus de guérison vous rebute, dites-vous que si vous aviez un cancer, il n'y aurait probablement rien de trop astreignant à entreprendre pour vous guérir.**

Vous dites, dans votre lettre, que vous aimeriez me voir en thérapie. Je ne suis malheureusement pas la clé de votre guérison. Vous la trouverez plutôt dans les programmes Douze Etapes. Vous devez faire partie des Outremangeurs Anonymes et du Al-Anon. Vous **pouvez** guérir avec le seul soutien d'un programme Douze Etapes, mais, selon moi, vous ne pourrez y parvenir par le seul biais de la thérapie, quelles que soient les qualités et l'expérience de votre thérapeute. Je crois que si cette personne était vraiment qualifiée et expérimentée, elle insisterait pour que vous travailliez avec ces programmes. Vous atteindrez la plus grande partie de votre rétablissement en compagnie de gens qui se débattent avec les mêmes problèmes que vous.

*Chère madame Norwood,*

*Votre livre paraît à un tournant de ma vie. Mariée seulement depuis trois ans, mon mari m'a quittée il y a quatre mois et ne veut plus entendre parler de moi. Il n'a pas encore demandé le divorce, mais ne veut envisager aucune aide pour rétablir notre relation. Aujourd'hui, je découvre que ce que j'appelais de l'amour pour lui est peut-être une obsession qui me paralyse et m'empêche d'aller de l'avant.*

*Je suis une alcoolique en réhabilitation, tout comme mon mari. Nous nous sommes rencontrés quand nous buvions et nous avons tous les deux subi une cure de désintoxication, mais dans les hôpitaux différents. Nous faisons tous les deux partie des Alcooliques Anonymes et y travaillons activement. Je suis aussi en thérapie et je participe aux rencontres Al-Anon.*

*De deux choses l'une : ou je ne comprends pas ce que j'ai besoin de comprendre, ou on ne m'a pas dit ce qui m'aurait permis de comprendre. C'est pourquoi je vous écris. Je crois que vous savez des choses que j'ai besoin de savoir. J'espère sincèrement que vous me répondrez.*

*Gloria J.*

*P.-S. Soit dit en passant, j'ai 41 ans, j'ai un fils de 25 ans et une fille de 22 ans, j'ai été mariée six fois, pour de courtes périodes, j'ai élevé mes deux enfants qui sont tous deux diplômés. Je projette une image de réussite, mais me sens complètement nulle en tant qu'être humain.*

Chère Gloria,

Vous avez probablement déjà entendu, lors d'une de vos rencontres chez les Alcooliques Anonymes, le dicton suivant : «Si tu ne l'as pas fait honnêtement et sobrement, tu ne l'as pas fait.» La plupart des personnes qui dépendent de drogues ou d'alcool pour éviter d'affronter la réalité ont commencé très jeunes, généralement vers l'âge de 14 ans. Je présume que c'est votre cas. Cela vous empêche de vivre ce que l'on appelle la crise d'identité, cette phase cruciale que traverse toute adolescente, au cours de laquelle elle se forme une image d'elle-même. Vous devez, pour retrouver cette période, devenir sobre. Plusieurs personnes dépendantes de substances chimiques n'ont **jamais** dansé en public, accepté un rendez-vous ou rencontré quelqu'un, ou même vécu une expérience sexuelle pendant qu'elles étaient sobres. Chaque fois que se présentait une situation embarrassante ou difficile, elles s'en remettaient immédiatement à leur drogue pour engourdir leur peur. C'est en surmontant ces problèmes que nous acquérons de la maturité ; c'est pourquoi l'éviter, c'est l'arrêter.

Bien entendu, être sobre signifie beaucoup plus que cesser de boire ou de se droguer. Il faut revivre l'âge où l'on a commencé à dépendre de sa drogue et connaître ensuite les étapes et les leçons évitées alors qu'on était dans un état de conscience altéré. Ce n'est pas un cheminement facile, il faut beaucoup d'humilité et de courage. Mais vous pouvez vous consoler en vous disant que ce n'est pas une déficience de votre part mais seulement la nécessité de rattraper le temps perdu. Vous devez apprendre à vous accepter et à mieux vous connaître avant de vous engager sainement et véritablement avec une autre personne.

Ce que je viens de dire s'applique autant à vous qu'à votre mari. Cela vous met en mesure de comprendre pourquoi la sobriété n'a pu être suffisante. Elle ne règle rien, elle permet seulement d'affronter lucidement les problèmes inhérents aux relations. C'est comme si vous essayiez de tracer une route en montagne ; si un énorme rocher lui fait obstacle, il faut l'enlever pour continuer son tracé. Vous devez travailler sur vos relations avec les autres de la même façon. L'alcoolisme, tant qu'il n'est pas guéri, empêche toute croissance.

Vous avez rencontré votre mari alors que vous buviez tous les deux. La dynamique de votre relation, à l'époque, devait assurément être différente de celle d'aujourd'hui. J'oserais pourtant dire qu'aucun de vous ne sait ce que signifie un rapport conjugal sobre, et c'est là une vérité difficile à accepter. Il est facile de se dire : «Cette personne est la cause de mon problème», plutôt que d'admettre la peur et le malaise que provoque en nous l'intimité avec quelqu'un d'autre.

Très peu de couples alcooliques ou drogués parviennent à rester ensemble lorsqu'ils sont sobres, pour les raisons que je viens d'énumérer. On est déçu si l'on croit que l'abstinence est la réponse à tous nos problèmes. Elle rend accessible le travail par lequel on peut chercher — et trouver peut-être — les réponses avec patience, courage, humilité et ténacité.

J'ai pu remarquer au cours des années que les personnes qui arrivent à rester sobres voient leur vie s'améliorer si elles font face courageusement à chaque nouvelle étape. Mais pendant ce temps, parfois, des personnes partent, ou des éléments disparaissent, ou certaines conditions changent, ce que nous ne sommes pas prêts à accepter. Quand cela se produit, il faut se rappeler que nous ne pouvons jamais perdre ce qui nous appartient réellement. Nous devons donc consentir à laisser aller ce qui nous est enlevé pour notre plus grand bien.

*Chère Robin,*

*On se reconnaît tellement dans votre livre que c'en est choquant.*

*Ma mère est morte d'alcoolisme à 55 ans, vingt ans après que j'eus commencé à essayer de l'aider. Mon père est en fauteuil roulant, paralysé d'un côté, incapable de communiquer, et il continue de boire. J'ai divorcé au bout de vingt-deux ans*

*de mariage d'avec un homme qui boit, comme son*
*père et son grand-père l'ont fait avant lui.*

*Je fais partie des Alcooliques Anonymes de façon*
*discontinue, avec succès parfois pendant des années.*
*J'y crois! Actuellement, je bois et je me débats avec*
*une relation malsaine.*

*Connaissez-vous un thérapeute à Baltimore qui*
*aurait lu votre livre, qui est d'accord avec vos théo-*
*ries et qui pourrait m'aider?*

*J'espère avoir de vos nouvelles bientôt.*

*Connie V.*

Chère Connie,

Plusieurs femmes alcooliques récidivent parce
qu'elles ont des problèmes de codépendance. Autrement dit, elles se remettent à boire à cause de leurs
difficultés avec les hommes. Une des raisons sous-
jacentes est leur appartenance à une famille d'éthyliques; elles sont donc **coalcooliques** avec leurs
habitudes et leurs comportements malsains acquis
depuis longtemps bien avant de devenir alcooliques.

C'est là le pire de leurs problèmes. C'est ce qui
les pousse à essayer désespérément de contrôler,
ou à devenir extrêmement dépendantes, ou à agir
de ces deux façons alternativement. Cette attitude
extrême montre leur peur de l'intimité, accompagnée d'une peur plus grande encore d'être abandonnées. Les femmes (et les hommes) qui ont grandi
dans des foyers alcooliques ont souvent subi, à des
degrés variés, des violences physiques, émotionnelles et sexuelles, ce qui aggrave les problèmes
de relations à l'âge adulte. Elles ont tendance à
choisir des partenaires qui recréent les conditions
familières de leur passé, dans l'espoir d'arriver
cette fois à surmonter leur situation.

Je vous explique cela pour montrer que votre éthylisme favorise votre dépendance affective et que celle-ci vous fournit tous les prétextes pour boire. Une servitude nourrit l'autre. Si vous voulez briser le cercle vicieux, vous devez redevenir sobre et, idéalement, participer aux réunions des Alcooliques Anonymes pour femmes (les réunions mixtes constituent un terrain glissant pour vous). Vous serez, au moins pendant ce temps, à l'abri de votre dépendance et libre d'aborder le problème des hommes dans son rapport avec votre alcoolisme. Vous voudrez peut-être assister à des réunions du Al-Anon afin de profiter de l'expérience de personnes qui connaissent bien la dépendance dans les relations et qui se remettent de leur codépendance.

## Il n'y a pas de raccourci en thérapie et vous devez, pour guérir, faire le premier pas : redevenir sobre.

Vous me demandez si je connais un thérapeute qui pourrait vous aider. Je ne conseille plus, depuis longtemps, de médecins particuliers aux personnes qui souffrent de dépendances. Je peux vous recommander plutôt les programmes Anonymes. Je crois que les groupes de soutien formés de malades éprouvant les mêmes difficultés sont plus efficaces que les analyses individuelles pour provoquer un changement positif. N'importe quel thérapeute qui est d'accord avec ce que j'avance devrait vous encourager à participer à des rencontres des Alcooliques Anonymes et vous aider à poursuivre le programme. Une bonne marraine des A.A. en ferait tout autant gratuitement.

Si vous décidez de retourner chez les Alcooliques Anonymes et que vous désiriez consulter un psychologue, les gens avec qui vous travaillerez pourront sûrement vous recommander des professionnels expérimentés en dépendances. Mais rappelez-vous, il n'y a pas de raccourci en thérapie et vous devez, pour guérir, faire le premier pas : redevenir sobre. Je vous souhaite bonne chance.

*Chère Robin,*

*J'ai eu votre livre par l'intermédiaire d'une femme que je parraine chez les Outremangeurs Anonymes. Elle-même a rejoint leurs rangs après l'avoir lu.*

*Je n'arrive pas à comprendre comment il se fait que je m'engage si activement auprès des Outremangeurs Anonymes et du Al-Anon, ni que je me sois mariée à un ancien alcoolique schizophrène, qui a essayé de se suicider il y a vingt-deux jours, soit huit semaines après que je l'eus quitté.*

*Mes parents ne buvaient pas. En fait, les origines de ma maladie m'importent peu pour le moment, beaucoup moins que de prendre conscience de la nature dévastatrice de mon comportement compulsif et destructeur en ce qui concerne la nourriture, la famille et les hommes, dans l'ordre.*

*En février, je me remettais d'un grave problème alimentaire qui a duré treize ans, avec trois périodes d'anorexie, deux d'obésité, pour finir avec quatre ans et demi d'une boulimie quasi fatale. (Du moins, j'espère que c'est fini.)*

*Personne ne m'a encore expliqué l'étrange phénomène des modifications physiologiques et des bouleversements liés à mon rétablissement. Je vous en fais part en espérant que vous ayez accès à une documentation médicale qui pourrait m'être utile.*

*J'ai 26 ans, je pèse à peu près 50 kilos et mesure 1,62 mètre. Mon poids est stable et mon régime se limite à 1 300 calories par jour, selon les conseils d'un diététicien.*

*Pendant les quatre premiers mois de ma convalescence, j'ai souffert d'une inexplicable épilepsie, disparue comme elle était venue, au dire du neurologue en chef de l'hôpital. Mes menstruations ont cessé lorsque j'ai renoncé à me faire vomir, mais lorsque, boulimique, je pesais 40 kilos, j'étais réglée de façon très régulière. Je connais trois cas de boulimie qui ont engendré un sérieux problème coronarien. L'une de ces femmes est morte après deux mois de convalescence ; l'autre est morte en pleine boulimie. La troisième, une autre femme que je parraine chez les Outremangeurs Anonymes, a eu il y a huit jours des défaillances cardiaques et pulmonaires ; elle a eu de la chance de s'en tirer. Elle aussi en était à ses premiers mois de convalescence.*

*Tout comme votre livre annonce (pour moi) de nouvelles pistes dans le domaine des relations, quelqu'un doit explorer la période de la convalescence (par opposition à la maladie) chez les boulimiques. Je ne suis pas médecin. Je ne sais pas de quoi il retourne exactement, mais il m'apparaît évident que l'organisme subit une sorte de choc incroyable lorsque l'on cesse de se purger par vomissements, un choc sans doute traumatisant et durable.*

*La seule chose que je suis parvenue à comprendre jusqu'à présent, c'est que se purger est un type de convulsion. Pour ma part, j'ai provoqué entre trente et quarante vomissements par nuit pendant quatre ans et demi. Mon seuil d'attaques convulsives a-t-il été sérieusement affecté ? Est-ce que mon système nerveux a été endommagé de façon temporaire ou permanente ? Les effets dont je parle sont distincts* de conséquences d'une malnutrition prolongée et du manque de sommeil. Les histoires de maladie de bien des boulimiques qui fréquentent les Outremangeurs Anonymes sont encore plus difficiles et plus longues que la mienne. Comment pouvons-nous nous entraider à rester en vie, ne serait-ce que pour être en mesure d'explorer les problèmes émotifs mis au jour dans nos groupes et dans votre livre ?

Si vous connaissez quelqu'un ou quoi que ce soit qui puisse nous être utile, je vous prie de me le faire savoir. Aujourd'hui, je **veux** vivre. Je veux comprendre exactement ce qui m'arrive et comment contribuer activement au processus de guérison, en commençant par celle de mon corps.

Pat M.

Chère Pat,

Si j'ai mis si longtemps à répondre à votre lettre, c'est parce qu'elle était enfouie sous un amas de travail urgent et que je viens tout juste de la retrouver. Ironiquement, elle faisait partie d'une pile de lettres auxquelles je voulais répondre plus en détail qu'à l'accoutumée.

Vous me posez beaucoup de questions sur les déséquilibres alimentaires. La spécialiste, c'est vous, étant donné que vous souffrez de cette maladie. Vous pouvez mieux vous répondre que je ne saurais le faire. Vous apprendrez beaucoup des gens qui, comme vous, font partie des Outremangeurs Anonymes, et il en est de même pour eux. Vous pourriez aussi aider la profession médicale dans ce domaine.

J'aimerais que vous me rendiez un grand service. Accepteriez-vous de m'écrire à nouveau et de me faire part de ce que vous aurez découvert en travaillant à votre guérison ? Je vous avoue que presque tout ce que je sais des dépendances, je l'ai appris des gens qui souffrent de ces maladies et qui tentent de s'en sortir; mes cours et mes lectures ne m'ont pas été d'une grande utilité.

Je rédige actuellement un deuxième livre, dans lequel je réponds aux lettres que j'ai reçues après la publication de *Ces femmes*. J'aimerais utiliser les vôtres, celle-ci et celle que je vous demande. Bien entendu, vous pouvez refuser. Mais je crois que ce serait une bonne façon de rejoindre d'autres personnes qui, comme vous, s'interrogent sur leur santé et détiennent peut-être les réponses — si seulement elles arrivaient à se faire confiance.

Quoi qu'il en soit, je vous remercie de m'avoir écrit et je vous souhaite bonne chance dans votre convalescence.

*Chère Robin,*

*Je ne peux pas expliquer le phénomène de mon rétablissement : ma décision de l'entreprendre n'avait pas été prise plus consciemment que celle de devenir anorexique, obèse ou boulimique. Environ deux semaines après que Patti, mon amie boulimique, mourut d'une défaillance cardiaque pendant son sommeil, j'ai perdu ma «magie», le pouvoir que j'avais de m'empiffrer et de vomir à volonté.*

*Sevrage, abstinence et veuvage m'ont ravagée au plus haut point. Votre lettre m'est parvenue à un moment pénible de ma vie. Mon mari s'est pendu l'année dernière, à peu près à cette époque-ci, pendant les fêtes. Cette année, ma mère m'a demandé de quitter sa maison pendant la visite de ma sœur. Quelque part en moi, je me sens doublement trahie...*

*J'ai maintenant 27 ans. Physiquement, mon poids*

*reste stable depuis deux ans, et pour la première fois depuis ma puberté. Je suis sujette à l'anxiété, ménopausée et régulièrement pseudo-épileptique (l'électroencéphalogramme montre un potentiel électrique à la fois positif et négatif au moment des pointes-ondes des lobes temporaux).*

*Emotivement, je ne sais jamais à quoi m'attendre : pensées suicidaires, tension contrôlée, plaisir serein ou acceptation paisible.*

*Mentalement, mon imagination m'offre d'incroyables fantaisies hautes en couleur et en musique. Parfois, elles me rappellent mon mari ou mon enfance. Ces deux sortes de visions ravivent généralement ma peine et mon sentiment d'impuissance.*

*Je travaille à plein temps comme secrétaire de direction pour le président d'un grand département dans une des meilleures écoles de médecine du pays. Je parle six jours par semaine avec mes deux compagnes de convalescence, toutes deux d'anciennes anémiques/boulimiques. J'assiste au moins à une réunion par jour, parfois deux. Je donne et reçois trois chaleureuses étreintes et plus par réunion et téléphone au moins trois fois par jour. Tous les jours, je lis la documentation publiée par les Alcooliques Anonymes, les Outremangeurs Anonymes, Al-Anon et Alateen. Matin et soir, j'écris comment je me sens et ce qui m'arrive. A travers tout cela, j'arrive à prendre trois bons repas. Je ne me pèse jamais, mais j'évalue le poids de ce que je mange.*

*Quand j'écris sur mes objectifs et ma convalescence, je le fais de la main gauche comme en ce moment. Je ne sais pas pourquoi, puisque je suis droitière.*

*Il m'est encore difficile de me faire à l'idée que je suis malade et souffrante tant dans mes relations qu'en ce qui concerne la nourriture. Mais je peux dire ce qui me menace le plus en ce moment : le vide émotif. Je suis incapable de fréquenter des gens qui font semblant d'avoir du plaisir. Et c'est exactement le jeu que les jeunes Américains de mon âge semblent vouloir jouer. A ce stade-ci de ma convalescence, l'idée d'être intimement et sexuellement liée à quelqu'un m'effraie. Je prends le temps de faire lentement connaissance pour bien évaluer nos sentiments l'un pour l'autre, et je laisse tomber quand je sens que ça ne va pas, que je comprenne ou non pourquoi. Je me protège de façon agressive quand ma personnalité se confronte à celle des autres. Je ne supporte pas quelqu'un avec qui je ne m'entends pas.*

*Je fais présentement quelques démarches pour retourner à l'école en janvier, espérant obtenir un certificat en rédaction technique et médicale.*

*Voilà les dernières nouvelles, Robin. Mes meilleurs vœux de succès pour vos prochains livres.*

*Pat M.*

Chère Pat,

J'ignore les réponses aux questions que vous pose cette réaction extrême du corps qui vient du sevrage. Je suis persuadée, cependant, que, dès qu'on les aura trouvées, vous allez en entendre parler, étant donné votre immense désir d'apprendre, l'accès à la recherche dans ce domaine que vous donne votre travail et votre grande intelligence. ANRED (Anorexia Nervosa and Related Eating Disorders) est une source possible de renseignements concernant les aspects médicaux de votre maladie. Cet organisme est un service d'information et de référence qui a pour but d'essayer de répondre à des questions comme les vôtres.

Peut-être parce que je suis thérapeute et non médecin, vos lettres m'amènent à réfléchir plus sur les questions du cœur et de l'esprit que sur les conséquences physiques de la dépendance. Comme vous l'indiquez si bien, ces maladies peuvent être mortelles. Pourquoi et comment meurt-on d'une dépendance ? Ce sont là des questions sans doute très importantes, du point de vue médical, mais elles ne sont pas aussi utiles à notre compréhension du processus de la maladie. Par exemple, médicalement parlant, on ne peut expliquer pourquoi quelqu'un comme vous guérit. Contrairement aux autres types de maladies, celles-ci agressent tous les aspects de la personne. Habituellement, elles s'attaquent d'abord à la dimension émotionnelle de la personne atteinte pour ensuite affecter l'esprit et, quand elles sont suffisamment avancées, elles se dirigent vers le corps. Quand une dépendance a provoqué une crise et que la vie du malade est menacée, on doit tout faire médicalement pour rétablir l'équilibre physiologique de la personne. Mais quand la crise est passée, le problème devient évident : peu importe si sa vie a vraiment été mise en danger, si l'on ne traite cette personne que sur le plan médical, elle va presque inévitablement retourner à sa manie. Connaître le danger qui nous guette sur le plan physique ne suffit pas à nous guérir d'une dépendance. Les renseignements obtenus, même s'ils sont vraiment inquiétants, ne parviendront pas à arrêter la maladie.

## Connaître le danger qui nous guette sur le plan physique ne suffit pas à nous guérir d'une dépendance.

Permettez-moi de vous donner un exemple. Voilà plusieurs années, j'ai rencontré un homme marié, de la classe moyenne, père de quatre enfants, qui travaillait et avait une bonne présentation. Dans la cinquantaine avancée, il a dû être admis à l'hôpital à cause de problèmes de santé sérieux provoqués par son alcoolisme. Deux jours après, une infirmière le trouva inconscient, au seuil de la mort. Heureusement, l'intervention rapide et efficace de l'équipe médicale permit de le ranimer.

A peine quatre semaines plus tard, après avoir été soigné, suivi de près et sermonné sérieusement sur les dangers mortels de son alcoolisme, et après avoir quitté l'hôpital, il se remit à boire. Avec le temps, il abandonna sa famille et cessa de travailler. Il fut même poursuivi en justice et emprisonné pour avoir agressé une enfant. Après quelques années d'assistance, il rendit l'âme, victime de son alcoolisme.

Je ne raconte pas cette histoire pour être morbide ou parce qu'elle a quelque chose d'unique. Je veux simplement souligner le fait que le traitement médical des symptômes physiques d'une maladie de dépendance, même si les soins sont excellents et appropriés, ne peut arrêter le développement de la maladie. En effet, le monde médical ne peut traiter efficacement les aspects émotionnel et spirituel de la personne atteinte, et ces aspects doivent être soignés pour obtenir une amélioration.

Il arrive parfois que le malade en prenne soudainement conscience. Ce moment d'illumination, qui est souvent ressenti comme une expérience mystique intense, lui permet d'entamer le processus de guérison. Dans d'autres cas, le changement qui s'opère dans la personne est plus subtil et la maladie «perd son emprise» sur elle. C'est ce qui vous est arrivé quand, deux semaines après la mort de votre amie, votre «pouvoir» de faire bombance et de vomir à volonté a disparu. C'est souvent ce qui se produit pour les alcooliques qui découvrent un jour que boire ne leur apporte plus rien.

Mais qu'il commence par la bénédiction d'un grand moment de clarté ou que la dépendance cesse tout simplement de fonctionner, l'état de guérison doit être maintenu chaque jour. Même ces gens qui, à genoux, pleurent de joie et de gratitude parce qu'ils viennent de découvrir un chemin vers le salut, même ces personnes très chanceuses doivent travailler quotidiennement à leur convalescence.

Je sais que je n'ai pas besoin de vous dire tout cela, Pat, car il est clair, d'après vos lettres, que guérir est pour vous une priorité.

Le fait que vous soyez parvenue à stabiliser votre poids et à manger plus sainement ne signifie pas que vous soyez complètement hors d'affaire. La façon dont vous parlez de votre famille, dans votre lettre, révèle beaucoup d'anxiété de votre part, dans ce domaine.

Les mangeuses compulsives ont souvent plusieurs caractéristiques communes, tels le besoin de contrôler ce qui est dit, ou encore une recherche de la perfection dans ce qu'elles font ou désirent faire. L'une des particularités les plus importantes, d'après mon expérience, est la relation ambiguë, empreinte d'hostilité et de dépendance, de ces femmes avec leur mère : l'une vient au secours de l'autre sans que cela change quoi que ce soit à leur situation. Elles ont désespérément besoin qu'on s'occupe d'elles et veulent en même temps contrôler la situation, passent sans arrêt de leur rôle de «donneur» à celui de «receveur». Dans une relation de ce genre, la nourriture joue souvent un rôle de palliatif de l'amour. Plus la mère et la fille passent de temps ensemble, plus elles se rendent réciproquement malades, parce que ni l'une ni l'autre ne possède suffisamment de ressources émotionnelles pour subvenir à ses propres besoins et encore moins à ceux de l'autre. Elles se prennent mutuellement la charge émotive qui leur manque, brouillant ainsi leurs frontières individuelles. A cause de l'aide qu'elles «s'apportent», elles s'accrochent plus désespérément l'une à l'autre.

Jusqu'à présent, Pat, vous avez fait preuve de beaucoup de courage et de détermination. J'ai l'impression que, pour vous, la maison de votre mère est un «terrain glissant». Rappelez-vous toujours qu'elle n'est pas là pour vous nourrir émotivement ; Dieu est là pour cela. Servez-vous de votre programme de soutien pour accepter votre mère telle qu'elle est et la laisser être ce qu'elle est.


Les lettres du présent chapitre montrent à quel point les dépendances ne sont pas des éléments faciles. Leurs racines physiques et émotionnelles sont souvent entremêlées. La guérison d'une dépendance peut en amplifier une autre, comme elle peut faciliter une nouvelle guérison. La victoire sur toute servitude requiert les mêmes principes d'honnêteté, d'abandon, d'humilité et de détermination. Cependant, ce qu'il faut «travailler» peut être très différent d'une dépendance à l'autre. Par exemple, pour rester sobres, les alcooliques doivent cesser de ne s'intéresser qu'à eux-mêmes et commencer à se préoccuper des autres. Pour la plupart des personnes intoxiquées par leurs relations, c'est le contraire : elles doivent devenir égoïstes (apprendre à s'aimer et à se nourrir elles-mêmes) et cesser de s'inquiéter du sort des autres. J'ai aussi connu des alcooliques et des intoxiqués qui ne sont pas parvenus à rester sobres avant d'avoir commencé à régler leurs problèmes de codépendance et renoncé à sauver le monde entier. J'ai aussi connu des personnes souffrant de dépendance affective qui n'ont pu s'arrêter de chercher un homme avant d'avoir cessé de boire et de se droguer.

On peut parfois se sentir submergée par toutes ces dépendances qui semblent contrôler notre vie. Mais comme plusieurs femmes l'ont dit, quand on a appris à en surmonter une, on peut se servir des mêmes moyens pour affronter la suivante.

# 6

# ... qui suivent
# une thérapie

J'ai rédigé ce livre pour vous faire partager ces lettres, mais aussi pour que celles-ci renseignent, par leurs témoignages, ceux qui dirigent les groupes de soutien. Je déplore que des thérapeutes annoncent qu'ils utilisent les principes énoncés dans *Ces femmes*, alors qu'ils ne comprennent pas vraiment ce qu'est la dépendance dans les relations, ni ses points communs avec les autres types de dépendance et leur traitement.

Un jour, une journaliste, en vue d'écrire un article au sujet des femmes qui aiment trop, a rencontré plusieurs personnes participant à des groupes dirigés par des thérapeutes. Après qu'elle leur eut dit qu'elle avait l'intention de m'interviewer, elles la prièrent de me faire savoir qu'elles avaient besoin d'un deuxième livre, le tome 2 de *Ces Femmes* en quelque sorte. Comme le tome 1 était paru depuis à peine un an et que je croyais, même après six années de convalescence, avoir encore beaucoup de chemin à parcourir pour guérir, je lui demandai si ces femmes pensaient vraiment avoir accompli tout ce que je recommandais dans mon livre. Elle me répondit qu'elles avaient suivi un cours de six semaines traitant du sujet, qu'elles avaient toutes rompu leurs relations malsaines et qu'elles estimaient, comme leur thérapeute, qu'il était temps de trouver des hommes corrects. J'étais franchement atterrée de constater qu'une telle chose eût pu se produire à partir de ce que j'avais écrit. Ces femmes ne pouvaient absolument pas, en six semaines, avoir appris toutes les leçons qu'elles devaient retirer de leurs rapports avec leurs ex-partenaires. Elles n'avaient pas, non plus, eu le temps nécessaire pour se remettre de la rupture. Je crois plutôt qu'elles «cherchaient un autre homme» pour soulager leur peur d'être seules face à elles-mêmes. En d'autres mots, avec le soutien d'un thérapeute, elles utilisaient leur quête d'une nouvelle relation **comme une drogue**. Et tout cela se faisait sous le couvert d'une guérison!

J'ai raconté cet épisode lors d'une conférence que je donnais, insistant sur le fait que les thérapeutes sont, à mon avis, les professionnels (à part les infirmières) les plus aptes à souffrir de dépendance dans leurs relations et qu'ils dirigent souvent des groupes en rapport avec ce sujet sans savoir vraiment ce qu'est la guérison parce qu'ils ne sont pas guéris eux-mêmes. Quelqu'un dans la salle s'écria alors, en colère: «Vous en voulez donc tant aux thérapeutes!» Plusieurs personnes l'ont applaudi. Ce fut un moment difficile qui, comme tant d'autres, était en fait un cadeau. Je me mis à examiner mes propres expériences en tant que thérapeute, malade et convalescente.

Je me suis rendu compte que j'ai effectivement plusieurs réserves au sujet de la thérapie. J'hésite particulièrement à accepter d'emblée qu'on la considère comme la panacée à trop de problèmes actuels. Beaucoup de femmes croient que si elles arrivaient à trouver le «bon» thérapeute comme le «bon» partenaire, tous leurs ennuis disparaîtraient. Il fut un temps où, moi aussi, je croyais fermement que la consultation d'un psychologue expérimenté et plein de compassion était la solution à la plupart des difficultés émotionnelles qui harcèlent les individus et les familles. C'est ce qui me poussa à devenir thérapeute moi-même. Je désirais ardemment aider les autres à améliorer leur vie.

Plusieurs années de travail passées avec des patients alcooliques ou drogués, sans réussir **une seule fois** à les aider, ont fini par m'obliger à accepter que la thérapie n'est peut-être pas le remède approprié pour soigner les dépendances. Après avoir essayé sans succès, pendant plus de cinq ans, d'aider des personnes dépendantes à cesser de consommer leur drogue, je fus invitée par des membres sobres des Alcooliques Anonymes à assister à une de leurs réunions ouvertes au public. Sans aucune rancune pour ces années d'efforts inutiles, ils me dirent : « Robin, si tu veux vraiment travailler avec des alcooliques, peut-être voudrais-tu venir avec nous et voir comment on se guérit. »

Mon premier contact avec les Alcooliques Anonymes me permit de rencontrer une salle entière de personnes sobres et heureuses. Après deux semaines d'abstinence, les alcooliques que j'avais traités rechutaient. Ceux que je rencontrai ce soir-là dans cette salle ne buvaient plus depuis des années et même des dizaines d'années. Ils pouvaient ne plus consommer d'alcool ou de drogue, et vivre dignement et pleinement leur vie.

En participant fréquemment à ces réunions, j'eus l'occasion d'entendre d'anciens alcooliques parler franchement, et souvent avec humour, de leurs expériences et raconter comment ils sont devenus convalescents avec l'aide des Alcooliques Anonymes et d'une puissance divine. Ces révélations modifièrent complètement ma façon de traiter les gens parce que, pour la première fois, je commençais à **comprendre** vraiment une dépendance. De plus, je me rendais compte à quel point la guérison tient du miracle, ce que je ne pouvais pas faire en tant que thérapeute.

J'exigeai alors de mes patients qu'ils fassent partie des Alcooliques Anonymes. Comme beaucoup d'entre eux étaient obligés par les tribunaux de venir me voir, à cause des délits qu'ils avaient commis sous l'influence de l'alcool ou des drogues, je pouvais insister pour qu'ils participent aux réunions. Leur assiduité aux rencontres permit à certains de connaître une amélioration et leur réussite m'aida aussi, en fin de compte. Ma réputation de conseillère expérimentée dans le domaine des drogues et de l'alcool grandit.

Il me fallut cinq autres années de travail dans le domaine des dépendances (pendant lesquelles je travaillais principalement avec les proches parents d'intoxiqués) pour me rendre compte que participer à des rencontres du Al-Anon était aussi important pour le rétablissement de ces codépendants que les Alcooliques Anonymes l'étaient pour les alcooliques. En voyant des codépendants aller de mal en pis et même mourir de maladies causées par le stress et les obsessions qu'ils avaient développés au cours des années dans une famille d'éthyliques, je compris qu'ils souffraient d'un mal progressif et fatal. Je compris qu'il était aussi miraculeux de se remettre d'une codépendance que d'une dépendance et, encore une fois, que mes compétences avaient des limites, même avec toutes mes années d'expérience et d'efforts en tant que thérapeute. J'insistai pour que tous ceux que je traitais participent à des réunions du Al-Anon, et, avec le temps, plusieurs d'entre eux commencèrent à changer et à se rétablir.

La chose la plus importante que j'aie apprise, au cours de mes quinze années de travail, est mon seuil d'efficacité dans ce domaine. Là où je suis inopérante, les programmes Anonymes, avec leur soutien moral et leurs principes spirituels, peuvent guérir les personnes si elles le désirent. En ne m'accrochant pas au besoin de sauver mes patients seule, j'ai permis, Dieu merci, à plusieurs d'entre eux de connaître la sobriété et la sérénité grâce au travail de ces programmes.

## Ce que j'ai appris de plus important en tant que thérapeute est ce que je ne peux faire pour la personne dépendante.

Et pendant que tout cela se passait dans ma vie professionnelle, j'apprenais aussi certaines choses dans ma vie privée.

Quand j'entrepris ma carrière de conseillère, je ne croyais pas vraiment en une puissance divine. Je pensais au contraire que si Dieu existait, il ne faisait pas un très bon travail. J'étais persuadée que je pouvais faire mieux. C'est presque un miracle qu'une personne obstinée comme moi accepte enfin de céder la première place, fût-ce à Dieu. Mais la vie a une façon bien à elle de nous forcer à nous agenouiller. En raison des périodes de plus en plus difficiles et chaotiques que je traversais, après avoir perdu mon emploi, ma santé et la garde de mes enfants, je dus me rendre à l'évidence : je ne pouvais même pas contrôler ma propre existence. Je commençai à voir l'ironie de la situation dans laquelle je me trouvais ; poursuivre cette carrière était plutôt présomptueux de ma part.

J'avais compris, en écoutant parler certains alcooliques, à quel point la dépendance peut nous rendre la vie impossible, et comment on peut améliorer la situation en suivant certains principes de base. Bien que je ne consomme ni drogue ni alcool, ma vie ressemblait de plus en plus à la leur dans leurs pires moments. Je n'étais pas dépendante de substances chimiques, mais je l'étais de mes rapports avec les hommes ; je me servais d'eux pour me soulager d'une angoisse intolérable. En d'autres mots, j'avais utilisé ces relations comme un tranquillisant dont je n'arrivais plus à me débarrasser.

C'est seulement en entendant tous ces témoignages d'Alcooliques Anonymes que je me rendis compte que j'étais intoxiquée, moi aussi, et, ce qui était plus important encore, que je pouvais me guérir tout comme eux, si je suivais leur exemple.

Je me tournai finalement vers Dieu pour lui demander de l'aide. C'est alors que ma vie changea du tout au tout.

Voilà bientôt sept ans de cela et, plus le temps passe, plus je suis convaincue que le point de départ de toute démarche thérapeutique, qu'il s'agisse de maladies de dépendance ou non, est d'encourager la personne qui souffre à rechercher en elle et à maintenir un lien avec une puissance spirituelle capable de la guider et de la guérir.

Cependant, j'ai remarqué que certains qui choisissent de devenir psychologues, en plus d'avoir en commun des passés douloureux et traumatisants, partagent aussi la même colère sourde envers leurs parents et envers Dieu. Le désir, chez les thérapeutes, de remplacer un Dieu capricieux, cruel, inexistant ou indifférent en prenant en main la vie de leurs patients est, je crois, assez fréquent. Ils développent alors une tendance à encourager plutôt qu'à décourager l'entêtement chez leurs patients. Ils les incitent à dépendre de leur propre intelligence et de celle de leur médecin plutôt que de chercher en eux une sagesse plus grande. Evidemment, un thérapeute qui n'est pas éclairé par une telle force intérieure ne favorisera pas cette démarche.

Ayant connu les deux côtés de la médaille, dans ma vie privée et dans ma vie professionnelle, je tiens à souligner les deux points suivants. Tout d'abord, chercher en soi un guide spirituel et le suivre demande un effort réel. Presque tout dans la vie — rencontres, événements, possessions, ambitions, désirs et peurs — détourne notre attention. Je dois **constamment** me rappeler que je ne suis pas le capitaine de ma barque et qu'un guide intérieur peut m'assister si je le lui demande.

Bien qu'un tel niveau de foi soit difficile à maintenir, je crois que je ne pourrais plus vivre autrement. Je ne voudrais, pour rien au monde, revivre cette période ou retourner à ce que j'étais quand je croyais détenir toutes les réponses en moi-même. Je sais maintenant que toute guérison, qu'il s'agisse de celle d'un membre, d'un cœur ou d'un esprit, est l'œuvre de plus haut que nous. Celles qui veulent aider les autres peuvent le faire en se référant à ce guide, humblement et avec reconnaissance.

Mon propre rétablissement ne résulte pas de mes nombreuses années d'études, ni de mon expérience professionnelle ni des thérapies que j'ai suivies. Pourtant, Dieu sait que j'ai longtemps cherché la réponse dans ces directions. Dans ma quête, j'ai exploré plusieurs voies ; certaines ont eu des effets désastreux, d'autres ne donnèrent aucun résultat et quelques-unes parvinrent à m'aider un peu. Ma guérison a eu lieu, et continue d'avoir lieu, au sein d'un groupe de soutien composé de personnes qui suivent certains principes spirituels. Dans ce groupe, il n'y a pas d'expert. Nous sommes égaux et nous devons, chacun à notre façon, nous accepter, nous comprendre et nous aimer les uns les autres. On ne réclame pas d'argent, aucun conseil n'est prodigué et aucune pression n'est exercée pour changer les autres. C'est ce qui se rapproche le plus, selon moi, de l'amour sans condition, et son pouvoir de transformation continue de me surprendre.

Je ne travaille plus comme thérapeute parce que je ne peux plus exiger de paiement pour faire connaître les moyens qui m'ont été donnés gratuitement et qui m'ont permis de transformer ma vie. Ces moyens sont la seule chose que je puisse partager, à condition que quelqu'un désire vraiment les recevoir. C'est la seule approche efficace que je connaisse pour le traitement des dépendances. C'est le don qui vient d'une volonté plus grande que la nôtre. Cela nous est offert, ou transmis, mais ne provient jamais de nous. Je considère comme un privilège le fait de pouvoir transmettre cette découverte.

Je n'essaie pas, en expliquant tout cela, de prescrire une méthode pour les autres thérapeutes ou de les blâmer. Il n'y a pas de façon universelle de vivre ou de travailler. Je tiens seulement à raconter mon expérience.

Ce pour quoi je voulais faire une analyse a peut-être quelque chose à voir avec les réserves que j'ai maintenant à ce sujet. Je crois que la plupart des gens cherchent à suivre une thérapie pour les mêmes raisons qu'ils développent des dépendances : pour éviter d'affronter leur douleur qui commence à atteindre un seuil intolérable, pour l'alléger, l'éliminer ou la contourner. En fait, on reçoit un immense cadeau quand le thérapeute, ou quelqu'un d'autre, nous aide à reconnaître la possibilité d'apprendre de notre souffrance et qu'il nous encourage à la combattre. Selon moi, il serait plus facile pour le psychologue de guider ses patients s'il appliquait lui-même ces principes dans sa vie.

La douleur émotionnelle qu'une personne ressent provient de son refus d'accepter honnêtement quelque chose **qu'elle sait déjà**. Quelle que soit la nature de ce qu'elle se cache, elle trouve le sujet trop menaçant, trop accablant, trop honteux ou trop insupportable pour le reconnaître. Elle lutte pour l'empêcher de faire surface, jusqu'à la limite du supportable. Alors elle doit lui faire face.

## Personne n'a l'exclusivité de secrets abominables.

Pour changer et grandir, on doit accepter, en quelque sorte, d'être crucifié par sa douleur, afin d'en tirer les leçons nécessaires pour continuer à vivre. Souvent, pour retrouver le véritable moi enfoui sous toutes ces images extérieures et ces mensonges intérieurs, on doit abandonner ses certitudes, son histoire familiale et sa situation, l'essence même de ce que l'on croit être. Très peu de gens sont prêts à vivre un tel renoncement, même s'il mène à une transformation. Ils cherchent à éviter la souffrance alors qu'ils devraient plutôt chercher à se frayer un chemin vers eux-mêmes **à travers** elle.

La douleur émotionnelle est à l'inconscient ce que la douleur physique est au corps, un signe que quelque chose ne tourne pas rond. C'est un avertissement. Si l'on veut guérir, on doit accepter cette douleur comme un sage qui frappe à la porte. On doit être prêt à recevoir les leçons qu'elle recèle. Vivre, c'est grandir et apprendre, mais ce sont là des processus qui deviennent contraignants à cause de notre **refus de les accepter**.

Nos plus grands problèmes proviennent de nos efforts désespérés pour faire face à nos responsabilités. Nous devons reconnaître la réalité, l'explorer, profiter de l'expérience et poursuivre notre chemin, reconnaissants pour les enseignements reçus sur nous-mêmes et sur l'humanité tout entière. Car notre souffrance n'est pas unique. Personne n'a l'exclusivité de secrets abominables. Ce que nous vivons, d'autres l'ont vécu et d'autres le vivront. Ce qui nous aide à guérir, ce que nous avons affronté peut servir d'exemple et de soutien. Nous sommes tous thérapeutes, confrères, guérisseurs et prêtres, dans la mesure où nous poursuivons notre guérison, où nous sommes honnêtes, humbles et prêts à nous soumettre à une volonté plus grande que la nôtre.

D'un autre côté, faire une analyse n'est pas sans risques, peut-être parce qu'il ne s'agit pas d'un rapport à égalité, peut-être aussi parce que l'individu qui recherche de l'aide pour régler ses problèmes émotionnels est extrêmement vulnérable. Au moment où j'écris, trois thérapeutes (dont deux sont aussi des ministres du culte) sont poursuivis en justice dans la ville où j'habite. Ils sont accusés d'avoir eu des agissements sexuels inacceptables avec des patients. Ce comportement n'est qu'une des façons, pour un psychologue, de violer la confiance de son patient. Les diplômes n'assurent pas la compétence nécessaire pour assister les autres. En fait, des thérapeutes peuvent blesser psychologiquement leurs patients en commettant des erreurs professionnelles ou parce qu'ils ont de sérieuses faiblesses caractérielles. Beaucoup de gens choisissent une profession qui leur permet de se consacrer aux autres parce que, en fait, ils sont malades eux-mêmes. Nous héritons souvent des habitudes et des composantes biochimiques de notre propre famille. Nous devons donc les identifier. Tant qu'on ne les reconnaît pas et qu'elles ne sont pas soignées, elles influencent négativement notre vie personnelle et professionnelle ; pour éviter notre propre douleur et garder nos menaçants secrets, nous nous concentrons sur les problèmes des autres.

Cela ne veut pas dire que les thérapeutes ne peuvent pas être des guides sages et habiles pour ceux qui les consultent. Mais ils sont humains, et, souvent, leurs vies changent et prennent des directions qui ne sont pas nécessairement celles qu'ils désirent ou qu'ils veulent bien laisser paraître. La question est de savoir ce que doit faire un professionnel dont la crédibilité est inextricablement liée à son équilibre personnel, quand, pour une raison ou pour une autre, sa vie devient de plus en plus désorientée.

Ce dilemme a été l'un des plus difficiles que j'aie

jamais eu à résoudre. Mais ce fut aussi pour moi l'une des expériences les plus importantes et les plus enrichissantes de ma vie. Je sais maintenant pourquoi j'ai choisi une telle carrière.

La profession de thérapeute m'attirait, non seulement parce que je voulais aider les autres, mais aussi parce que j'avais, depuis toujours, une vive douleur émotionnelle que je voulais soulager. Mais plus je travaillais, plus il m'était difficile d'accepter en toute honnêteté que je n'avais toujours pas trouvé mes réponses et que parallèlement ma souffrance augmentait. Trop souvent, le besoin de paraître expérimentée m'empêchait d'accepter mon état tel qu'il était. Le fait de devenir thérapeute a rendu mon rétablissement plus laborieux. L'orgueil et la peur de perdre ma crédibilité professionnelle m'empêchèrent de m'arrêter et ma situation continua d'empirer. Je dus en arriver à un point extrême où j'étais prête à tout laisser tomber pour commencer à guérir.

Je ne peux décrire les souffrances et les difficultés que je traversai avant de parvenir à m'abandonner. Je connais une femme qui n'a pas encore admis que la thérapeute qui comprenait si bien ses problèmes se soit suicidée. La psychiatrie est la profession où l'on retrouve le taux le plus élevé de suicides. Tous les analystes savent à quel point la pression monte quand sa propre vie devient impossible. On est poussé à être de plus en plus sur ses gardes, de peur de perdre la confiance de ses patients et la sécurité de sa carrière. Mais on peut décider de reconnaître sa vulnérabilité, d'apprendre humblement la leçon qui se présente, se ressaisir et poursuivre sa route. En cherchant à se guérir soi-même, bien que ce soit là une étape effrayante à envisager, nos fardeaux peuvent se transformer en grâces. Nous voyons plus clair et nous comprenons mieux ceux que nous voulons aider. Sur la voie de la guérison, j'ai vu que je n'avais rien perdu d'essentiel et que ma vie se transformait d'une manière que je n'aurais jamais pu imaginer. Je sais que je ne suis pas la seule à vivre de telles épreuves. La convalescence apporte avec elle deux assurances : l'existence devient de plus en plus belle et on est plus que jamais capable de soutenir les autres.

Le personnes qui peuvent le mieux comprendre pourquoi les gens suivent des thérapies sont celles-là mêmes qui en ont suivi et qui ont atteint un certain niveau de rétablissement. Les professionnels de l'aide qui ne possèdent pas une formation adéquate dans le domaine des dépendances et qui n'ont pas connu personnellement ce qu'est la guérison d'une telle maladie ignorent souvent à quel point les programmes Anonymes peuvent secourir leurs patients. Ils en sous-estiment l'importance. La lettre qui suit illustre cette inexpérience.

*Chère Robin Norwood,*

*J'ai brièvement jeté un coup d'œil à votre livre, convaincue qu'il me prouverait une fois de plus qu'il n'y a pas d'espoir pour moi. Mais vous visez juste, dans la mesure où je peux porter un jugement car mes connaissances dans ce domaine sont minces.*

*J'ai 29 ans, je suis boulimique, anorexique, dépendante, alcoolique — je ne vais pas très bien, quoi. Je suis en thérapie depuis l'âge de 9 ans. L'année dernière, j'ai séjourné trois mois dans un hôpital privé ; c'est là que j'ai eu mes premières crises d'anxiété/panique. C'est arrivé encore hier et mon médecin est absent.*

*Je vis exactement les mêmes relations avec mon thérapeute que celles que vous décrivez dans votre livre. Au début, je l'ai supplié de ne pas permettre que je l'aime autant, mais il a dit que c'était bien, qu'il m'aimait aussi, qu'il ne m'abandonnerait jamais, ne me tromperait pas et ne briserait pas notre engagement. Il m'a dit qu'il désirait vraiment prolonger notre relation de médecin à patient, qu'il m'aimait vraiment et qu'il voyait en moi des choses sensationnelles.*

*Quand j'étais à l'hôpital, il venait me voir tous les jours, y compris le dimanche. Depuis que j'en suis sortie, je le rencontre trois fois par semaine. Ça fait un an et je vis d'une consultation à l'autre. Si je pouvais mourir, si je pouvais avoir le courage de me tuer, croyez-moi, j'en serais soulagée. Ce ne serait pas ma première tentative ; et il n'est pas question de faire ici des menaces. Je sais combien cela serait égoïste et lâche de ma part. Je suis à bout de nerfs et confuse. Il faut que je dise qu'au début j'ai demandé au thérapeute s'il envisageait la possibilité d'une intimité physique. Il m'a répondu que j'étais trop fragile, et que cela me détruirait, mais que rien n'était impossible. Il ne pouvait envisager cette éventualité pour le moment. Pendant mon séjour à l'hôpital, j'ai dépensé 15 000 dollars en vêtements lors d'une sortie, simplement pour pouvoir m'habiller différemment chaque jour. Je ne pouvais porter deux fois la même robe. Je me consumais moi-même, littéralement affamée. Deux Sally habitent mon corps.*

*J'ai souvent tenté d'entrer en contact avec d'autres psychologues. Je lui en parlais, mais il me dominait tellement que j'annulais mes rendez-vous, à son gré. Un ami de ma mère est un brillant et influent professeur de médecine, ici dans l'Est, et a plusieurs fois essayé de prendre rendez-vous pour* moi. Il a finalement cessé de le faire, voyant que je les décommandais tous.

Mon enfance est à l'avenant. Elle s'apparente à celles que vous avez décrites dans votre livre. Il en va de même pour les hommes de ma vie : ils doivent avoir au moins 300 millions en banque ou je les méprise. A cela s'ajoute le fait que j'ai quitté la maison de mes parents relativement tôt pour être strip-teaseuse, etc.

Un des points déterminants était/est l'abandon. Mon père a quitté la maison quand j'avais 4 ans. Quand il disait qu'il viendrait me voir, je me faisais toute belle, mais il ne se montrait jamais. Il détestait ma mère et je faisais partie d'elle... Nous avons fait en sorte qu'il se sente inapte. Je fais de même aujourd'hui avec les hommes.

Il y a deux mois, mon thérapeute est allé en Floride pour ses vacances. (Il me donne son emploi du temps à l'avance pour que je ne m'affole pas.) En revenant, il m'a annoncé qu'il partait de nouveau pour la Floride dans deux mois. Abandon. A partir de là, tout a changé. Il dit qu'il m'aime mais (1) que notre relation restera toujours médecin/patiente, (2) qu'il n'est pas ma mère, ni mon père, ni ma fille, ni mon fils, etc. ; (3) la note que j'ai toujours payée avec assiduité est devenue un point crucial même s'il m'a toujours dit de ne pas m'inquiéter, que c'était secondaire. Il est devenu distant et froid ; je sentais et savais qu'il n'était pas avec moi pendant les séances : il était déjà parti. Je ne demeure dans cette région que pour pouvoir poursuivre ma thérapie avec lui. Je déteste ça, ici.

Quand il m'a dit qu'il partait, j'ai d'abord dirigé ma colère contre moi-même, et je me suis ouvert les veines. Nous avons ensuite décidé que je déménagerais aussi en Floride. Je me sentais très forte, capable de courir le marathon. Il était vraiment excité. Rien n'est conséquent. Il a tout emporté avec lui. En d'autres mots, tout ce dont j'avais le plus peur est arrivé.

Je l'aime assez pour le laisser partir. Je l'aime assez pour aller jusqu'en Floride poursuivre ma thérapie, s'il s'agit bien de cela. Mais la question est : que se passe-t-il ?

Excusez-moi de l'aspect brouillon de ma lettre, mais j'ai vraiment un problème. J'espère que vous pourrez m'aider.

Nous avions pris cet engagement idiot : si j'arrêtais de vomir, il m'emmènerait dîner dans une cafétéria. Jamais, dans mes rêves les plus fous, je n'ai envisagé de mettre les pieds dans une cafétéria. Eh bien, j'ai tenu ma promesse et il ne m'y emmènera pas. Ça a l'air ridicule, mais ça me brise le cœur. Vraiment. Il sait à quel point c'était important pour moi.

Sally V.

En lisant la lettre de Sally, j'étais vraiment furieuse contre ce thérapeute qui avait agi de façon si peu professionnelle. L'aspect sexuel de leur relation m'a vraiment choquée et j'ai compris que Sally était la victime d'un opportuniste qui se servait de son métier pour rencontrer et séduire des femmes vulnérables comme elle. On sait que de tels thérapeutes existent, et cette nouvelle preuve renforçait ma tendance à penser que les femmes sont plus en sécurité avec des médecins de leur sexe.

La seule chose appropriée aurait été que cet homme adresse Sally à une psychologue expérimentée dans le traitement des dépendances. En relisant cette lettre, je vois chez cet individu un comportement de codépendant plutôt qu'un comportement malhonnête. Cette opinion est aussi fondée sur une conversation que j'ai eue avec Sally (j'étais à ce point troublée par son cas que je décidai de faire exception à la règle et de communiquer par téléphone avec elle). Notre entretien me permit de constater que Sally voulait continuer à vivre ses dépendances sans les entraves d'un traitement sérieux et que le drame de sa vie de tous les jours était sa source première de divertissement. Elle ne tenait pas du tout à consulter une thérapeute, comme je le lui suggérais, ni à participer à un programme Anonyme.

Le fait qu'elle déclare avoir quitté très jeune la maison pour devenir strip-teaseuse et le « etc. » suggestif qu'elle ajoute me donnent à penser qu'elle souffre probablement d'une sexualité compulsive. Très souvent, les femmes qui deviennent strip-teaseuses, prostituées, ou qui gagnent leur vie par le sexe ont un passé d'agressions sexuelles et un besoin de recréer le traumatisme pour le dominer. C'est un problème sérieux, mais Sally doit d'abord régler sa dépendance aux substances chimiques.

Mon échange avec elle m'a rappelé à quel point les efforts d'amis, de parents et de professionnels sont inutiles pour aider une personne dépendante à changer. Tout ce qu'on est naturellement porté à faire ne sert à rien. Tantôt on essaie d'aider, tantôt on veut punir. Les deux réactions sont de type coalcoolique : il y a la pitié et l'impression erronée que si l'on peut lui faciliter le travail ou lui remonter le moral, la personne sera suffisamment encouragée pour bouger. Toute cette logique est superflue, car les gens ne changent que si leur douleur est réellement intolérable. En soutenant cette personne, nous apaisons sa douleur et prolongeons sa maladie.

Quand nos efforts échouent, nous voulons que le malade souffre, dans l'espoir qu'il comprenne enfin. Peut-être est-ce dû aux substances qu'il consomme, mais son seuil de tolérance est supérieur au nôtre. Avant lui, nous ne supportons plus sa souffrance et pris par le remords et la pitié, nous nous retrouvons rapidement en train d'essayer de l'aider à nouveau.

La seule chose que nous puissions faire est d'informer la personne, de lui expliquer ce que sont les maladies de dépendance et comment elles évoluent, quelles en sont les conséquences et quel est le meilleur moyen de les traiter. Nous devons ensuite nous retirer et la laisser décider. La plus grande différence entre le thérapeute de Sally et moi est que face à la résistance de Sally, j'ai su m'éclipser. Il est plus facile de s'effacer devant les personnes qui refusent d'entreprendre sérieusement leur guérison quand on a connu plusieurs années d'efforts inutiles.

Il est très difficile, pour un professionnel, de rester neutre et de s'en tenir à ce qui fonctionne dans le traitement sans essayer d'accélérer les choses, sans vouloir faire d'exceptions, sans convaincre et sans chercher à rien imposer. Et comme si la situation n'était pas assez compliquée, plusieurs ont choisi cette carrière à cause de leur besoin de sauver les autres, ou de les dominer, ou les deux. Mais par respect pour la personne dépendante, nous devons abandonner notre rêve d'être celui ou celle qui peut jouer un rôle déterminant dans sa vie. Nous devons accepter la frustration de travailler avec des malades qui, en général, ne se rétablissent pas. Notre intérêt pour le patient doit être aussi impersonnel qu'authentique. Sa guérison doit être plus importante pour lui que pour nous. Sinon, nous nous investissons trop, ce qui n'est bon ni pour l'un ni pour l'autre.

Il est impossible de connaître avec certitude les motifs des agissements du thérapeute de Sally. Peut-être était-il un coureur de jupons de la pire espèce, profitant de la fragilité de ses patientes. Peut-être a-t-il agi comme il l'a fait dans l'espoir de convaincre Sally qu'elle peut être aimée et afin de lui donner une occasion de guérir et de reprendre confiance en elle, en lui permettant de vivre une relation stable et affectueuse. Peut-être était-il déconcerté, comme tant d'entre nous qui travaillent dans ce domaine. Sans une compréhension réelle du niveau de manipulation dont est capable une malade entêtée du calibre de Sally, ses efforts, inefficaces ou intéressés, étaient voués à l'échec. Sally est encore prisonnière de toutes les dépendances dont elle souffrait au début, mais elle voit son analyste comme son problème le plus important.

Son cas est un avertissement pour nous tous. On doit se méfier des thérapeutes qui croient pouvoir amener quelqu'un à changer en l'aimant. Même s'il est tentant de croire que l'amour et la sagesse d'un médecin peuvent, comme par magie, provoquer la transformation rêvée, ce n'est pas de cette façon que le patient recouvrera la santé. Il doit faire ce chemin lui-même, le thérapeute ne peut que le guider.

Les soignants doivent se méfier des patients qui ne viennent que pour s'acheter une solution. Aucun spécialiste ne peut jouer ce rôle, pas plus que ne le peuvent les amis, les parents, les enfants, la femme ou le mari. La guérison s'opère au sein de chaque personne, avec l'aide d'une puissance supérieure beaucoup plus grande que le pouvoir que détient le professionnel, même si celui-ci et son patient aimeraient qu'il en soit autrement.

L'auteur de la lettre suivante est intoxiqué par sa relation et plus particulièrement coalcoolique. Encore une fois, on remarque l'incapacité de la thérapeute à diagnostiquer le problème de sa patiente comme une maladie primaire et à choisir le traitement approprié. Elles obtiennent peu de résultats malgré leurs efforts sincères.

J'ai remarqué que la guérison d'une dépendance peut être retardée si la thérapeute consultée ne comprend pas parfaitement l'approche d'un programme Douze Etapes et si elle n'encourage pas le travail dans ce sens. Si elle croit qu'elle peut réussir, par la thérapie seule, à entamer le processus de guérison, elle rend un mauvais service à sa patiente. Elle permet ainsi à la dépendance de continuer ses ravages malgré ses efforts et ceux de sa patiente, sans compter que celle-ci dépensera beaucoup d'argent et de temps inutilement. Plusieurs personnes qui travaillent dans le domaine des dépendances ont observé que l'analyse seule donne rarement des résultats dans un cas semblable. Même quand la thérapeute a identifié la dépendance qui afflige la patiente et qu'elle aide celle-ci à voir son comportement malsain et à en comprendre les causes, la patiente **ne peut généralement se séparer de ses habitudes**. L'information, l'identification et la compréhension ne suffisent pas à arrêter le processus. Les efforts du médecin pour aider la malade à se contrôler n'auront pas plus de succès parce qu'ils finissent à la longue par faire partie de la dépendance. La thérapeute ressent bientôt de la frustration et de la

colère, et sa patiente de la culpabilité et de l'amertume.

Pour aider les personnes dépendantes, on doit
comprendre parfaitement le concept de la dépendance en tant que maladie, ainsi que les notions
d'abandon et d'impuissance qui entrent en jeu pendant la guérison. On doit encourager fortement
leur participation à un programme Anonyme approprié.

Un soignant peut, par exemple, ne pas comprendre l'idée que sa patiente s'en remette à une
volonté divine, voyant là l'expression d'un besoin
immature. Ou encore, il peut ne pas se rendre
compte que, pour qu'il y ait guérison, le comportement compulsif doit être arrêté. Il peut aussi
l'encourager, ouvertement ou subtilement, à tenir
d'autres personnes pour responsables de sa dépendance (le blâme entraîne la rancœur et celle-ci
nourrit la dépendance) ou encore lui suggérer
d'affronter les autres et de réparer ses torts, plutôt
que d'encourager un abandon qui favoriserait le
rétablissement. A moins d'avoir lui-même souffert
d'une dépendance et d'être parvenu à maintenir
sa convalescence, le thérapeute aura de la difficulté à respecter réellement sa patiente et la puissance de sa maladie, et encore plus à reconnaître
le temps nécessaire pour qu'elle guérisse. C'est
cette expérience personnelle qui permet d'aider la
personne souffrante en prévoyant les étapes, les
difficultés propres à chacune, les problèmes à résoudre et le danger de rechute s'ils ne sont pas résolus.
Mais, encore une fois, la marraine d'un programme
Anonyme est tout à fait capable de le faire.

Par ailleurs, un professionnel est mieux habilité
à aider la patiente à fouiller profondément dans
ses problèmes familiaux. Il peut vraiment soutenir

lorsqu'un traitement familial est nécessaire, incitant les membres à analyser leurs rôles respectifs et à voir comment ils ont permis à la maladie de progresser. Enfin, une thérapie familiale permet à chacun de se redéfinir de façon à encourager la guérison individuelle ainsi que celle de l'unité du foyer. Lorsqu'elle est efficace, une telle démarche décourage l'habitude de rejeter le blâme sur l'autre et favorise la prise en charge de ses actes et de son comportement.

Depuis quelques années, des spécialistes qui traitent les alcooliques et les drogués ont entrepris d'associer cette approche familiale aux programmes Douze Etapes. Cette approche est également utilisée dans le traitement de la compulsion alimentaire et de la dépendance sexuelle. Mais, jusqu'à maintenant, on ne considère pas la dépendance affective comme une maladie aussi grave, peut-être à cause de la tendance que l'on a à la voir culturellement comme une manifestation romantique, même quand elle est destructrice.

A part quelques programmes de traitement, la dépendance dans les relations est rarement perçue autrement que comme un manque de perspicacité dans ses choix amoureux. Vivre une aventure amoureuse irréfléchie n'a pas de commune mesure avec «l'aimer-trop». Il y a plusieurs années, lorsque la consommation de marijuana et, plus tard, de cocaïne devint très populaire, les médecins déclaraient qu'elle ne représentait pas de danger d'intoxication. On dut, par la suite, reconnaître l'accoutumance que ces drogues provoquaient. La dépendance dans les relations est, elle aussi, un nouveau concept qu'il est nécessaire d'étudier à fond.

Je ne crois pas qu'une thérapie seule puisse guérir une dépendance. Le malade peut être en rémission quelque temps, mais il va rechuter de plus belle à moins d'avoir entrepris une recherche spirituelle assidue.

La lettre qui suit est un rappel de ces problèmes. Mary Ellen commence une analyse à cause de sa souffrance émotionnelle et du désarroi que lui crée sa dépendance affective. Parce que la nature de son comportement n'a pas encore été diagnostiquée ou traitée, le travail conjoint de Mary Ellen et de sa thérapeute n'a mené à rien. En fait, sa maladie s'aggrave.

*Chère madame Norwood,*

*J'ai divorcé d'un alcoolique il y a maintenant neuf ans ; depuis trois ans, je suis en thérapie avec une psychologue. Je suis allée la voir après avoir mis fin brusquement à ma relation avec un autre alcoolique.*

*Tout au long de mon mariage et de cette liaison, j'ai connu le désespoir et le besoin irrésistible de téléphoner sans arrêt à chacun de ces hommes, que vous décrivez dans le premier chapitre.*

*J'ai toujours pensé que je pouvais retrouver mon ex-mari..., qu'il était là, quelque part, m'aimant encore, mais incapable de reprendre contact avec les enfants et moi, à cause de sa maladie. Je n'ai jamais cessé d'y croire. Chaque fois que je le voyais (il habite la Californie et moi l'Oregon), je faisais l'amour avec lui et pensais que, si je lui montrais combien je l'aimais, il changerait.*

*Je ne l'avais pas vu depuis deux ans quand, en mai dernier, comme je me rendais en Californie pour affaires, j'ai pris «rendez-vous» avec lui. N'ayant eu de relation d'aucune sorte depuis quelques années, le revoir me paraissait être la réponse à mes prières. Bien sûr, il buvait encore et n'avait rien fait pour améliorer sa vie, mais il m'accordait encore son amour et son attention. Pour résumer l'histoire, disons que nous nous sommes alors rapprochés l'un de l'autre et avons fait la navette tout l'été. Nous parlions de son déménagement en Oregon et de repartir à zéro, quand il a fait une crise cardiaque, en août, alors que j'étais auprès de lui.*

*J'ai été à l'unité des soins coronariens pendant trois semaines. Son cœur est sérieusement endommagé et une grave pneumonie l'a touché ; pour compliquer le tout, il a souffert d'une sérieuse attaque de tétanie pendant trois jours, à la suite du brusque sevrage de l'alcool.*

*J'ai alors mis son médecin au courant de notre situation. S'adressant à moi et à mes deux beaux-frères (tous deux d'anciens alcooliques), il a laissé entendre que Michael n'avait aucune chance de guérir s'il restait en Californie et reprenait son travail. Portier d'un grand hôtel, il transportait des bagages parfois très lourds. De plus, il fumait et buvait trop. Toujours est-il que, après sa sortie de l'hôpital, il s'est installé en Oregon avec moi. Le médecin m'avait prévenue que j'acceptais une lourde charge ; mais je voulais que Michael soit avec moi et je croyais que c'était la seule façon. Il est resté six mois.*

*Tout au long de notre cohabitation, je sentais qu'il pensait retourner en Californie et reprendre son ancien travail. Ses frères et moi ne cessions de lui répéter que sa santé ne le lui permettrait pas. J'ai tout fait pour que les choses se passent bien, mais lorsqu'il parlait de la Californie, je faisais probablement la sourde oreille ou je changeais de sujet. Il avait même l'air heureux, la plupart du temps, et a entrepris un programme de réhabilitation cardiaque ici même, en Oregon.*

*Mais il est parti, un jour, avec l'auto de mon fils aîné, emportant la plupart de ses vêtements. Il m'a téléphoné pour me dire qu'il devait aller renouveler sa police d'assurance-invalidité, échue six mois auparavant, et qu'il reviendrait dans quelques jours. Deux jours plus tard, j'ai téléphoné à son frère pour apprendre qu'il s'était remis à boire dès son arrivée en Californie et qu'il ne voulait pas me parler. Après une autre journée d'appels incessants, il a finalement consenti à m'écouter, mais comme un enfant qu'on réprimande. Il est revenu une semaine plus tard, avec l'auto, après avoir bu et roulé toute la nuit, et m'a demandé de le conduire immédiatement à la gare. Il se disait bon à rien et voulait me rendre service en disparaissant de ma vie. Il ne voulait parler de rien, à la fois très déprimé et hostile.*

*Je l'ai conduit à l'autobus. Je suis sans nouvelles de lui depuis. Il n'a pas parlé avec ses frères, mais l'un d'eux a découvert qu'il habite à gauche et à droite chez ses amis alcooliques, et qu'il a repris son ancien style de vie.*

*Ça, c'était la toile de fond. Je sais, intellectuellement parlant, qu'il fait ce qu'il veut et que je ne peux ni l'aider ni le changer. Je voudrais oublier tout cela et vivre ma vie, mais c'est tellement difficile. Je ne désire que prendre le téléphone, le retrouver et lui parler, même si je sais qu'il n'y a rien à dire.*

*Je décourage ma thérapeute qui croit que je me laisse trop aller, que je n'ai pas la volonté de modifier mes patterns et mon comportement destructeur. Cela me fâche parce que je pense qu'elle n'a pas le droit de m'abandonner en ce moment, quand tout va si mal pour moi.*

*Je sais qu'il n'y a pas de remède miracle. J'ai*

pensé m'inscrire au Al-Anon, mais ce n'est pas vraiment mon problème puisque je n'ai pas à composer avec un partenaire alcoolique. Je ne vis plus avec lui et je ne le reverrai probablement pas d'ici son enterrement, ce qui ne devrait pas tarder.

Par ailleurs, mon enfance ne ressemble pas à celles que vous décrivez. Il y a toutefois eu des problèmes quand mon père est mort ; j'avais 10 ans et ma mère a eu beaucoup de difficulté à assumer sa solitude avec une adolescente sur les bras. J'ai grandi toute seule. Mon frère et ma sœur, d'âge adulte, étaient partis de la maison. Quand je me suis mariée avec Michael, j'étais enceinte. Ils s'opposaient à cela et je crois qu'ils se sont désintéressés de mon sort.

Ma carrière se porte bien. Je travaille fort depuis huit ans pour une grosse compagnie et, aujourd'hui, j'occupe un poste de direction. Je termine une maîtrise en administration des affaires et j'obtiendrai mon diplôme en mai. Mes enfants sont merveilleux et s'entendent bien. Même le départ de Michael ne les a pas affectés outre mesure. Ils ont rencontré ma thérapeute qui pense qu'ils n'ont jamais cru, comme moi, qu'il était revenu pour de bon. Le problème est en moi. Je ne peux pas l'oublier, j'ai l'impression d'avoir tout juste divorcé pour la seconde fois, et que ma vie n'a plus de sens. Je n'ai plus envie d'aller travailler ou d'étudier ; je m'y efforce pourtant en présence des enfants.

Avez-vous des suggestions à me faire ? Ma thérapeute (que j'aime bien et en qui j'ai pleine confiance) croit que je devrais voir un psychiatre pour faire évaluer ma médication (en ce moment, je prends plusieurs médicaments à cause d'une sérieuse hyperthyroïdie apparue en novembre dernier). Elle me suggère d'aller chercher un deuxième avis, et pense qu'on identifiera peut-être quelque chose qui lui échappe.

Je ne lâche pas. J'aimerais plus que tout avoir une relation saine avec un compagnon stable. Je n'y suis jamais arrivée. Comme on dit dans Ces femmes, ce genre d'homme m'ennuie.

Avant cinq ans, mes enfants auront quitté la maison. Cette idée me terrifie, tout comme la quarantaine qui arrive dans quelques mois. Comment se fait-il que tout aille bien pour moi, sauf dans ma vie personnelle?

Mary Ellen J.

Chère Mary Ellen,

Vous écrivez: «Je sais, intellectuellement parlant, qu'il fait ce qu'il veut et que je ne peux ni l'aider ni le changer. Je voudrais oublier tout cela et vivre ma vie, mais c'est tellement difficile. Je ne désire que prendre le téléphone, le retrouver et lui parler, même si je sais qu'il n'y a rien à dire.»

Vous vivez le même dilemme que l'alcoolique qui, sachant que l'alcool aggrave les choses, ne peut s'empêcher de boire. **Votre mari** est une drogue pour vous, aussi dangereuse que la dépendance à des produits chimiques. En fait, on pourrait comparer votre cas à celui d'un toxicomane; chaque aspect de votre vie est affecté par votre dépendance: vos relations, votre travail et votre santé.

## Il faut considérer que la plupart des intoxiqués ne guérissent jamais. Ils meurent de leur dépendance.

Votre thérapeute est exaspérée que vous ne puissiez vous libérer de votre servitude qui est, dans votre cas, liée à un coalcoolisme. Comme tous les intoxiqués, vous ne pouvez vous guérir seule ou avec l'unique secours de la thérapie. Vous avez besoin de suivre un programme. Idéalement, votre médecin devrait insister pour que vous participiez au programme Douze Etapes approprié et elle devrait en comprendre parfaitement les principes, afin de soutenir votre rétablissement par une approche thérapeutique parallèle.

Mary Ellen, votre hésitation devant Al-Anon est semblable à celle de l'alcoolique devant les Alcooliques Anonymes. J'espère que vous voulez suffisamment vous en sortir pour commencer à y assister plusieurs fois par semaine. C'est un programme destiné aux familles et aux amis d'alcooliques.

Il faut considérer que la plupart des intoxiqués ne guérissent jamais. Ils finissent presque tous par mourir de leur dépendance, quelle qu'elle soit. Je ne crois pas exagérer en prédisant que, étant donné votre état de santé, vous êtes en train, comme votre mari, de détruire votre vie.

Si vous consacrez les cinq prochaines années à votre guérison, je crois que vos problèmes physiques vont disparaître, comme tous ceux qui affectent les autres aspects de votre existence. Quand vos enfants auront atteint l'âge où ils devront vous quitter, vous vous sentirez moins seule que jamais auparavant.

*Chère madame Norwood,*

*J'ai suivi plusieurs thérapies jusqu'ici, mais aucune n'a suscité chez moi de changement réel.*

*Même si je fais plus jeune que mon âge et si je plais encore malgré mes 50 ans, je n'ai plus beaucoup de temps pour développer une liaison saine. Je sors tout juste d'une relation de neuf ans avec un homme qui me traitait mal, un homme insensible à mes besoins, qui fréquentait d'autres femmes et qui en a même épousé une (elle habitait dans une autre ville). J'ai supporté cette situation, jusqu'à ce qu'elle exige de vivre avec lui. Il voulait me garder comme maîtresse et me voir une fois toutes les trois semaines! C'en était trop (ou trop peu), même pour moi.*

*En lisant votre livre, j'ai beaucoup pleuré. Je me rappelais combien mes parents semblaient avoir besoin l'un de l'autre, presque au détriment de leurs enfants. Tout au long de ma relation avec cet homme, j'avais toujours l'impression que si je pouvais arriver à me faire aimer de lui, tout irait pour le mieux dans le meilleur des mondes. Comme mon père, cet homme s'est montré capable (bien que de façon imparfaite) d'aimer une femme. Pourquoi n'était-ce pas moi? Je n'ai pas encore trouvé la clé de cette énigme.*

*Je devrais sans doute ajouter qu'à partir de 12 ans, j'ai fait dépression sur dépression; la seule chose qui m'ait réellement aidée, et c'est récent, ce sont les médicaments que donnent les psychiatres. Ce qui ne veut pas dire que mon problème est réglé, mais simplement que les pilules me permettent de fonctionner. Sans elles, je suis déprimée et j'ai peur d'être hospitalisée.*

*Je vous remercie de prendre le temps de me lire et surtout celui de me répondre.*

*Tanya L.*

Chère Tanya,

Beaucoup de femmes qui aiment trop ont toute leur vie de sérieux problèmes de dépression endogène[*]. J'ai, moi-même, passé une bonne partie de mon existence à essayer d'éviter la douleur et de fonctionner malgré les énormes vagues dépressives qui me submergeaient de plus en plus fréquemment.

La dépression endogène vient d'un déséquilibre biochimique souvent provoqué par un stress de nature physique ou émotionnelle. Elle est comparable à l'ivresse. L'équilibre biochimique du cerveau est tout aussi affecté que dans un cas d'intoxication avancée. Plusieurs personnes en crise dépressive particulièrement aiguë ressassent leurs idées noires comme le fait l'ivrogne assis au bar qui ne cesse de délirer à propos de sa femme qui l'a quitté voilà plus de vingt ans. Le dépressif est sans arrêt amené à exprimer un remords, des excuses ou à téléphoner pour se rassurer.

J'ai eu, un jour, l'occasion d'animer un groupe de dépressives dans lequel nous partagions nos expériences. J'étais surprise de voir à quel point nous ressemblions à ces alcooliques qui se rencontrent chez les Alcooliques Anonymes. Comme eux, nous nous rassemblions pour discuter à cœur ouvert de la façon dont notre maladie dévastait

* La dépression endogène résulte d'une anomalie biochimique provenant de causes diverses, tels l'hérédité ou un stress grave et prolongé qui affecte finalement le métabolisme. Elle est souvent liée génétiquement à l'alcoolisme. La dépression exogène se développe en réaction à des événements extérieurs, telle la perte de quelqu'un ; c'est, en quelque sorte, un chagrin. Cependant, pour une personne ayant une tendance à la dépression endogène, toute situation douloureuse (comme le décès d'un proche et la souffrance qui s'ensuit) peut provoquer une crise.

notre vie. Les professionnels entretiennent plusieurs mythes au sujet de la dépression, mais nous, nous parlions de ce que nous vivions vraiment. Nous nous sommes entraidées, nous respectant les unes les autres. Quand la dépression nous menaçait, nous nous rappelions mutuellement de rester calmes plutôt que de nous précipiter sur toutes ces habitudes réflexes destinées à combattre notre malaise. Nous reconnaissions nous sentir coupables et, en réponse à notre impuissance, nous cacher derrière le perfectionnisme. Nous étions nombreuses à provenir de familles où l'alcoolisme et la mésentente étaient monnaie courante et, devenues adultes, nous avions choisi des relations habitées par des rapports de forces. Nous vivions dans la débâcle et la peur que notre dépression n'éloigne notre partenaire et cela nous plongeait encore plus dans l'isolement. Il n'est pas étonnant que pour la plupart d'entre nous notre mal se fût aggravé.

Voici ce qui nous a le plus aidées :
- La participation à Recovery Inc., un programme d'aide mis sur pied par le Dr Abraham Low, psychiatre, pour les gens souffrant d'affections nerveuses.
- Le contact téléphonique dès que nous ressentions de l'angoisse ou du désespoir. Nous avions appris à ne pas attendre d'être submergées avant d'appeler. En agissant rapidement, nous arrivions à atténuer la crise en **diminuant notre stress**.
- L'acceptation de notre sentiment de honte. Nous en parlions ouvertement. C'était la seule chose à faire si nous voulions que d'autres personnes prennent notre problème au sérieux.

- La reconnaissance de la dépression comme une maladie, tel le diabète. Comme les diabétiques qui ne doivent plus consommer de sucre s'ils veulent être en bonne santé, nous avons appris à nous autodiscipliner pour ne plus être paralysées par notre maladie.
- Le recours très rare aux médicaments, personne n'ayant trouvé jusque-là « la solution » de sa dépression dans un médicament, cela ne fut pas difficile.
- L'abstinence envers les drogues et l'alcool. Nous ne pouvions nous permettre de nuire au processus de purification de notre métabolisme.
- La possibilité de se confier aux autres était inestimable. Pour nous rétablir, nous devions régler individuellement nos problèmes mais nous trouvions ensemble un soutien pour persister dans la voie de notre guérison.

La thérapie verbale ne nous avait été **d'aucune utilité**. A cause du stress que les souvenirs exprimés entraînaient, notre état dépressif empirait. De plus, comme une crise de dépression endogène affecte notre fonctionnement cérébral, altère nos perceptions, la thérapie à ces moments-là n'avait plus d'efficacité. Nous avons compris que, le seul rôle approprié d'une thérapeute étant de nous aider à affronter notre maladie, nous pouvions très bien le remplir l'une pour l'autre.

Il est aussi pénible de vivre normalement quand on souffre de dépression endogène que de skier sur une jambe cassée. C'est difficile et douloureux. Le fait qu'il n'y ait pas de blessure évidente complique l'affaire : personne, pas même la malade, ne comprend à quel point elle est atteinte. La honte la pousse à cacher l'oppression que provoque l'effort qu'elle fait pour paraître normale. Et cette situation crée encore davantage de stress.

Comme pour tant de problèmes émotionnels, physiques ou spirituels, l'énergie que dépense la personne dépressive pour dissimuler ses malaises les aggrave encore plus, alors que la détente lui permet de commencer à guérir. Il serait si facile de s'avouer : « Je souffre occasionnellement de dépression à cause d'un déséquilibre biochimique. Quand cela se produit, je ne suis plus moi-même. Je dois me reposer et me calmer jusqu'à ce que je sois bien à nouveau. »

Pour la plupart de celles qui ont participé à ce groupe, la dépression ne disparaîtra pas de leur vie. Mais elles l'accepteront plus facilement, si elles se rappellent que, comme pour l'alcoolisme, leur guérison doit se faire sur trois plans : physique, émotionnel et spirituel. En modifiant certains point à chacun de ces niveaux, nous nous engageons sur le chemin du rétablissement.


*Chère madame Norwood,*

*J'ai lu votre livre sur les conseils de ma thérapeute, que je vois à cause d'un problème potentiel d'alcoolisme. Mes relations semblaient toutes se défaire, et je commençais à me défaire moi-même. Jusque-là, j'ai toujours cru que je faisais ce qu'il fallait dans une liaison mais que je ne rencontrais que des pauvres types qui se foutaient de moi. Je sais maintenant qu'il n'en est rien, et que les hommes m'obsèdent.*

*Des obsessions, j'en ai beaucoup : sucreries, vêtements, cigarettes, alcool, rages de nettoyage et de dépenses. J'ai d'ailleurs été surprise que vous n'in-*

sistiez pas plus sur ce dernier point. Je me sens parfois si mal dans ma peau que je soigne mon image (dénégation), convaincue qu'ainsi on m'aimera. Peine perdue. Je n'en retire que des dettes qui s'ajoutent, bien sûr, à la liste de mes obsessions.

Obtenir de l'aide reste le plus difficile. Oui, je vois une thérapeute, mais devant elle je me sens comme une enfant braillarde. J'arrive à lui déballer mes problèmes, mais je ne réussis pas à m'en défaire et à me prendre en main. J'ai assisté aux réunions des Alcooliques Anonymes, mais je ne m'y sentais pas à ma place parce que je n'avais pas encore « touché le fond ». J'ai assisté aux réunions des Adult Children of Alcoholics, mais là aussi je me sentais mal à l'aise : quand je parlais, j'avais l'impression de me plaindre. J'avais beau entendre des choses importantes, me trouver parmi ces gens m'affolait. Je ne me sens pas assez solide pour créer mon propre groupe. Comprenez-vous ce que j'essaie de dire ? Je me sens coincée.

Pour le moment, je ne veux personne dans ma vie. Bien que je me sente affreusement seule, je ne peux pas m'occuper de moi en présence de quelqu'un. Si je pouvais penser à moi avant tout ! Est-ce que les gens qui viennent de familles normales visent leur propre bonheur avant tout ?

J'ai grandi avec la certitude que pour connaître l'amour, il fallait qu'on se sacrifie, qu'on se soumette, qu'on pardonne et qu'on supporte ses peines. Aujourd'hui, le monde est à l'envers et j'ai manqué le virage, puisque vous dites que l'amour exige de l'égoïsme (le bon). Grandirai-je jamais assez pour aimer de manière à conserver mon identité et à garder contact avec moi-même ?

Jeannie C.

Chère Jeannie,

Votre lettre me porte à croire que vous n'êtes pas prête à faire ce qu'il faut pour guérir. J'espère me tromper car il y a plusieurs sources d'aide dont vous pourriez profiter et qui pourraient changer votre vie.

**Pour aimer véritablement une autre personne, il faut commencer par s'aimer assez pour pouvoir se libérer de la dépendance.**

Vous devriez participer à plusieurs programmes Anonymes qui conviennent, je crois, à votre cas. Pour commencer à grandir, vous devez cesser de boire. Vous perdez temps et argent en suivant une thérapie alors que vous consommez une drogue qui modifie vos perceptions. Après avoir conquis la sobriété, vous pourrez vous attaquer à vos autres problèmes. Assistez aux soirées des Alcooliques Anonymes afin d'apprendre à vous passer d'alcool. Soit dit en passant, la plupart des alcooliques avec lesquels j'ai travaillé se sentaient exactement comme vous. Eux non plus ne croyaient pas être à leur place chez les Alcooliques Anonymes car ils n'acceptaient pas leur état.

Quand vous serez sobre pendant six mois ou un an, vous sentirez le besoin d'aller chercher de l'aide pour faire face à vos autres obsessions.

Vous pourriez faire partie du Al-Anon et des Outremangeurs Anonymes. Ces deux programmes peuvent jouer un rôle important dans votre rétablissement. Mais pas avant d'avoir derrière vous un an de sobriété. Comprenez qu'un alcoolique nouvellement guéri, lorsqu'il participe à une rencontre du Al-Anon, a tendance à s'identifier plus à l'alcoolique, dont la maladie cause tant de souffrances aux autres, qu'aux coalcooliques présents dans la salle ; il peut alors développer un sentiment de culpabilité. Ou alors, l'alcoolique qui n'est pas sobre depuis assez de temps n'arrivera peut-être pas à se concentrer sur son coalcoolisme, et ira éventuellement jusqu'à rechuter. C'est pour éviter de telles difficultés que je vous suggère d'affermir votre sobriété avant de vous préoccuper de vos autres problèmes.

Enfin, il me paraît **plus** important que vous décidiez d'affronter vos dépendances et votre codépendance, en participant aux programmes adaptés, plutôt que de consulter une autre thérapeute ou de lire un autre livre. Les réunions auxquelles vous assisterez vous permettront de traverser votre solitude et de vaincre vos craintes et vos obsessions. Vous y apprendrez comment vous prendre en main pour encourager votre guérison. De plus, l'amour inconditionnel que vous trouverez dans ces groupes vous donnera la force de compter sur vous et vous vous sentirez bien avec vous-même chaque fois que vous aurez dépassé vos mauvaises habitudes. Vous devez apprendre à vous aimer suffisamment pour vous libérer de vos dépendances avant de pouvoir aimer une autre personne.

*Chère madame Norwood,*

*Je travaille dans le milieu de la métaphysique. Je donne des conférences, j'anime des ateliers et j'utilise une technique de guérison qui fonctionne sur le principe du corps émotif.*

*J'ai vécu une semaine avec mon fils dans un centre de réhabilitation pour alcooliques et drogués où l'on utilise votre livre. Ma future bru l'a lu et le recommandait chaudement elle aussi, surtout aux familles des patients.*

*Puisqu'il semble pouvoir apporter une aide très précieuse, j'aimerais offrir un atelier basé sur ce qu'il propose, mais avant, je souhaite connaître votre avis à ce sujet.*

*Ginger J.*

Chère Ginger,

Tout d'abord, je tiens à vous remercier de vous préoccuper de mon opinion, car j'en ai une. Je m'inquiète beaucoup du nombre de thérapeutes qui offrent des ateliers sur la dépendance dans les relations sans comprendre ce que cette maladie signifie et comment il faut la traiter.

Mon souhait le plus cher est que toute personne qui désire animer un atelier sur le sujet ait d'abord assisté à plusieurs réunions du Al-Anon, des Alcooliques Anonymes et des «Femmes qui aiment trop». C'est le seul moyen de saisir l'incroyable pouvoir d'une dépendance ou d'une codépendance. C'est en rencontrant des convalescents dans ce domaine que l'on peut apprendre à quel point la guérison est lente et pénible et combien d'années et d'efforts elle requiert.

Pour recouvrer la santé, le malade doit s'en remettre, non à son thérapeute, mais à une force supérieure, ce qui n'est que rarement encouragé dans la plupart des ateliers dont j'ai entendu parler. On a plutôt tendance à insister sur le contrôle par l'autodétermination, et c'est là une approche sans effet dans les cas de dépendance.

Tout comme vous, Ginger, un grand nombre

de personnes qui veulent organiser ces ateliers et ces groupes sont elles-mêmes coalcooliques. Le besoin qu'elles ont de dire aux autres comment se rétablir est une obsession de coalcoolique non guéri. Je crois sincèrement que si chacune de nous commençait par s'occuper, avant toute chose, de sa propre guérison, elle apporterait beaucoup plus aux autres par l'exemple et la sincérité des mots que tous les ateliers mis ensemble. Il est bien plus facile de discourir ou d'écrire sur ce thème que de se débarrasser de sa maladie.

Beaucoup de ceux qui deviennent conseillers ou thérapeutes aiment l'idée de guérir les autres; certains sont même doués. Mais l'exhortation «Guéris-toi toi-même!» s'adresse autant à ceux qui veulent soigner l'esprit qu'aux médecins du corps. On doit commencer par se traiter soi-même, et cela exige, pour ceux qui sont coalcooliques et qui dépendent de leurs relations, de ne plus se préoccuper des autres avant de s'en être sorti soi-même.

Ce sont des gens qui étaient eux-mêmes sur la bonne voie qui m'ont enseigné la guérison. Je crois que personne ne peut amener quelqu'un d'autre à un niveau qu'il n'a pas atteint lui-même. Voilà pourquoi il faut se rétablir si on veut un jour aider les autres. On ne peut donner ce qu'on ne possède pas.

La guérison ne s'achète pas. Elle ne survient pas parce qu'on a rencontré la bonne personne ou qu'on a assisté au bon atelier (bien que cela puisse aider). Elle ne s'installe pas une fois pour toutes. Le processus se fait de minute en minute, d'heure en heure et, finalement, d'année en année. On doit y travailler jour après jour. Rien ne sert de s'y attaquer de façon spectaculaire, intensive et temporaire. Il faut plutôt accepter quotidiennement la puissance de la maladie et s'engager à tout faire pour ne pas y succomber, pour ne pas répéter ces petites et ces grandes choses qui nous replongent dans la dépendance, pour ne pas agir comme on a l'habitude de le faire. Seule la personne qui réussit sa convalescence comprend ce que tout cela signifie et peut le communiquer aux autres.

*Madame Norwood,*

*J'ai finalement terminé la lecture de votre livre. Après les toutes premières pages, je l'ai fermé avec la ferme intention de ne plus jamais le rouvrir. Je pleurais trop : d'une page à l'autre, je m'apercevais que j'étais plus malade que je ne croyais. Je me remets de ma dépendance aux drogues et à l'alcool, je fais partie des Alcooliques Anonymes et des Drogués Anonymes depuis plus d'un an, et j'ai six mois d'abstinence derrière moi. Je suis en thérapie depuis un an et demi et j'ai été deux fois en centre de réhabilitation. Je suis la fille d'un alcoolique et on m'accepterait sans doute chez les Outremangeurs Anonymes.*

*Quand j'ai commencé à lire votre livre, je me suis d'abord sentie accablée. C'était écrit noir sur blanc. J'en étais à la quatrième étape des Alcooliques Anonymes (l'examen de nos principes moraux) et je trouvais la pression bien assez forte comme ça. Mais un jour, en mettant sur le papier l'idée que je me faisais de mes relations, je me suis aperçue que les problèmes que j'avais avec les hommes avaient commencé avec mon père. J'ai pris mon courage à deux mains et j'ai rouvert votre livre.*

*C'est épouvantable de se voir ainsi mise à nu. Mais au moins vous en parliez comme d'une maladie. Cette idée m'arrange, puisqu'elle suppose que je ne suis ni fautive ni blâmable. (Le plus difficile* *était de reconnaître que j'avais une maladie **de plus** !)*

*Depuis bientôt un an, j'ai un ami, lui aussi en réhabilitation. Ma thérapeute m'a dit qu'avoir un ami serait pour moi la pire des calamités. Elle pense qu'une liaison me pousserait inévitablement à retoucher à l'alcool ou aux drogues. J'en ai effectivement repris pendant un bref moment. Jusqu'à ce que je lise votre livre, j'étais convaincue d'avoir un problème mental, parce que, même pour mon propre bien, je n'arrivais pas à me défaire de cette relation **très** insatisfaisante et malsaine.*

*J'ai suivi mon programme du mieux que je pouvais et cela m'a beaucoup aidée, mais quitter mon compagnon est resté au-dessus de mes forces. Heureusement, votre livre m'a donné des outils et je peux aider maintenant cette partie de moi qui est dépendante. D'abord, je vais mettre les choses au clair avec ma thérapeute (elle pense que je ne fréquente personne) et je vais aller chercher l'appui dont j'ai vraiment besoin. J'ai aussi découvert récemment que des femmes de mon quartier ont, à cause de votre livre, créé un groupe de soutien et je vais me joindre à elles. J'ai déjà fait partie d'un tel groupe ; je n'y étais restée que six semaines, mais cela m'avait beaucoup apporté.*

*Roberta J.*

Chère Roberta,

Votre lettre est importante parce que vous y décrivez ce qu'aucune de nous ne veut affronter bien que ce soit inévitable : la guérison à venir. Beaucoup de gens qui, comme vous, participent à un programme Anonyme ont tendance à penser : « Voilà, c'est fait ! J'y ai mis suffisamment d'énergie.

Il est temps de me reposer, de persévérer dans mon programme, dans la mesure de mes moyens, bien sûr, mais aussi de me relaxer un peu. » Malheureusement, la guérison d'une dépendance laisse souvent entrevoir une autre perturbation dans notre vie.

Après avoir soigné une dépendance ou une maladie, bien des gens essaient de ne pas voir, encore moins d'affronter, le prochain problème qui attend dans les coulisses. Mais plus on guérit dans un domaine, plus il est difficile de se cacher le travail qui nous guette. L'homme sobre qui fait partie des Alcooliques Anonymes depuis plusieurs années peut encore refuser de voir le tort que fait son obsession sexuelle à sa famille. Ou encore, une femme qui suit un programme Al-Anon peut avoir accepté l'alcoolisme de son mari sans toutefois faire face à ses propres compulsions alimentaires.

Comme vous, la plupart des femmes alcooliques devenues abstinentes doivent s'occuper de la dépendance affective dont elles souffrent. Si elles ont subi des agressions physiques et sexuelles, elles doivent chercher à éclaircir ces aspects de leur vie pour que la sobriété s'installe en elles. Les femmes alcooliques qui rechutent le font généralement à cause de problèmes liés à leur codépendance. Voilà pourquoi votre thérapeute vous prévenait de ne pas vous attacher à un homme trop rapidement. Les relations sont, dans cette situation, le terrain le plus glissant qui soit.

Le nombre d'années de convalescence entraîne souvent une certaine fierté et vous devez faire preuve de courage et d'humilité pour entamer votre prochaine étape. Même si certains côtés de votre vie ont changé, cela n'a pas effacé pour autant toutes les plaies et tous les secrets. Entreprenez cette nouvelle phase sans la considérer comme un échec ou un coup porté à votre orgueil. Souvenez-vous du soulagement qu'a engendré votre acceptation totale de la puissance de la première étape et acceptez que la guérison ne soit pas une porte que vous refermez sur une ancienne façon de vivre, mais une ouverture quotidienne sur une nouvelle expérience plus libre, plus globale et plus saine. Voilà ce qui vous attend, Roberta. Vous ne vous engagez pas dans une vie de restrictions dans laquelle vous devez, pour rester saine, abandonner de plus en plus de plaisirs et d'activités. Vous vous préparez au contraire à avoir une existence remplie de bonnes choses. En travaillant à votre prochaine guérison, vous vous rapprochez davantage d'une vie meilleure.

Enfin, je dois vous dire que vous m'avez fait bien rire en m'avouant avoir caché à votre psychologue que vous entreteniez toujours cette relation malsaine. C'est **si** fréquent de payer pour des consultations pendant lesquelles on ment à la thérapeute, c'est fréquent et c'est humain !

Les gens qui font une thérapie sont habituellement à la recherche d'un moyen pour atténuer la douleur qu'ils éprouvent. Ils espèrent, en rémunérant un «expert», obtenir ce répit comme quelqu'un qui apporte sa voiture au mécanicien. Ils sont prêts à payer pour faire réparer ce qui ne va pas et laissent au professionnel le soin de trouver et de corriger le défaut. Quand il s'agit d'une automobile, notre ego n'est pas occupé à cacher les conditions qui ont provoqué le problème mécanique. Cependant, dans le cas d'une vie malheureuse et désordonnée, l'ego s'exténue à masquer les attitudes, les comportements et les secrets qui causent la douleur. Cela est particulièrement vrai dans le cas des dépendances.

## Les personnes dépendantes ont tendance à dédramatiser leur situation.

Les personnes souffrant de dépendance ont tendance à minimiser leurs problèmes ou à refuser de reconnaître qu'elles sont malades et que leur situation est catastrophique. L'alcoolique qui consulte un thérapeute va aller jusqu'à nier qu'il boit. Le patient qui souffre de dépendance dans ses relations va enjoliver les faits concernant sa liaison malsaine ou alors les passer sous silence.

Le médecin n'a, pour travailler, que les renseignements fournis par son patient et sa compréhension de la maladie. S'il a lui-même connu le problème, il devient plus pénétrant. Mais le patient, par ses dénégations, peut handicaper l'approche thérapeutique parce qu'il déforme, omet, minimise les détails les plus révélateurs. Lorsqu'il assiste à des réunions où d'autres personnes souffrent de la même chose, cette situation est évitée. Même si chaque participant tait certains aspects de sa maladie, lorsque tous les témoignages sont combinés, ceux-ci forment une image plus complète et permettent à chacun de mieux voir ce qu'il doit affronter.

Roberta, vous avez besoin de ce miroir pour vous sortir de votre toxicomanie et de votre dépendance affective. Comme vous l'avez déjà constaté, votre participation à des groupes de soutien, combinée à une thérapie personnelle, vous permettra de mieux travailler à votre rétablissement.

# 7

## ... qui font partie d'un groupe de soutien des « Femmes qui aiment trop »

On trouve désormais des groupes qui ont été formés pour venir en aide aux personnes dépendantes de relations. Quelques-uns sont dirigés par des thérapeutes, d'autres suivent les directives décrites dans *Ces femmes*. Cependant, mes années d'expérience dans ce domaine m'ont permis de constater que les groupes qui suivent les Douze Etapes des Alcooliques Anonymes pour aborder le problème de la dépendance affective sont les plus efficaces. Même si je crois que les dix étapes du programme de rétablissement que je décris dans mon premier livre peuvent être d'un grand secours aux femmes qui aiment trop, je suis persuadée qu'elles seront encore plus épaulées si elles suivent le programme Douze Etapes, dans lequel on accorde beaucoup d'importance à la croissance spirituelle. S'il y a **dépendance** dans les relations, il faut s'en remettre à plus grand que soi pour se rétablir.

La lettre qui suit décrit ce qui se produit pour de nombreuses femmes alcooliques. En effet, devenues sobres, elles doivent affronter une nouvelle maladie qui menace leur convalescence. La dépendance dans les relations est un problème commun à beaucoup d'entre elles parce qu'elles viennent de foyers éthyliques où elles ont développé leur coalcoolisme bien avant de commencer à boire.

Lorsqu'une personne ne dépend plus de substances chimiques, son état émotionnel est très instable ; il devient alors très difficile pour la convalescente de rester sobre. Ramona a fait autant d'efforts pour ne plus dépendre de ses relations qu'elle en a fait pour parvenir à rester sobre, et cela parce qu'elle s'est aperçue que sa santé et son bien-être étaient menacés par ses deux dépendances.

*Chère Robin Norwood,*

*Je m'appelle Ramona A. et je me remets non seulement de mon alcoolisme, mais aussi d'aimer trop.*

*Je suis sobre depuis trois ans à cause de menaces proférées par mon buveur de mari (maintenant mon ex-mari) qui m'a sommée de faire quelque chose pour régler **mon** problème d'alcool. J'ai eu alors tellement peur de le perdre que j'ai accepté de me faire soigner.*

*En cours de route, j'ai décidé que je préférais être sobre et j'ai suivi mon programme des Alcooliques Anonymes pour **moi** toute seule. Au fur et à mesure, mon mari s'est mis à me faire des remarques, et je me suis rendu compte qu'il n'aimait pas le changement qui s'opérait en moi. Il a commencé à s'absenter de la maison et à boire encore plus. La peur de le perdre devenait plus grande, mais je savais que si nous restions ensemble, les choses étant ce* qu'elles étaient, je me remettrais à boire et que, cette fois-ci, je le perdrais pour de bon. Après dix mois d'abstinence, j'ai quitté la maison, espérant que je lui manquerais assez pour qu'il fasse quelque chose et arrête de boire. Nous pourrions alors être sobres ensemble, nous appuyer et nous entraider dans notre programme des Alcooliques Anonymes, et vivre heureux jusqu'à la fin de nos jours. Quand je lui avais demandé de venir avec moi pour chercher de l'aide, il avait eu l'honnêteté de dire qu'il ne se sentait pas prêt et qu'il ne voulait pas changer. Evidemment, j'ai cru qu'avec le temps il verrait les choses autrement.

Pendant mon traitement, on m'avait dit que je n'étais pas seulement dépendante de l'alcool mais de lui aussi. Alors là, je n'étais pas d'accord du tout avec cette idée saugrenue. Je me suis donc mise à lire tout ce qui me tombait sous la main afin de lui montrer noir sur blanc ce qui n'allait pas entre nous, d'arranger ses affaires et de poursuivre ma vie avec lui.

J'ai fréquenté un groupe Al-Anon, mais cela ne m'a pas empêchée d'espérer qu'il cesse de boire, ce qui m'accrochait encore plus à lui, dans mon esprit.

Evidemment, je continuais de le voir, croyant délibérément à ses mensonges et le laissant me traiter comme il l'entendait. Il ne me maltraitait pas physiquement, mais la violence émotive dépassait les limites. Pendant qu'il traînait et buvait, moi, je l'attendais, espérant — priant, même — qu'il change. Je faisais n'importe quoi pour lui plaire, caressant toujours l'espoir qu'il revienne une bonne fois pour toutes.

Que je ne me sois pas remise à boire tient de la grâce divine, je le sais maintenant. Dieu me réservait sans doute un meilleur sort. Comme je l'avais *fait en tant qu'alcoolique, j'ai touché le fond l'année dernière. Je me couchais le soir en suppliant le Seigneur de mettre fin à mes jours, et le lendemain je le maudissais de m'avoir laissé la vie. J'allais travailler, je rentrais à la maison et je m'isolais, pleurant et appelant la mort. Une seule de mes amies ne m'a pas laissée tomber. Le cancer me l'a enlevée depuis, mais c'est elle qui m'a prodigué les encouragements et l'amour inconditionnel qui m'ont permis de faire plus tard ce qui allait changer ma vie.*

*Je ne sais trop comment votre livre m'est arrivé, dans ce moment infernal, mais je l'ai lu. Je m'y retrouvais à chaque page, j'y découvrais ce qui n'allait pas chez moi. C'est seulement alors que j'ai entrevu une véritable lueur d'espoir.*

*J'étais perturbée à cause de mes rencontres Al-Anon, où j'entendais que, si j'agissais comme il faut, il cesserait de boire (ce n'est pas ce que l'on **disait**, mais c'est ce que moi je voulais bien **entendre**). La seule façon de m'en sortir était donc de créer ma propre équipe pour des femmes comme moi, celles qui aiment trop. J'étais en thérapie, mais j'avais besoin de plus. Grâce à l'amour et aux encouragements de mon amie Carla et d'une autre amie, Lois, j'ai mis sur pied un groupe de soutien comme vous le préconisez dans votre livre.*

*J'aurais bien du mal à vous dire à quel point ma vie a changé depuis, combien de portes se sont ouvertes devant moi, combien l'estime de moi-même s'est développée, combien ma foi s'est raffermie ou combien j'ai grandi.*

*Je crois sincèrement que si j'étais restée dans mon cocon, je ne serais plus là pour vous écrire. A l'époque où je buvais, j'ai essayé trois fois de me suicider, chaque fois à cause de ma dépendance envers mon ex-mari.*

*Depuis que j'appartiens à ce groupe de soutien, en plus de mon travail régulier, je suis bénévole à temps partiel pour une maison de relais aidant les alcooliques et les drogués en voie de réhabilitation. J'aurais été incapable d'un tel engagement sans ma croissance personnelle des six derniers mois.*

*Je ne pleure plus comme avant, je ne m'isole plus, je n'appelle plus la mort. Je ne suis plus constamment déprimée. Et je ne pense plus que j'ai besoin d'un homme pour être heureuse ou pour prendre soin de moi.*

*Aujourd'hui, je suis heureuse. Je remercie le ciel pour tout ce qu'il m'a donné (et pour tout ce qu'il ne m'a pas donné, aussi). Aujourd'hui, ma vie est riche et pleine. Quand il m'arrive de sortir avec quelqu'un, je sais rapidement si c'est bon pour moi ou pas. Je suis enfin capable d'être bien avec un homme; et si je suis seule, je ne reste pas là à attendre qu'on m'appelle. Je vis pour moi maintenant. Si un homme vient à passer, tant mieux. Sinon, ça va aussi. Je ne m'ennuie jamais et je sais que je ne suis pas obligée d'être seule.*

*Ramona A.*

*Chère Robin,*

*J'ai lu votre livre et je ne jure que par lui. Nous (dix femmes) avons mis sur pied un groupe de soutien, mais il y a un hic. Des hommes du quartier ont lu votre livre et tiennent absolument à se joindre à nous. Cela nous affole. Mais ils souffrent sans doute autant que nous. Que faire?*

*Rachel R.*

Chère Rachel,

Je crois que pour traiter un cas de dépendance affective, il est essentiel que les hommes et les femmes ne travaillent pas au sein d'un même groupe. Les uns, comme les autres, agissent différemment en présence du sexe opposé. Quand elles sont entre elles, les femmes sont généralement plus ouvertes et plus honnêtes, surtout pour parler de leurs difficultés avec leurs compagnons. Quant à ceux-ci, ils font généralement le contraire, c'est-à-dire qu'ils se confient plus, au début, en présence des femmes que lorsqu'ils sont entre eux. Mais ils deviennent eux aussi par la suite plus francs entre eux. Si les hommes qui vous ont approchées veulent vraiment profiter des bienfaits d'un groupe de soutien, ils le formeront eux-mêmes. Ce n'est pas à vous de le faire à leur place.

Mais une chose est possible. Si vous décidez de limiter votre groupe aux femmes seulement, vous voudrez peut-être préparer une entrevue avec ces hommes quand vos groupes respectifs seront solidement établis. Cela pourrait vous amener à planifier une rencontre mixte, à l'occasion, afin d'éviter de voir l'autre sexe comme un ennemi. Si vous faites cette ouverture, rappelez-vous que lors de ces réunions vous devez travailler à **votre** rétablissement, non au leur. Les deux lettres suivantes sauront peut-être vous être utiles.

*Chère Robin,*

*Après la lecture de* Ces femmes, *j'ai désespérément cherché dans mon quartier un groupe de soutien où les femmes exploraient ces sujets ensemble.*

*Déçue de ne pas en trouver, j'ai donc décidé d'en créer un moi-même, comme vous le suggériez.*

*C'est avec une grande joie que je vous informe que nous formons maintenant une équipe solide, sérieuse et enthousiaste, qui est passée de douze à vingt-cinq membres en cinq semaines. Je veux aussi que vous sachiez, chère Robin, que la chose la plus positive que j'aie jamais faite pour moi-même a été de former ce groupe et d'y participer activement.*

*Bien que nous ayons réglé certains problèmes au fur et à mesure qu'ils surgissaient, d'autres nous obligent à faire appel à vos bons conseils. Première-ment, recommandez-vous la présence d'hommes parmi nous ? Cette question nous embête, car un homme s'est présenté à l'une de nos réunions récemment. Je l'ai invité à rester, bien sûr, mais comme nous avions déjà entrepris une discussion sur le sujet et que nous ne savions pas trop quelle position adopter, sa présence a provoqué un peu d'anxiété.*

*Par ailleurs, nous avons décidé de recourir aux Douze Etapes préconisées chez les Alcooliques Ano-nymes. Pensez-vous que ce soit une bonne idée ? J'ajoute que nous aimerions modifier la formule des rencontres de temps à autre et faire appel à des vidéos et/ou à des conférenciers. Auriez-vous des recommandations pour bien présenter l'informa-tion ? En ce moment, nous nous en remettons cha-que semaine à une volontaire pour le choix des sujets à l'ordre du jour et pour diriger nos discus-sions. Y a-t-il une autre façon, meilleure, de procé-der ?*

*Dans le même ordre d'idées, pourriez-vous nous renseigner sur les groupes « Relationships Anony-mous » ? Est-ce la même chose que les « Femmes qui aiment trop » ?*

*Désireuses de tirer le meilleur parti possible de notre entreprise, nous voudrions connaître vos réactions et vos suggestions, Robin, ou encore que vous nous fassiez parvenir du matériel de soutien. C'est devenu prioritaire pour moi et je me sens parfois inquiète quand je m'interroge sur la «meilleure» manière d'organiser nos rencontres.*

*Marti S.*

Avant de répondre à Marti, je crois utile d'inclure ce qu'elle me fit parvenir en même temps que sa permission d'utiliser sa lettre dans mon livre.

*Chère Robin,*

*Je vous écris au sujet de la présence d'hommes au sein de notre groupe de soutien.*

*Comme je vous l'ai déjà dit, nous n'étions pas certaines du tout d'aimer cette idée, et après la participation d'un homme courageux à l'une de nos réunions, j'ai téléphoné à chacune pour savoir ce qu'elle pensait de la dernière rencontre.*

*Après avoir parlé à trois ou quatre d'entre nous, je ne comprenais pas pourquoi elles acceptaient aussi facilement la présence des hommes, alors que j'avais senti un énorme malaise pendant cette fameuse réunion.*

*J'ai soudain compris! Je m'adressais à d'anciennes «soigneuses» d'hommes qui disaient toutes: «Oui, parce que personne d'autre ne peut l'aider» ou quelque chose du genre. J'ai alors reformulé ma question comme ceci: «Etes-vous aussi à l'aise et parlez-vous avec autant de liberté quand un homme est parmi nous?» La réponse unanime a été: «Non!» Cet incident nous a démontré à quel point les besoins des autres (surtout ceux des hommes) passent avant les nôtres!*

*Marti*

Au sujet des questions que me pose Marti, comme je l'ai dit plus d'une fois déjà, je ne connais pas de meilleur moyen de faire front à une dépendance que de suivre le programme Douze Etapes des Alcooliques Anonymes. Quant à la façon de procéder, d'une rencontre à l'autre, vous devriez vous en remettre aux directives des programmes Anonymes qui se rapportent aux décisions de groupe.

Depuis qu'ils existent, les Alcooliques Anonymes (qui ont créé le programme Douze Etapes) ont toujours mis en pratique des principes démocratiques pour tout élément concernant l'organisation et les objectifs. Un groupe de soutien qui utilise une approche Douze Etapes devrait étudier les publications des Alcooliques Anonymes pour connaître ces préceptes et s'y référer en cas de besoin. Dans les programmes Anonymes, on reconnaît qu'une personne, quel que soit son degré de connaissance, ne peut décider pour une autre. On considère aussi que tout individu qui affronte sa dépendance **est** un expert et qu'il doit donner son avis. Toute question soulevée au sein d'un groupe de soutien (y compris celle qui touche l'inclusion des hommes dans une équipe de femmes) peut être résolue si les règles démocratiques que les Alcooliques Anonymes appliquent depuis plus de cinquante ans sont respectées. On est souvent tenté de laisser les autres décider pour soi. En agissant ainsi, on se sous-estime et on démissionne devant les décisions importantes. Mais si chacun prend le temps et fait l'effort de chercher en lui la réponse à chaque question, s'il partage ensuite ses découvertes avec les autres, l'intérêt du groupe sera pris en compte.

## On doit être prêt à avancer lentement, à apprendre au jour le jour une nouvelle façon de vivre.

Sur la voie de la guérison, on cherche parfois un moyen d'accélérer les choses. Cette attitude est néfaste et doit être combattue sans arrêt. On doit être prêt à avancer lentement, à apprendre au jour le jour une nouvelle façon de vivre. Lorsqu'on s'entête à vouloir réussir trop rapidement, on devient frustré et déçu, on se décourage.

Les groupes qui traitent de la dépendance dans les relations existent sous plusieurs noms. Le plus commun est Relationships Anonymous. On trouve aussi Love-n-Addiction, Love and Sex Addicts Anonymous — qui s'occupe aussi de la dépendance sexuelle — ainsi que plusieurs équipes des « Femmes qui aiment trop » avec une **approche Douze Etapes** (par opposition à des réunions du même nom qui sont dirigées par divers professionnels). Je dois dire qu'une des meilleures appellations possibles pour ces groupes de soutien m'a été suggéré avec humour par l'éditrice de *Ces femmes*, et je trouve qu'elle est très appropriée. Il s'agit de « Overlovers Anonymous ».

*Chère Robin,*

*Nous vous avons vue récemment à la télévision et nous avons eu envie de vous écrire. Nous, c'est un groupe de femmes qui s'est formé à la suite de la* lecture de votre livre, et nous nous rencontrons une fois par semaine depuis le début d'août.

D'abord, un petit retour en arrière. Le groupe des «Femmes qui aiment trop» de notre quartier attirait tellement de participantes que nous avons dû nous répartir en plusieurs groupuscules. Le nôtre se compose de femmes qui, pour la plupart, suivent le programme Douze Etapes. Inspirée par ce programme, l'une d'entre nous a dactylographié un échéancier avec phases préparatoires et obstacles à franchir pour atteindre nos objectifs. Et nous avons fait notre petit bonhomme de chemin, suivant le plan de votre livre et terminant avec la Prière de la sérénité. Il y a eu un peu de va-et-vient mais cinq d'entre nous ont persisté et trois autres sont récemment devenues des membres actifs.

Il nous arrive souvent de penser que nous ne faisons aucun progrès, mais, grâce à votre passage à la télévision, nous avons pu mesurer le cheminement que nous avions accompli depuis quatre mois (une période relativement courte). Nous avons reconnu notre ancienne attitude de refus chez les deux femmes interviewées en même temps que vous ; notre évolution nous soulage et nous remplit de reconnaissance.

Ça n'a pas été facile et nous sommes loin d'être guéries. Nous y travaillons fort pourtant, chacune à sa façon et selon ses propres aptitudes, avançant avec un courage dans l'inconnu grâce au soutien sincère de chacune et à notre disponibilité à partager nos véritables sentiments.

Nous avons pensé que vous receviez sans doute beaucoup de nouvelles de femmes stressées qui viennent juste d'entreprendre le processus de guérison. Nous voulions pour notre part vous faire savoir que des femmes, un peu partout, se portent mieux et commencent à se connaître et à s'aimer.

*On dit souvent qu'à leurs premières réunions des Alcooliques Anonymes plusieurs personnes n'étaient pas contentes d'y être, mais appréciaient grandement que les autres soient là. Nous sommes très contentes que vous soyez là.*

*Huit femmes en réhabilitation*

Il est plus facile de mettre en pratique l'approche Douze Etapes quand on comprend le fonctionnement des programmes Anonymes. Et le meilleur moyen d'y arriver est d'assister à plusieurs de ces réunions, ouvertes au public, ou de suivre de près un problème similaire de rétablissement.

Voici, ci-après, la description d'un programme Douze Etapes utilisé dans le traitement de la dépendance affective. Cette formule n'est pas de moi ; elle m'a été communiquée par des femmes qui ont créé un groupe en empruntant certains principes des Alcooliques Anonymes et du Al-Anon. Plusieurs autres programmes existent et leurs approches sont quelque peu différentes les unes des autres. Mais peut-être qu'un jour ils auront tous une seule et même démarche. Déjà, à l'heure actuelle, ils ont beaucoup d'éléments en commun.

J'ai communiqué cette formule, ainsi que d'autres qui m'ont été envoyées, à des femmes qui m'avaient écrit pour me demander des directives sur la façon de mettre sur pied un groupe de soutien. Voici les principaux points à retenir :

- Tous les participants doivent garder l'anonymat.
- Aucun intervenant professionnel ne doit faire partie du groupe, à moins qu'il n'y soit au même titre que les autres et qu'il garde, lui aussi, l'anonymat.

- Il n'y a aucuns frais à payer.
- Tous les participants doivent présider l'assemblée à tour de rôle.
- Toutes les décisions doivent être prises par le groupe au complet.

Les publications des Alcooliques Anonymes et du Al-Anon constituent une source incroyable de renseignements sur les dépendances et leur guérison, les règles et les démarches à suivre lors des réunions, le processus de prise de décisions, le travail que représente chacune des étapes, et les traditions. Cependant, plutôt que de se servir d'emblée de toute l'information qui se rapporte à un autre programme, il vaudrait mieux que chaque programme Douze Etapes produise sa propre documentation, à partir de l'expérience de ses membres, de leurs forces et de leurs espérances, et décrive la maladie à laquelle il s'adresse et l'évolution du rétablissement tel que l'ont vécu les personnes du groupe.

## DÉROULEMENT D'UNE SÉANCE D'UN GROUPE DE SOUTIEN DES « FEMMES QUI AIMENT TROP »

Introduction :
  « Bonjour à toutes. Je m'appelle _____.
  Je suis votre présidente de ce soir. Soyez les bienvenues. »
Lecture des principes de fonctionnement.
Moment de silence, suivi de la Prière de la sérénité.
Lecture des Douze Etapes.
Lecture des Douze Traditions.

Présentation des participantes par elles-mêmes (prénoms seulement).
Témoignage individuel sur le thème choisi (on peut s'inspirer de l'appendice de *Ces femmes*).
Pause de quelques minutes.
Echange libre.
Choix de la présidente de la prochaine réunion et proposition du thème.
Lecture des traits distinctifs d'une femme qui s'est guérie de trop aimer (tirés de *Ces femmes*).
Clôture de la séance.

## Préambule

La progression de la maladie qu'est l'alcoolisme est semblable à celle de la maladie de trop aimer. La dépendance, que ce soit d'une drogue qui modifie les perceptions ou d'une relation, affecte, avec le temps, tous les aspects de la vie du malade de façon de plus en plus grave. Nous cherchons à nous guérir en mettant en pratique les Douze Etapes que suivent les Alcooliques Anonymes.

## Prière de la sérénité

Mon Dieu, donnez-moi la sérénité d'accepter ce que je ne peux changer, le courage de changer ce que je peux, et la sagesse d'en connaître la différence.

# LES DOUZE ÉTAPES DES «FEMMES QUI AIMENT TROP»

1. Nous avons admis que nous étions impuissantes devant les relations — que nous avions perdu la maîtrise de nos vies.
2. Nous en sommes venues à croire qu'une puissance supérieure à nous-mêmes pouvait nous rendre la raison.
3. Nous avons décidé de confier notre volonté et nos vies aux soins de Dieu tel que nous Le concevions.
4. Nous avons courageusement procédé à un minutieux inventaire moral de nous-mêmes.
5. Nous avons avoué à Dieu, à nous-mêmes et à un autre être humain la nature exacte de nos torts.
6. Nous avons pleinement consenti à ce que Dieu éliminât tous ces défauts de caractère.
7. Nous Lui avons humblement demandé de faire disparaître nos déficiences.
8. Nous avons dressé une liste de toutes les personnes que nous avions lésées, et consenti à faire amende honorable.
9. Nous avons réparé nos torts directement auprès de ces personnes partout où c'était possible, sauf lorsque nous pouvions leur nuire ou blesser quelqu'un d'autre.
10. Nous avons poursuivi notre inventaire personnel et promptement admis nos erreurs dès que nous en avons pris conscience.
11. Nous avons cherché par la prière et la méditation à améliorer notre contact conscient avec Dieu, tel que nous Le concevions, demandant seulement de connaître Sa volonté à notre égard et de nous donner la force de l'exécuter.

12. Ayant connu un réveil spirituel à la suite de ces étapes, nous avons alors essayé de transmettre ce message à toutes les femmes qui aiment trop et d'appliquer ces principes dans toute notre vie.

---

**LES DOUZE ÉTAPES ET LES DOUZE TRADITIONS DES ALCOOLIQUES ANONYMES***

1. Nous avons admis que nous étions impuissants devant l'alcool — que nous avions perdu la maîtrise de nos vies.
2. Nous en sommes venus à croire qu'une puissance supérieure à nous-mêmes pouvait nous rendre la raison.
3. Nous avons décidé de confier notre volonté et nos vies aux soins de Dieu tel que nous Le concevions.
4. Nous avons courageusement procédé à un inventaire moral minutieux de nous-mêmes.
5. Nous avons avoué à Dieu, à nous-mêmes et à un autre être humain la nature exacte de nos torts.
6. Nous avons pleinement consenti à ce que Dieu éliminât tous ces défauts de caractère.
7. Nous Lui avons humblement demandé de faire disparaître nos déficiences.
8. Nous avons dressé une liste de toutes les personnes que nous avions lésées, et consenti à faire amende honorable.
9. Nous avons réparé nos torts directement auprès de ces personnes partout où c'était possible, sauf lorsque nous pouvions leur nuire ou blesser quelqu'un d'autre.
10. Nous avons poursuivi notre inventaire personnel et promptement admis nos erreurs dès que nous en avons pris conscience.
11. Nous avons cherché par la prière et la méditation à améliorer notre contact conscient avec Dieu, tel que nous Le concevions, Lui demandant seulement de connaître Sa volonté à notre égard et de nous donner la force de l'exécuter.
12. Ayant connu un réveil spirituel à la suite de ces étapes, nous avons alors essayé de transmettre ce message à d'autres alcooliques et de mettre en pratique ces principes dans toute notre vie.

* Reproduit avec la permission de Alcoholics Anonymous World Services Inc.

---

# LES DOUZE TRADITIONS DES « FEMMES QUI AIMENT TROP »

1. Notre bien-être commun devra venir en premier lieu : le rétablissement individuel nécessite la solidarité.

2. Dans la poursuite d'un objectif commun, il existe une autorité suprême : un Dieu d'amour tel qu'il peut se manifester dans notre conscience de groupe. Nos chefs ne sont que des serviteurs fidèles, ils ne gouvernent pas.

3. L'intention sincère d'arrêter de dépendre de relations est la seule condition pour être membre.

4. Chaque groupe devra être autonome, sauf en ce qui pourra concerner d'autres groupes ou l'ensemble des programmes Anonymes.

5. Chaque groupe a un objectif primordial : s'entraider à surmonter la dépendance en pratiquant les Douze Etapes des A.A. et en accueillant et en réconfortant toutes les participantes.

6. Un groupe ne devra jamais endosser ou financer des organismes extérieurs, ni leur prêter son nom de peur que les soucis d'argent, de propriété ou de prestige ne nous distraient de notre objectif spirituel premier. Bien que notre autonomie soit indispensable, nous devrons toujours coopérer avec tous les programmes Anonymes.

7. Tous les groupes devront subvenir à leurs besoins et refuser les contributions extérieures.

8. Le travail entre les participantes devra demeurer non professionnel, mais nos centres de

service pourront engager des employés qualifiés.

9. En tant que Mouvement, nos groupes ne devront jamais avoir de structure formelle, mais nous pourrons constituer des conseils ou des comités directement responsables envers ceux qu'ils servent.

10. Les groupes n'expriment aucune opinion sur des sujets étrangers ; leur nom ne devra donc jamais être mêlé à des controverses publiques.

11. La politique de nos relations extérieures est basée sur l'attrait plutôt que sur la réclame ; nous devrons toujours garder l'anonymat individuel dans les médias.

12. L'anonymat est la base spirituelle de toutes nos traditions et nous rappelle sans cesse de placer les principes au-dessus des personnalités.

## LES DOUZE TRADITIONS*

1. Notre bien-être commun devra venir en premier lieu : le rétablissement personnel dépend de l'unité des A.A.
2. Dans la poursuite de notre objectif commun, il n'existe qu'une seule autorité supérieure : un Dieu d'amour tel qu'il peut se manifester dans notre conscience de groupe. Nos chefs ne sont que des serviteurs de confiance, ils ne gouvernent pas.
3. Le désir d'arrêter de boire est la seule condition pour être membre des A.A.
4. Chaque groupe devra être autonome, sauf sur les points qui touchent d'autres groupes ou l'ensemble du Mouvement.
5. Chaque groupe n'a qu'un objectif primordial : transmettre son message à l'alcoolique qui souffre encore.
6. Un groupe ne devra jamais endosser ou financer d'autres organismes, qu'ils soient apparentés ou étrangers aux A.A., ni leur prêter le nom des Alcooliques Anonymes, de peur que les soucis d'argent, de propriété ou de prestige ne nous distraient de notre objectif premier.
7. Tous les groupes devront subvenir entièrement à leurs besoins et refuser les contributions de l'extérieur.
8. Le Mouvement des Alcooliques Anonymes devra toujours demeurer non professionnel, mais nos centres de service pourront engager des employés qualifiés.
9. Comme Mouvement, les Alcooliques Anonymes ne devront jamais avoir de structure formelle, mais nous pourrons constituer des conseils ou des comités de service directement responsables envers ceux qu'ils servent.
10. Le Mouvement des Alcooliques Anonymes n'exprime aucune opinion sur des sujets étrangers ; le nom des A.A. ne devra donc jamais être mêlé à des controverses publiques.
11. La politique de nos relations publiques est basée sur l'attrait plutôt que sur la réclame ; nous devrons toujours garder l'anonymat personnel dans la presse écrite et parlée, de même qu'au cinéma.
12. L'anonymat est la base spirituelle de toutes nos traditions et nous rappelle sans cesse de placer les principes au-dessus des personnalités.

* Reproduit avec la permission de Alcoholics Anonymous World Services Inc.

# Conseils pour favoriser notre rétablissement

1. Evitons de conseiller ou d'interrompre pendant les réunions. Partageons plutôt nos expériences, nos forces et nos espérances afin de nous aider nous-mêmes et entre nous. Chacune trouve là un lieu protégé auquel elle a droit et où elle peut parler sans que les autres questionnent, suggèrent ou commentent. Si nous voulons partager nos impressions, nous le faisons après la réunion.

2. Evitons de parler de «lui». Nous sommes ici pour apprendre à nous occuper de nous-mêmes. Il est plus important de parler de notre vie que de celle d'un autre. Abstenons-nous de blâmer, de nourrir de la rancœur ou de nous apitoyer puisque ce sont là des obstacles à notre rétablissement.

3. Tous les membres du groupe président l'assemblée à tour de rôle, et ce afin d'éviter qu'une personne domine le groupe. Limitons nos commentaires de façon à ce que chacune ait le temps de parler. Aucune d'entre nous n'est forcée de le faire, mais quand elle le fait, elle est accueillie. Nous ne résoudrons pas nos problèmes en une seule fois, et il importe de ne pas essayer de le faire.

## Les promesses de la guérison

1. Nous nous acceptons inconditionnellement, même pendant que nous cherchons à transformer quelque chose en nous. Nous avons un amour et un respect de nous-mêmes que nous cultivons soigneusement et développons à dessein.

2. Nous acceptons les autres tels qu'ils sont et n'essayons pas de les changer afin qu'ils répondent à nos besoins.

3. Nous sommes conscientes de nos émotions et des attitudes correspondant à chaque aspect de notre vie, y compris notre sexualité.

4. Nous aimons tout en nous : notre personnalité, notre apparence, nos convictions et nos valeurs, notre corps, les choses qui nous intéressent et nos réalisations. Nous nous valorisons nous-mêmes plutôt que de dépendre d'une relation qui le ferait pour nous.

5. Nous avons suffisamment d'estime de nous-mêmes pour jouir de la compagnie des autres, spécialement celle d'hommes que nous acceptons. Nous n'avons pas besoin de nous croire indispensables pour nous donner de l'importance.

6. Nous nous permettons d'être ouvertes et confiantes en présence des bonnes personnes. Nous ne craignons pas de montrer nos aspects très personnels, mais nous ne nous laissons pas exploiter par ceux qui se désintéressent de notre bien-être.

7. Nous réfléchissons et nous nous demandons si telle relation nous est bénéfique et si elle est susceptible de contribuer à l'épanouissement de toutes nos potentialités.

8. Lorsqu'une relation est nocive, nous sommes capables d'y renoncer, sans tomber dans une dépression paralysante. Nous avons un groupe d'amies sur qui nous pouvons nous appuyer et des activités valorisantes pour nous aider à traverser les crises.

9. Nous tenons avant tout à notre sérénité. Les combats, le drame et le chaos sont désormais dénués de tout intérêt. Nous protégeons notre personne, notre santé et notre bien-être.

10. Nous savons qu'une relation n'est viable que si les deux partenaires partagent des valeurs, des

intérêts et des objectifs semblables; encore faut-il que nous soyons tous les deux capables d'intimité. Nous savons également que nous avons droit à ce que la vie offre de meilleur.

## Clôture suggérée

La première phase du rétablissement commence au moment où nous prenons conscience de notre comportement et avons l'intention de le changer. La deuxième débute quand, désireuses de trouver de l'aide, nous la recherchons activement. Suit après cela l'étape du rétablissement, qui exige notre plein engagement à vouloir guérir et notre persévérance dans le processus. Durant cette période, nous commençons à transformer nos façons d'agir, de penser et de ressentir. Ce que nous croyions normal, et qui était pour nous habituel, devient désagréable et malsain. Dans la phase suivante, nous faisons des choix qui ne correspondent plus aux anciens, mais rehaussent plutôt notre qualité de vie et favorisent notre bien-être. Finalement, le véritable amour de soi s'installe à demeure. Quand nous nous acceptons et que nous nous aimons pour ce que nous sommes, nous sommes prêtes à agir consciemment en étant vraiment nous-mêmes, sans essayer de plaire, ou de manipuler, par notre comportement, l'approbation et l'amour des autres.

«Rien, absolument rien, ne se produit par erreur, en ce monde créé par Dieu… A moins d'accepter la vie selon mes propres conditions, je ne peux être heureuse. Je dois porter toute mon attention sur ce que je dois changer en moi-même et dans mes attitudes.»*

* Traduction d'un extrait de la page 449 du *Big Book of Alcoholics Anonymous*, troisième édition, reproduit avec la permission de Alcoholics Anonymous World Services Inc.

# 8

# ... qui ont des questions, des suggestions, des plaintes à formuler

Que faire quand notre sens de la justice supporte mal de voir ces hommes qui nous ont tant fait souffrir se débrouiller apparemment si bien dans la vie? Comment des hommes qui aiment si mal sont-ils devenus ainsi? Si trop aimer n'est pas aimer, quelle est la nature de l'amour véritable? Qu'en est-il des mères qui étouffent leurs filles d'amour et des filles qui font du bonheur de leur mère leur priorité? Quelle est la version lesbienne de trop aimer? Quel lien y a-t-il entre la dépendance affective et la personne qui compromet un mariage stable pour une aventure amoureuse impossible?

Plusieurs lettres de lectrices de *Ces femmes* soulèvent des questions particulières qui ne sont pas abordées dans les autres parties du livre; elles ont été réunies dans le présent chapitre.

*Chère Robin,*

*Je vous écris parce que je suis trop honteuse pour parler à ma famille ou à mes amis.*

*Grâce aux bons conseils de* Ces femmes *j'ai pu mettre fin à une relation destructrice avec un véritable perdant. Après dix mois de vie commune, je l'ai mis à la porte. Je ne veux pas vous ennuyer avec les détails, mais sachez que je m'identifie tout à fait au genre de femmes dont vous parlez dans votre livre, et Burt, mon ex-ami, correspond aux drogués, aux bourreaux de travail, aux hommes autodestructeurs et non disponibles que vous décrivez.*

*Ce qui m'embête, c'est ce que je ressens aujourd'hui face à notre relation, même si elle est terminée. C'est un homme qui, professionnellement, a du prestige (il l'avait déjà quand nous nous sommes séparés), mais je crève de jalousie de voir un sans-cœur cupide, radin, égocentrique et insensible remporter un si grand succès.*

*A mon avis, il est injuste qu'il puisse tirer profit du mal qu'il fait (il trempe dans des activités illicites), quand, moi, je me démène pour faire de mon mieux et que cela ne m'a jamais menée nulle part.*

*Je crois en l'honnêteté, la loyauté, l'estime et l'amour. Lui, il croit en l'argent, la cupidité et le pouvoir. Vous voyez ce que je veux dire.*

*Je ne comprends pas pourquoi les méchants semblent toujours avoir la partie belle, quand les bons ne sont même pas reconnus! Je n'aurais pas de tels sentiments à son égard si seulement il avait pu me dire, de temps à autre, que j'avais raison. J'aurais aimé qu'il me dise parfois qu'il appréciait ce que je faisais pour lui. Et j'en ai fait! Je voudrais tellement qu'il s'excuse pour tous les mensonges qu'il m'a dits. En attendant, je ne dois pas m'empêcher de vivre, car je sais qu'il est incapable d'une émotion vraie et qu'il n'a pas le sens du bien et du mal.*

*Robin, je souffre tellement quand je pense à cet idiot! Je ne veux pas qu'il revienne, mais j'aurais tellement aimé entendre que j'ai compté pour lui, même si je sais qu'il n'en est rien.*

*Merci de votre attention. Il ne fallait pas que mes proches sachent que j'accorde encore une pensée à ce monstre.*

*Bonnie J.*

Chère Bonnie,

J'apprécie l'honnêteté dont vous faites preuve en décrivant ce que vous ressentez face à votre ancien amoureux. Ces sensations sont courantes après une rupture : « Il ne vaut rien et sa vie va bon train alors que moi, qui ai été blessée, je souffre encore terriblement. »

Ces sentiments vont disparaître avec le temps, à moins que vous ne vous arrêtiez à l'injustice apparente dont vous êtes victime (une évaluation inexacte et stérile). Si vous vous laissez aller à de telles pensées, vous allez accumuler de la rancœur. Et les rancœurs sont comme le monstre de Frankenstein : elles prennent vie si on ne s'en débarrasse pas. Elles grandissent sans trêve et, un jour, il nous faut les nourrir quotidiennement. Si vous n'y prenez garde, vous allez vous retrouver avec une amertume de prédilection nommée Burt, qui vous accompagnera partout et qui exigera de plus en plus de place dans vos pensées, dans vos sentiments et peut-être même dans votre comportement. Si vous ressassez votre calvaire, vous finirez par le raconter aux autres tout en provoquant une impression d'injustice ; votre histoire finira alors par vous consumer. Voici un exemple : un jour au restaurant, un client demanda à la serveuse : « Comment allez-vous aujourd'hui ? » Elle répondit, maussade : « Ça pourrait aller, sauf qu'aujourd'hui aurait été mon douzième anniversaire de mariage si mon mari ne m'avait pas quittée pour une autre femme voilà sept ans. » Cette femme entretenait une rancœur depuis sept années. Bonnie, méfiez-vous ! Vous devez désirer changer votre attitude face à cet homme et à cette relation, et ce pour votre propre bien.

## On n'obtient pas plus de la vie en souhaitant que les autres en aient moins. Bien au contraire !

Rien, dans une relation, ne se produit par accident ; rien ne vient du vide. Burt est exactement le même que le premier jour de votre rencontre. Peut-être étiez-vous attirée alors par les activités douteuses et la personnalité abrasive qui vous repoussent maintenant. Mais pour apprendre la leçon que renferme cette relation, pour recevoir le cadeau, je dis bien le cadeau, qu'elle représente, vous devez regarder au-dedans de vous. Si vous pouvez cesser de vous voir comme la victime de Burt, reconnaître que vous avez participé aux « jeux » qui ont eu lieu entre vous, et que vous avez tout fait pour le manipuler et l'amener à être ce que vous vouliez, vous aurez alors parcouru un bon bout de chemin vers la guérison. Par contre, tant que vous continuerez de prétendre que toutes vos intentions étaient pures et que les siennes étaient malhonnêtes, et que vous refuserez de voir votre propre opiniâtreté à l'œuvre dans cette relation, vous allez non seulement rester coincée, mais encore allez-vous probablement répéter le même processus avec quelqu'un d'autre et vous enfoncer encore plus dans la maladie. Acceptez de voir le rôle que vous avez joué, les gestes que vous avez faits dans votre pas de deux avec Burt.

Faites encore plus. Devenez implacable dans votre recherche de vérité. Si vous lui en donnez la chance, cette relation peut vous amener à comprendre les sources de votre comportement, avec lui et avec d'autres avant lui, et pourquoi vous avez suivi ce chemin. Bien entendu, une telle connaissance vous oblige à prendre la responsabilité de votre vie et vous ne pourrez plus blâmer quelqu'un d'autre pour vos difficultés. Pour admettre qu'il n'y a pas de hasard et que nous ne sommes pas des victimes, nous devons grandir et faire face à notre côté malsain, plutôt que de toujours voir le problème hors de nous-mêmes et en l'autre.

Enfin, pour encourager votre rétablissement, vous devez faire ce qui exige beaucoup de discipline. Chaque fois que vous pensez à Burt avec colère, jalousie et rancœur, vous devez reconnaître les bonnes choses qu'il y a en lui et lui souhaiter du bien, afin de lâcher prise. Un vieil adage résume ce conseil spirituel très efficace :

Lorsqu'un ennemi vous fait face,
Louez-le,
Souhaitez-lui du bien,
Lâchez prise.

Je sais qu'il n'est pas facile de vouloir le bonheur de quelqu'un qui nous a blessée et qui s'en est tiré indemne. J'ai dû, moi aussi, le faire pendant que je luttais contre des émotions similaires aux vôtres. Cela demande beaucoup de persévérance, mais c'est ce qui nous permet de nous libérer de notre rancœur et de notre apitoiement sur nous-mêmes.

Lorsqu'on envie quelqu'un, on a tendance à croire à tort qu'il n'y a pas assez de bonnes choses sur terre pour tout le monde. C'est une grossière erreur. On n'obtient pas plus de la vie en souhaitant que les autres en aient moins. Bien au contraire ! Alors priez pour le bien d'autrui.

Sachez voir qu'en changeant votre attitude à l'égard de Burt vous recevrez le cadeau que cachait cette relation : une plus grande compréhension de vous-même et une disparition de vos sentiments négatifs. Il ne vous importera plus que Burt vous soit reconnaissant. D'une certaine façon, c'est vous qui lui serez reconnaissante parce que vous obtiendrez par votre détachement une délivrance plus grande encore que vous ne pouvez l'imaginer.

*Chère madame Norwood,*

*Je trouve l'information de votre livre intéressante, mais je me demande si vous ne travaillez pas qu'avec des femmes blanches. J'avais l'impression de lire uniquement à leur sujet !*

*Par ailleurs, quand écrira-t-on enfin (vous, ou n'importe qui d'autre) un livre sur « les hommes qui n'aiment pas assez » ? Pendant que je lisais ce que les femmes disaient de leurs pères et de leurs anciens amants, je me demandais : « Où, pour l'amour du ciel, ces hommes ont-ils appris à devenir des pères, des amants et des maris aussi pourris ? »*

*Pour ma part, je n'ai aucun souvenir d'avoir été maltraitée ou violée par mes parents, mais pour m'aider à pardonner à mon père, je me répète*

*constamment: «Je pardonne à mon père son com-*
*portement si peu éclairé à mon égard.»*

*Marcie K.*

Chère Marcie,

Pour répondre à votre première question, sachez que je ne donne plus de consultations. En ce moment, je trouve plus important de travailler, au sein d'un groupe de soutien, à mon propre rétablissement.

Les histoires publiées dans *Ces femmes* relatent mes expériences ainsi que celles vécues par des femmes que j'ai connues professionnellement dans mon entourage, et pour la plupart, de race blanche; quelques-unes sont hispaniques. Je crois que vous avez raison de chercher une psychologue qui partage vos antécédents et mène le même genre de vie que la vôtre. Les facteurs culturels jouent certainement un rôle important dans les rapports entre une thérapeute et sa patiente.

Quant à votre deuxième question, je crois qu'un livre sur les hommes qui n'aiment pas assez devrait être écrit par un homme qui connaît ce problème personnellement et professionnellement, et qui a appliqué les principes nécessaires pour mettre fin à un tel comportement. Je ne pourrais jamais écrire un livre sur les hommes, parce que je n'en suis pas un et la réciproque est aussi vraie. Chacun de nous, homme ou femme, doit d'abord apprendre à mieux se comprendre soi-même. Et comme c'est un travail très exigeant, je crois que nous ne parviendrons jamais à devenir l'«expert» du sexe opposé.

Vous soulevez un point important lorsque vous demandez pourquoi tant d'hommes ont adopté des attitudes méchantes, cruelles et même violentes envers leurs proches. Je crois que tous les comportements malhonnêtes, hypocrites ou malveillants sont provoqués par la peur — la peur d'avoir honte, d'être humilié ou ridiculisé, d'être puni, étouffé ou submergé, de souffrir physiquement ou émotionnellement, de perdre le contrôle, d'être faible, seul, abandonné, ou de mourir. L'être humain ressent, jusqu'à une certaine limite, chacune de ces peurs. Mais quand elles prennent des proportions extrêmes, le comportement devient exagéré, stéréotypé et destructif. Nous régressons jusqu'à agir d'une manière primitive. Nous nous accrochons à l'autre désespérément, nous attaquons méchamment ou nous battons aveuglément en retraite, plutôt que de choisir calmement et comme des êtres responsables des mots et des gestes réfléchis, honnêtes et francs, capables d'entraîner le résultat recherché.

Dans une relation, les hommes craignent d'être étouffés ou submergés et les femmes, d'être abandonnées. Dans un conflit entre les deux sexes, l'homme qui se sent menacé a tendance à attaquer (afin de maîtriser le danger) et à battre en retraite (afin de s'éloigner du danger), alors que la femme est portée à s'accrocher (de peur d'être abandonnée) et à contre-attaquer (afin de créer la culpabilité chez l'homme et de les contrôler, lui et le danger d'abandon). Bien entendu, il est peu probable que ces façons d'approcher le conflit donnent des résultats harmonieux. Justement parce qu'ils ne fonctionnent pas, ces comportements exacerbent la peur et enveniment la situation.

On pourrait écrire un livre sur les raisons physiologiques, sociologiques et psychologiques qui expliquent les différences d'interaction entre les hommes et les femmes, particulièrement en période de stress. Sans m'engager dans les détails, je puis vous assurer que ces raisons existent bel et bien dans chacun des trois plans. Ces particularités sont plus marquées si les personnes proviennent de foyers souffrant de dysfonctionnement. Cette situation familiale engendre chez les femmes un besoin excessif de se sentir proches ; elles s'accrochent, supplient et agissent de façon soumise pour ne pas être abandonnées. Les hommes avec les mêmes antécédents développent un détachement extrême ; ils sont fermés émotionnellement, préoccupés par des intérêts extérieurs (pour éviter d'être étouffés). En termes simples, plus la femme est dans le malaise, plus elle a besoin de son partenaire et de sa famille ; quant à l'homme, il s'éloigne plutôt, considérant sa conjointe et son foyer comme une menace à sa sécurité et à son indépendance.

## Tous les comportements introvertis et mesquins que j'ai eu l'occasion d'observer avaient leurs racines dans la peur.

Marcie, les hommes qui n'aiment pas assez ont tendance à choisir des femmes qui aiment trop, parce qu'ils partagent les mêmes antécédents émotionnels. Chaque partie connaît le rôle de l'autre et se sent attirée vers lui. Viennent ensuite les enfants qui seront élevés par ces deux personnes malades, et le cercle vicieux est engagé. Des femmes et des hommes, handicapés dans leurs relations, élèvent des enfants qui deviendront des adultes aussi désavantagés qu'eux.

Il est évident que tout enfant est influencé, positivement ou négativement, par son père, que celui-ci soit présent ou non. L'emprise ou l'image paternelle joue un rôle très important. Comme ce livre s'adresse surtout aux femmes, je désire analyser leur participation dans le développement d'hommes qui sont incapables d'avoir et de maintenir des relations amoureuses saines avec leurs partenaires.

Dans notre société, la plupart des hommes sont élevés par des femmes. Je ne veux, en aucun cas, laisser entendre qu'à cause de leur rôle de mère les femmes sont responsables des hommes qui n'aiment pas assez. Toutefois, la colère ou la frustration, évidente ou cachée, d'une mère envers le sexe opposé (nous sommes, faut-il le rappeler, dans une société sexiste) ou envers un homme en particulier (habituellement le conjoint ou le père), ont peut-être quelque chose à voir avec le fait que tant d'hommes soient incapables d'aimer. Cette colère peut pousser la femme à dominer ses garçons de façon agressive, à les contrôler à l'excès, à les ridiculiser, et même à les humilier. Ou encore, lorsqu'une femme est physiquement ou émotionnellement abandonnée par son partenaire, elle peut substituer à sa perte un attachement inconvenant à son fils.

On a tendance à penser que les jeunes séduits ou violés par des femmes plus âgées sont choyés plutôt qu'exploités. Cette ambiguïté culturelle nous empêche d'évaluer ou seulement de comprendre à quel point les avances sexuelles cachées d'une mère peuvent faire du tort à des garçons vulnérables. Les experts considèrent que l'inceste implicite entre une mère et ses fils est l'une des formes de viol les plus dévastatrices. Une amie m'a raconté l'histoire de deux mères célibataires qui vivaient sous le même toit avec trois fils entre 7 et 10 ans. Elles donnaient souvent des réceptions au cours desquelles elles consommaient trop d'alcool et pour se divertir, elles pourchassaient leurs fils et les déculottaient devant tout le monde. Mon amie termina en déclarant: «Je sais maintenant d'où sortent certains violeurs et tueurs.» Elle venait de décrire un aspect particulièrement humiliant de la violence dont les conséquences désastreuses se feraient sentir dans les relations de ces futurs hommes avec les femmes.

Je ne prétends pas que les femmes soient la cause de tous les comportements malsains des hommes envers elles. Je tiens à souligner, cependant, que beaucoup de femmes et d'hommes subissent des agressions psychologiques, physiques et sexuelles commises par des femmes. A une époque où l'on se préoccupe tant des diverses formes de violence faites aux enfants, le rôle des mères dans ces agressions n'a pas encore été reconnu. Quand on a été blessée et qu'on ne s'est pas soignée, on devient dangereuse. Les femmes étant victimes d'abus depuis si longtemps, il est logique que certaines soient devenues, à leur tour, les bourreaux.

Enfin, Marcie, sachez que je loue votre attitude à l'égard du comportement de votre père. Pour votre bien, pardonnez-lui, même si vous ne comprenez pas pourquoi il a agi comme il l'a fait. Rappelez-vous: quand on est réellement prête à pardonner, les principes spirituels qui nous guident nous aident à comprendre.

*Chère madame Norwood,*

*Pendant que je lisais votre livre, une question m'est venue plusieurs fois à l'esprit, sans que jamais je trouve de réponse. Selon vous, nous, les femmes qui aimons trop, consentons à supporter nos relations insatisfaisantes parce que nous cherchons à donner un sens à notre vie, ou pour nous distraire de notre propre existence, ou pour suivre le pattern familier du martyre.*

*Jamais vous n'avez clairement précisé ce qu'était l'amour. Qu'est-ce que l'amour vrai ? Comment se fait-il que nous le dénaturons au point de croire que les sentiments que nous éprouvons sont vrais ? J'aimerais savoir vers quel type de relation je dois tendre, ce que je peux espérer une fois guérie. A la fin du livre, Trudy, bien qu'en voie de guérison, a peur de l'intimité. Comment savait-elle que ce qu'elle éprouvait était de l'amour ? Qu'est-ce que l'amour ?*

*Je connais plusieurs femmes qui lisent votre livre ; nous pensons nous réunir et suivre vos conseils pour former un groupe de soutien. J'apprécierais de connaître votre réponse. C'est ma question, d'abord et avant tout, mais je suis certaine que d'autres se la sont posée.*

*Je veux vraiment guérir ! Pas seulement pour moi mais aussi pour mes trois fils ; j'ai peur de leur faire autant de tort qu'on m'en a fait.*

*Barbara M.*

Chère Barbara,

Voilà une question vieille comme le monde ! Je ne peux prétendre en détenir la réponse. Qu'est-ce que l'amour ? J'ai appris, avec le temps, que ce n'était pas ce que je croyais et que, paradoxalement, c'était ce que j'avais toujours défini comme trop «sage» pour être l'amour.

On appelle «amour» plusieurs sentiments, plusieurs états ou expériences très intenses qui, en fait, n'en sont pas. Le désir, la passion, la jalousie, la souffrance, la peur, l'excitation, l'avidité, la séduction, la fascination, la soumission, la réponse à l'ennui ou à l'isolement, l'humiliation, la vengeance, la compétition, l'orgueil et l'obstination sont souvent confondus avec l'amour. Plus l'état en question est pressant et intense, plus on l'assimile à l'amour. On accepte difficilement qu'une personne en paix puisse aimer.

Selon moi, l'amour n'est pas compulsif, il est équilibré. Il ne renferme pas de désespoir et d'obsession. On ne peut aimer que si l'on est prêt et disposé à le faire, et seulement si l'on sait s'aimer soi-même et s'accepter totalement. L'amour vient du cœur. Le cœur est en soi.

Et c'est là le dilemme. Notre enfance nous a laissées avec des cœurs esseulés, et nous désirons un compagnon qui puisse effacer notre douleur. Quand cette recherche ajoute à nos souffrances, nous nous affolons davantage. Où peut bien être cette personne qui est notre réponse, notre espoir, notre besoin contre le manque ? Notre poursuite, dans toute son intensité et son ardeur, devient une quête religieuse. Cette relation doit nous soulager de toutes nos misères humaines.

# Nous faisons de la relation une religion, celle qui guérira les grandes misères de la condition humaine.

Nous espérons d'une liaison qu'elle donne un sens, un but à notre vie, qu'elle nous apporte une raison d'être, qu'elle brise notre isolement et calme notre peur de l'abandon. Nous attendons de la «bonne» personne la sécurité dans un monde dangereux, l'abri contre la peine, la séparation et la mort. Nous croyons que cette interaction idéale nous rendra meilleures et nous guérira de nos défauts (du mécontentement, de l'envie, de l'orgueil et du désespoir), tout en nous rendant plus tolérantes à l'égard des imperfections des autres. En bref, cette relation amoureuse devrait nous rendre totalement heureuses. L'homme de notre vie devient notre puissance supérieure, la source de notre réconfort, la réponse à nos questions, celui qui nous apporte tout ce que nous n'avons pas ou ne sommes pas encore. Ce sont là des attentes insensées et dangereuses.

Nos rapports avec les autres, qu'il s'agisse d'un parent, d'un enfant ou d'un partenaire, n'ont pas à assurer tous ces besoins. Une relation nous fait le cadeau de la compagnie de quelqu'un, elle nous permet d'être comprises, mais elle nous donne surtout l'occasion d'apprendre sur nous-mêmes et de grandir. La tendresse, l'amour et la sexualité font partie d'un partage sain avec un partenaire; mais il ne faut pas en demander plus. L'angoisse et la peur de ce que l'avenir nous réserve, le besoin d'identité et de sécurité, le désir d'être aimées avec toutes nos imperfections, la recherche d'un sens à notre vie, le désespoir ou l'amertume devant la peine et la mort, tout cela fait partie d'une recherche spirituelle et n'a rien à voir avec notre relation. Nous n'avons pas à attendre d'une autre personne ce que nous devrions attendre de Dieu. Nous devons comprendre cela pour pouvoir, un jour, trouver les réponses à nos questions.

Par ailleurs, si nous acceptons de confier ces fardeaux à un esprit tout-puissant, et de le laisser faire son œuvre, il nous devient possible d'approcher les autres sans besoins et exigences, avec chaleur et amour. Nous devenons plus perspicaces et faisons preuve de plus de discernement. Paradoxalement, à mesure que nous apprenons à accepter les gens comme ils sont, à ne plus les cataloguer, nous choisissons plus facilement ceux qui nous font du bien et abandonnons sans rancœur ceux qui nous font du tort.

Mais qui donc est « bon » pour nous ? La réponse la plus simple que je connaisse est : la personne qui ne s'interpose pas entre une puissance supérieure et nous. Tant que ce contact est notre priorité, nos questions au sujet de notre partenaire se règlent d'elles-mêmes. Lorsque les personnes dépendantes substituent leurs relations à cet esprit divin, elles s'enlisent à nouveau dans leur maladie. Pour aimer sainement, librement et profondément, nous devons nous en remettre à quelque chose de plus important que nous. Sinon, la peur d'être abandonnées prend la place de l'amour.

L'amour, selon moi, est fondé sur une base spirituelle. C'est un peu comme une plante : elle a besoin d'un environnement approprié, d'une bonne terre, d'un climat et de soins adéquats, et il lui faut plusieurs années pour s'épanouir complètement. La confiance et le respect mutuels sont des conditions essentielles au développement d'une relation amoureuse. Sans la présence de ces deux éléments, plusieurs sensations, que l'on appelle à tort de l'amour et qui sont, en réalité, des obsessions, peuvent s'implanter et empêcher l'amour de croître.

L'amour doit aussi, pour se développer, être encouragé par des buts, des valeurs et des intérêts communs. Il nous est presque impossible d'arriver à ce résultat si nous feignons l'entente avec une autre personne. En effet, nous ne pouvons changer nos propres valeurs pour plaire à l'autre, pas plus que nous ne pouvons soutenir un enthousiasme factice pour un but ou un intérêt qui n'est pas réellement le nôtre. Notre relation serait alors trop superficielle. Cependant, en présence de passions et d'objectifs communs, l'amour peut développer des racines saines, profondes et solides.

Enfin, pour que l'amour s'épanouisse totalement, il nécessite un climat d'intimité. Ceux qui le créent doivent l'entretenir et le renouveler fréquemment, même et surtout quand cela demande un effort. L'intimité naît de la vulnérabilité — il faut laisser tomber les masques et le besoin de bien paraître —, elle n'est possible que lorsqu'on se met à nu.

*Chère Robin Norwood,*

*Je vous écris au sujet de ma mère, qui a un problème de dépendance avec ma sœur. Je ne sais pas si vous pouvez l'aider puisqu'il ne s'agit pas d'une relation époux-épouse.*

*A 32 ans, ma sœur a un problème de drogue — médicaments et drogues illicites — depuis au moins quinze à dix-huit ans. Depuis le début, ma*

*mère la soutient du mieux qu'elle peut, se culpabili-*
*sant de ne pouvoir l'aider efficacement, car tout ce*
*qu'elle a fait dans ce sens a lamentablement*
*échoué. J'ai de la peine quand je la vois consacrer*
*sa vie entière à ma sœur. Ma mère n'a que 53 ans et*
*je crois qu'elle mérite bien d'avoir sa vie à elle.*
*D'ailleurs, elle a déjà dit qu'elle était dépendante de*
*ma sœur.*

*Tout ce que je souhaite, c'est de voir ma mère heu-*
*reuse. Encore une fois, je fais une tentative pour*
*essayer de l'aider. Tout conseil ou renseignement que*
*vous pourriez me donner serait grandement apprécié.*
                                              *Rebecca V.*

## Quand on parle de dépendance, il faut savoir que les gens décident de changer seulement quand la douleur leur est intolérable.

Chère Rebecca,

Votre mère ne doit plus aider votre sœur et vous ne devez plus aider votre mère. Vous pouvez cons-tater à quel point le soutien de votre mère encou-rage la toxicomanie de sa fille, mais peut-être ne voyez-vous pas que vos efforts poussent aussi votre mère à persévérer dans sa codépendance. Quand on parle de dépendance et de codépendance, il faut savoir que les gens décident de changer seu-lement quand la douleur leur est intolérable. A cause de votre mère, votre sœur ne souffre pas assez pour vouloir changer. A cause de vous, votre maman peut encore supporter sa propre douleur. Vous ne devez plus être codépendante de votre mère, comme celle-ci ne doit plus être codépendante de votre sœur. Quand vous aurez affronté vos propres sentiments à ce sujet, vous vous rendrez compte à quel point il est difficile de se guérir d'une codépendance et pourquoi votre mère ne peut s'empêcher d'aider votre sœur. Vous devez vous rétablir pour vous-même, et lorsque vous ne souffrirez plus, votre bien-être sera si impressionnant qu'il incitera peut-être votre mère à vouloir guérir à son tour. Mais ne cherchez pas à vous soigner pour cette raison, car il n'est pas dit qu'elle se rétablira de sa codépendance. Sachez, cependant, qu'une guérison peut être aussi contagieuse qu'une dépendance ou une codépendance.

Participez à des réunions du Al-Anon et aux groupes des «Femmes qui aiment trop». Faites-le pour vous, pas pour votre mère. N'obligez personne à vous suivre. Travaillez sur **vous-même**. C'est ça, la guérison! La personne codépendante attend toujours que la personne dépendante guérisse (ce qui risque de ne jamais se produire). Quoi qu'il arrive à votre mère ou à votre sœur, apprenez à être heureuse; c'est ainsi que vous pourrez un jour peut-être les aider à guérir.


*Chère madame Norwood,*

*Je corresponds exactement au portrait de femme que vous dessinez dans votre livre, et, si je vous connaissais personnellement, je vous en voudrais d'avoir étalé aussi impudiquement, au vu et au su de tous, mes pensées et mes sentiments les plus intimes.*

*Mon ancien mari n'était pas un alcoolique mais un joueur compulsif. Je participe régulièrement à des réunions du Gam-Anon et il me semble que tous ceux qui s'y retrouvent ressemblent énormément aux femmes des groupes Al-Anon que vous décrivez. Si vous écrivez encore à ce sujet, peut-être pourriez-vous mentionner que les conjoints — et autres relations importantes — d'un joueur compulsif jouent foncièrement auprès de lui le même rôle que les coalcooliques et, en conséquence, vous pourriez leur suggérer le programme Gam-Anon qui, à mon avis, s'apparente beaucoup au Al-Anon.*

*Dans mon voisinage, quelques femmes ont formé un groupe de soutien basé sur vos idées. Pour m'assurer de bien trouver toute l'aide dont j'ai besoin, j'ai l'intention de me joindre à elles tout en continuant de fréquenter les Gam-Anon.*

*Comme mon en-tête de lettre l'indique, je suis procureur. Du côté professionnel, tout va très bien et j'aime beaucoup mon travail. J'ai d'abord enseigné pendant quatorze ans dans une école secondaire, étudiant le droit quatre soirs par semaine pendant quatre ans. J'ai élevé mes trois enfants pendant que j'étudiais et que je travaillais à plein temps. Fournir un rendement professionnel n'a jamais présenté pour moi de difficultés.*

*Aujourd'hui, divorcée depuis trois ans, j'élève seule mes trois fils. Je pense que je réussis très bien mon rôle de mère, et c'est aussi l'opinion de ma famille et de mes amis. Par contre, toute ma vie, j'ai éprouvé d'énormes difficultés dans mes relations avec les hommes. En lisant votre livre, j'ai compris que mes antécédents familiaux étaient sûrement à l'origine du problème. Mes parents n'étaient ni alcooliques ni joueurs, mais ma mère est tout de même une personne compulsive; cela apparaissait dans sa façon de nous élever et d'entretenir la maison.*

*L'année dernière, après avoir lu Ces femmes, j'ai participé à une soirée pour parents seuls. Mon atti-*

*tude ce soir-là a été bien différente. Plus consciente du genre de problème qu'ont toujours posé mes relations avec les hommes, j'ai décidé de ne pas choisir mes interlocuteurs, mais plutôt de converser avec quiconque se tiendrait près de moi. Quatre hommes ont demandé mes coordonnées et tous les quatre m'ont ensuite demandé de sortir avec eux, deux dès le lendemain et un troisième deux jours plus tard. Je fréquente l'un deux depuis dix mois maintenant et, bien que je ne sache pas ce que l'avenir nous réserve, notre relation n'a rien à voir avec celles que j'ai entretenues antérieurement.*

*Tant sa personnalité que son apparence extérieure diffèrent complètement de celles des hommes que j'ai rencontrés avant lui. Malgré tout, la tentation de retomber dans mes comportements stéréotypés reste forte et je dois sans cesse lutter contre elle. Ce que je sais grâce aux rencontres Gam-Anon et à votre livre me donne l'énergie nécessaire pour y faire face. Je crois bien que je resterai aux prises avec cette tentation pendant longtemps encore.*

*S'il me reste beaucoup de chemin à faire, je considère tout de même que j'ai fait un immense pas en avant. Je me méfie constamment de mes vieux patterns, qui consistent à toujours donner trop ou à materner l'homme que j'aime. Et je me suis juré que plus jamais je n'entretiendrais de relation avec un homme comme mon ex-mari, un joueur compulsif.*

*Gina R.*

Chère Gina,

Je crois, comme vous, que la personnalité des femmes qui épousent des joueurs compulsifs est comparable à celle des femmes qui choisissent des alcooliques. Les dynamiques qui sous-tendent ces relations sont semblables. De bien des façons, les diverses dépendances et codépendances suivent les mêmes lois. Voilà pourquoi la même thérapeutique de base peut être utile pour toutes.

Vous avez trouvé votre mère compulsive dans sa façon de vous élever et, par réaction, vous essayez de ne pas dorloter votre compagnon. Plusieurs personnes codépendantes avaient juré de ne jamais répéter avec leur conjoint ce que faisaient leurs parents. Devenues adultes, elles ne peuvent pourtant pas s'empêcher de faire la même chose. Ce sont des comportements acquis ; ils n'ont pas été choisis intellectuellement. On apprend à devenir parent et à aimer, à partir des agissements de notre propre famille envers nous et notre entourage. Leurs attitudes, appropriées ou non, nous ont marquées jusqu'au plus profond de notre être. Nous parlons leur langage et reproduisons leurs actions, malgré notre détermination à ne pas le faire.

Ces comportements sont, d'une certaine façon, semblables au phénomène de l'imprégnation (**imprinting**) dans le règne animal. Par exemple, le caneton qui vient de naître suivra le premier objet mobile qu'il apercevra, le prenant instinctivement pour sa mère. C'est effectivement ce qui s'est produit lors d'une expérience au cours de laquelle on avait remplacé la cane par un ballon ; le caneton a été irrésistiblement poussé à suivre le ballon, même si sa survie était menacée.

Un autre exemple bien connu est celui de Harlow avec ses bébés singes. Ceux-ci, privés de leurs pères, préfèrent demeurer dans la cage où un coussin douillet les rassure plutôt que dans celle qui leur dispense de la nourriture mais leur propose un treillis métallique*. Ce qui indiquait la primauté d'une présence réconfortante sur le besoin alimentaire au détriment même de la survie.

Les observations qui suivirent** sont encore plus révélatrices du comportement humain. Les bébés singes qui avaient été élevés dans un tel environnement furent incapables, une fois adultes, de se mêler socialement aux autres singes. Ils étaient épouvantés, ou alors faisaient preuve d'une agressivité anormale. Leurs besoins alimentaires avaient été comblés mais ils n'avaient pas bénéficié de l'affection de leurs semblables (surtout avec leurs parents qui leur auraient naturellement prodigué attention et protection et les auraient nourris), ils étaient de ce fait incapables de s'accoupler et d'élever des jeunes. Lorsque les femelles ont été fécondées artificiellement ou de force, elles ont refusé de nourrir ou de soigner leurs petits. Elles les ignoraient ou les agressaient. Parce qu'elles avaient été privées des éléments nécessaires à une survie naturelle, elles ne pouvaient les dispenser à leurs propres rejetons.

Nous nous reprochons souvent nos pensées ou notre comportement lorsqu'ils violent notre système de valeurs. Nous nous débattons désespérément et aveuglément contre notre propre imprégnation et la répétition inexorable des agissements dont nous avons été témoins dans notre enfance. Si nous étions dominées, nous avons tendance, adultes, à dominer ceux qui nous entourent. Si nous

* *Mother Love*, film produit par Columbia Broadcasting Systems, 51 West 52nd Street, New York, NY 10019, et distribué par Carousel Films Inc., 241 East 34th Street, New York, NY 10016.
** «Love Among the Monkeys», article publié dans *Science News*, 20 décembre 1975, p. 389 et 390.

avons connu la violence physique, nous sommes enclines à frapper nos enfants ou à épouser un homme brutal. Si nous avons subi des avances sexuelles déplacées, nous adoptons ce rôle ou nous choisissons un partenaire obsédé sexuellement et nous essayons de le contrôler.

On imagine sans peine plusieurs générations de singes nourris suffisamment pour survivre, mais, à cause d'un manque chronique de contacts et d'affection, incapables d'élever leurs rejetons, créant ainsi des générations successives de singes qui ne peuvent aimer.

Tout comme les singes de Harlow, il nous est impossible de donner ce que l'on n'a jamais eu. Il nous est tout aussi difficile de permettre ce qui ne nous a jamais été permis. Si nos efforts pour grandir, explorer et devenir autonomes ont été étouffés ou arrêtés dans notre enfance, nous aurons les mêmes réactions malsaines devant la quête d'indépendance de nos propres enfants. Ce principe entraîne les dépendances de comportement de génération en génération et, ajouté à certains facteurs génétiques, contribue aux dépendances à toute substance chimique.

Pour vaincre ces habitudes acquises, la volonté ne suffit pas. Promettre de ne plus agir de telle ou telle manière est insuffisant. Il nous faut adopter l'approche que vous avez choisie, Gina : nous engager quotidiennement dans un programme de rétablissement.


Dans *Ces femmes*, mes propos concernaient des femmes hétérosexuelles qui souffraient de dépendance dans leurs relations avec les hommes, parce qu'il s'agit là du domaine que je connais le mieux.

Bien que j'aie déclaré, dans l'avant-propos de ce livre, que les hommes peuvent, eux aussi, aimer trop, j'ai, sans le vouloir, semblé suggérer que cette dépendance ne s'appliquait qu'à des personnes hétérosexuelles. Ce n'est pas le cas. Quelques-unes des relations les plus compulsives affectent les amoureux du même sexe.

Phyllis et plusieurs autres lesbiennes m'ont écrit pour m'indiquer (plus ou moins gentiment) mon erreur.

*Chère Robin Norwood,*

*Merci du fond du cœur d'avoir écrit* Ces femmes.

*Je fais partie du Al-Anon depuis deux ans; plusieurs concepts m'étaient donc familiers et d'autres se sont clarifiés — comment se manifeste le refus, par exemple, et le fait qu'une bonne entente sexuelle ne signifie pas nécessairement que la relation soit saine. Si je grimaçais en lisant les premiers chapitres, les derniers m'ont remplie d'espoir.*

*Si votre livre allait en réimpression, ce dont je ne doute pas un seul instant, je me demandais si vous pourriez élargir votre introduction de façon à inclure les gens comme moi. Je suis lesbienne et j'accepte mal qu'on tienne pour acquis que mes problèmes concernent les hommes.*

*Etant donné que tous ceux qui sont gay ou bisexuels — dix à vingt pour cent de la population — pourraient grandement bénéficier de votre enseignement, il me semble qu'un ajout de ce genre serait de bon aloi. Au Al-Anon, j'ai appris à chercher ce qui me concernait sans me préoccuper du reste, mais j'ai eu du mal, cette fois-ci, avec le sentiment de passer inaperçue.*

*Votre livre m'aide beaucoup, mais j'aimerais*

*aussi que vous y reconnaissiez que j'existe. Merci beaucoup!*

*Phyllis R.*

Après avoir répondu à Phyllis pour m'excuser de cette omission et pour lui expliquer que je m'étais intéressée seulement aux femmes hétérosexuelles parce que c'était le seul domaine que je comprenais vraiment, elle me fit parvenir cette seconde lettre dans laquelle elle décrit sa propre relation de dépendance.

*Chère Robin,*

*J'ai été ravie de recevoir votre réponse et je vous remercie d'avoir été si réceptive à ma lettre. Je m'en souviens dans les grandes lignes, mais j'avoue avoir passé une bonne heure à essayer de m'en rappeler plus précisément le contenu.*

*Que je vous raconte un peu mon histoire : j'ai vécu sept ans avec un homme charmant, passif et alcoolique. Je l'ai finalement quitté en me jurant de ne plus jamais prendre soin d'un adulte.*

*Trois ans plus tard, non seulement je m'occupais d'une adulte complètement paumée, mais aussi de ses deux enfants.*

*Sur plusieurs points, cette relation était très différente et très valorisante pour moi, parce qu'il s'agissait d'une femme. En même temps, elle ressemblait beaucoup à la première et ma maladie progressait. Personne n'a été aussi surpris que moi de reconnaître leurs similitudes.*

*J'ai beaucoup gagné. J'ai pris conscience que mon « amour » ne pouvait pas tout régler, et que ceux qui sont « trop aimés » ont plus de ressentiment que de gratitude ; j'ai appris que la même histoire se repro-*

*duit dès les premiers échanges, qu'une guérison à cent pour cent est possible et que je n'ai pas à revivre mon enfance dans mes relations d'adulte. J'ai maintenant une raison d'accepter l'incroyable douleur qui survient quand on interrompt ces relations et qu'on abandonne ces patterns malsains.*

*J'ai trouvé de nouvelles façons d'utiliser le programme Al-Anon pour changer ma vie. Merci de votre soutien, de votre amitié, et de ce que vous nous apprenez.*

*Phyllis R.*

La lettre de Phyllis soulève un point très important. Une personne qui veut se rétablir devrait savoir choisir précisément son traitement. Par exemple, Phyllis a vécu avec au moins un alcoolique toxicomane. Cela veut dire qu'elle est coalcoolique et qu'elle doit participer au Al-Anon. Si elle devait décider de se joindre à un groupe de soutien des «Femmes qui aiment trop», cela ne devrait pas remplacer mais compléter son travail avec le Al-Anon. Les gens ont souvent tendance à vouloir un programme général. Est-ce qu'ils veulent éviter de décrire trop précisément leurs conditions de vie? L'approche plus spécifique offre, cependant, les meilleures chances de rétablissement; aussi est-il important de faire preuve d'assez de courage pour se joindre à une assemblée de personnes qui vivent le même problème. Si vous êtes lesbienne et coalcoolique, vous avez la chance de pouvoir assister à des réunions du Al-Anon destinées aux lesbiennes et aux homosexuels (spécialement identifiées dans le calendrier des rencontres d'une région donnée), où vous pourrez discuter librement des problèmes particuliers auxquels vous devez faire face. Il est très stimulant et très positif de se retrouver avec des gens comme nous, qui partagent les mêmes pensées, les mêmes sentiments, les mêmes expériences et les mêmes difficultés, et qui sont à même d'apprécier nos victoires.


*Chère Robin Norwood,*

*Il y a un peu de moi dans chacune des histoires de votre livre. J'ai vécu en foyer d'accueil. Mon beau-père était un alcoolique invétéré. Au beau milieu de mon second mariage, qui a duré trente-trois ans et qui a donné naissance à cinq enfants aujourd'hui adultes, je me suis décidée à « risquer le tout pour le tout » en me liant avec le grand amour de ma jeunesse (qui était alors marié). J'ai déménagé dans son quartier, où il avait un statut social respecté, et nous sommes **entrés dans la ronde** ! J'ai poursuivi ma carrière (d'infirmière, évidemment !) et j'ai attendu son divorce. En vain, car chaque mois, il trouvait une nouvelle excuse. Finalement, j'ai tout dit à sa femme. A partir de ce moment-là, aucun dramaturge n'aurait cru au récit de ma vie : trop bizarre !*

*Revenue à mon mari, je m'ennuie, bien sûr, mais il semble que l'histoire aura une fin heureuse. J'ai 57 ans, tout le monde me dit que j'en fais à peine 40. Ça me fait une belle jambe, moi qui n'ai jamais eu confiance en moi ; je n'ai, en fait, que le désir de réparer les malheurs autour de moi. Au travail, si j'arrive à réconforter ou à faire sourire un de mes patients, je considère avoir mérité de vivre un jour de plus. L'homme avec qui j'ai eu cette liaison m'affirmait qu'il était très malheureux en ménage et qu'il n'aimait plus sa femme depuis de nom-*

*breuses années. J'étais convaincue que nous file-*
*rions le parfait amour pour le restant de nos jours.*
*Je sais maintenant qu'il est aussi fuyant, aussi peu*
*disponible que l'était ma mère. Quel choc que cette*
*découverte!*

*Ma question est la suivante: Voyez-vous autre*
*chose dans ma lettre qui expliquerait pourquoi je*
*me suis ainsi «jetée dans ses bras»? Je crois que*
*plus j'en saurai sur moi-même, moins je ferai d'er-*
*reurs.*

*En ce qui concerne l'exercice que vous nous sug-*
*gérez — se regarder dans le miroir et dire trois fois*
*«Je t'aime et t'accepte telle que tu es» — j'ai eu*
*beaucoup de difficulté. Au début, je regardais le*
*miroir et pleurais à chaudes larmes, incapable de*
*faire plus. A la longue, j'y suis arrivée et mainte-*
*nant ça commence à marcher. Merci.*

*Helena J.*

Chère Helena,

Plusieurs femmes qui ont grandi dans un environnement chaotique et qui ont été émotionnellement abandonnées font la même chose que vous.
Si, malgré leur passé, elles ont une relation avec
un partenaire stable, elles finissent par ressentir
une insatisfaction, parce qu'il n'y a pas cette excitation qui faisait partie de leur vie durant l'enfance. Plusieurs de ces femmes partent finalement
à la recherche de ce qui leur manque, semant la
confusion sur leur passage, tout comme vous l'avez
fait. Elles confondent tout naturellement l'amour
avec un ensemble de sensations dramatiques et
douloureuses. Rien dans la relation qu'elles abandonnent ne se compare à cette excitation. Les sentiments exaltants ressentis lorsqu'on a une liaison

comme la vôtre sont nourris par tous ces éléments dramatiques de votre enfance : l'incertitude, le mystère, le danger, la honte, l'abandon, le besoin de réconciliation, l'accablement le plus total entrecoupé d'espoir, les longues périodes d'attente et les rencontres très chargées émotivement, les tentatives désespérées pour obtenir de l'attention, les efforts pour être assez bonne, assez attirante ou assez aimante afin de tout régler, etc.

C'est à la lumière des abandons que vous avez vécus dans votre enfance qu'il faut comprendre votre incessant besoin actuel de mériter le droit d'exister. L'enfant croit qu'il est personnellement responsable de tout ce qui se produit autour de lui et avec lui. Son impression magique d'être omnipotent est naturelle et elle l'amène à croire qu'il est l'auteur tant des bonnes que des mauvaises choses. Il croit qu'il commande le soleil et que la lune n'existe que pour l'amuser. Si quelqu'un dont il a besoin le délaisse, il croit que c'est parce qu'il a fait quelque chose de mal. Peut-être ne comprendra-t-il jamais pourquoi il a été abandonné, mais il aura toujours l'impression d'en être la cause et craindra que cela ne se reproduise s'il n'est pas très attentif, très prudent et très bon. C'est ce qui vous a amenée à choisir la carrière d'infirmière et à avoir une aventure amoureuse : vous éprouvez le besoin irrésistible de redresser vos torts afin de vous sentir en paix.

Je suis heureuse de constater que vous travaillez avec l'une des affirmations que j'ai suggérées. En l'utilisant avec assiduité, vous parviendrez à vaincre votre sentiment de ne pas être à la hauteur ; vous saurez enfin que vous êtes une partie importante et chérie de l'univers.

# 9

# Lettres d'hommes

Madame Robin Norwood,

*Je termine votre livre qui m'a été fort profitable, mais ce fut laborieux d'avoir constamment à adapter la présentation conçue pour les femmes. J'ai été un « homme battu » ; maintenant je suis un « homme qui aime trop », victime d'une femme immature. J'essaie de lutter contre ma dépendance en m'informant sur ma maladie.*

*Vous ne semblez pas voir, et c'est dommage, que beaucoup d'hommes sont attirés par des femmes distantes, tristes et imprévisibles, et qu'ils vivent la même détresse que les femmes dont vous parlez dans votre livre. Nous aussi pourrions tirer un grand bénéfice de votre travail et y trouver, à notre tour, un certain réconfort, s'il s'adressait à « Ceux qui aiment trop ». Ou encore, vous pourriez faire une édition à part intitulée « Ces hommes qui aiment trop : quand on souhaite et espère qu'elle change ».*

*De toute façon, merci de votre aide.*

*Miguel J.*

Ce n'est pas par inadvertance ou indifférence que mon livre traite particulièrement des femmes. Je comprends celles qui souffrent de dépendance dans leurs relations, parce que je l'ai moi-même vécu ; je ne perçois pas aussi bien l'expérience d'un homme affligé du même problème. Bien que la maladie soit très semblable pour les deux sexes, je crois qu'il y a tout de même des subtilités dans les différences et qu'il serait présomptueux et irresponsable de ma part de prétendre comprendre ce qui se produit chez l'homme. Plusieurs femmes écrivains sont parvenues à saisir l'essence même de mon être, alors qu'aucun homme écrivain n'est arrivé à décrire avec précision la sensation d'être femme. Je ne veux pas rendre un mauvais service aux hommes ; c'est pourquoi je leur laisse le soin d'écrire un livre à leur sujet. Cependant, je suis très touchée que mon livre ait pu en aider plusieurs et que certains m'aient écrit pour m'en faire part. Toutes leurs lettres ont été un cadeau pour moi. En voici quelques-unes.

Le courrier que j'ai reçu vient de quatre groupes : les hommes qui aiment trop les femmes ; les hommes qui ont ou ont eu des relations avec des femmes qui les aiment trop ; les hommes qui aiment des femmes qui, elles, aiment trop d'autres hommes ; les hommes homosexuels qui aiment trop.

Ces lettres d'hommes peuvent nous indiquer d'autres aspects sur la dépendance. Nous pouvons surtout voir comment la maladie s'est développée sans tous ces renforcements culturels qui la favorisent chez les femmes. En effet, dans notre société, penser et agir en fonction d'une autre personne, chercher par tous les moyens à contrôler, à changer et à améliorer cette autre personne, se sacrifier, être plus consciente des pensées, des émotions et des besoins de l'autre que des siens propres, tout cela est fortement recommandé pour une femme. Il devient difficile d'évaluer un comportement compulsif féminin **avant d'avoir pu l'observer chez l'homme**. Bien que cela semble sexiste, ce n'est qu'en comparant ces conduites aux rôles stéréotypés habituels que l'on peut constater à quel point ces personnes sont malades. Et la maladie n'a pas de sexe.

La lettre qui suit décrit l'une des plus sérieuses relations de dépendance qui soient. Parce que l'auteur de cette lettre est un homme, on remarque encore plus facilement son attitude martyre et les tentatives de manipulation qu'elle cache.

*Chère madame Norwood.*

*Votre livre m'a été recommandé par mon thérapeute qui m'a suggéré de me mettre à la place de ces femmes pour m'aider à traverser le moment difficile que je vis actuellement.*

*J'ai peine à croire que je suis le premier homme qui vous écrive, mais avec votre indulgence, j'aimerais vous faire part de ce qui m'arrive.*

*D'abord que je dispose le décor: j'ai 29 ans, je mesure 1,80 mètre, je pèse 80 kilos, et on me dit que j'ai belle apparence. Je ne bois pas, je ne fume pas, je ne me drogue pas, et ma personnalité n'est pas ce qu'on pourrait appeler arrogante ou déplaisante. Je suis créatif et je travaille depuis trois ans comme scénariste. Sans vouloir me vanter, je gagne beaucoup d'argent. Tous ces éléments devraient, semble-t-il, rendre une existence agréable et riche. Mais ce n'est pas le cas.*

*Bien que je sois hétérosexuel, j'ai eu, pendant mon adolescence et les années qui suivirent, bien* peu de relations avec les femmes. Personne que j'aie vraiment pu appeler mon amie, et jamais d'intimité durable. Les deux ou trois relations que j'ai voulu entreprendre avec des femmes n'ont pas duré plus de trois ou quatre semaines. Vous pourriez sans doute me décrire comme l'un de ces hommes «gentils mais ennuyeux» que fuyaient plusieurs femmes de votre livre. Je ne me décrirais pas moi-même dans ces termes, mais il semble bien que, pour beaucoup de femmes, je sois un «bon ami», mais jamais l'«amant».

J'ai tellement souvent été rejeté comme amant (par des femmes pourtant qui trouvaient le temps de me voir, me donnant parfois même — le croiriez-vous? — préséance sur leur véritable partenaire) que cela a suscité chez moi confusion, stress et déception. Surtout quand je fais des pieds et des mains pour me montrer gentil avec quelqu'un qui me plaît. Sans doute suis-je **trop** gentil. Ou peut-être suis-je instinctivement attiré vers des femmes qui préfèrent les séducteurs, ces hommes qui, comme vous le dites, ne les satisferont jamais.

Permettez-moi de vous parler de la grande relation que j'ai vécue, grande à cause de son intensité et à cause du pouvoir qu'elle a exercé sur moi. Je n'ai jamais habité avec cette femme, ni même eu de rapports sexuels avec elle, mais, depuis quatre ans, toute mon énergie a été drainée par cette liaison. Ce fut un désastre retentissant.

J'ai rencontré Lynn pour la première fois au collège, époque où elle me donnait certains signes d'amitié. A ce moment-là, elle ne m'intéressait pas. Comme nous nous trouvions de plus en plus souvent en présence l'un de l'autre, j'ai commencé à être attiré par elle. Elle vivait alors avec quelqu'un et je ne pouvais donc pas la courtiser. A la fin de mes études, je me suis mis à travailler et, à son tour, deux ans plus tard, elle est retournée dans l'Est pour se trouver un travail de comédienne. Même si les kilomètres nous séparaient, nous sommes restés en contact et j'ai toujours gardé le secret espoir que nous deviendrions amants un jour. Il y a quatre ans, après qu'elle eut mis fin à une relation pénible, je l'ai invitée chez moi. Je savais pertinemment qu'elle n'était pas à la recherche d'une histoire d'amour, mais je me disais qu'avec un peu de chance je pourrais me faire aimer d'elle. J'ai payé son billet et c'est ainsi qu'a commencé une relation de deux ans, une relation à travers l'espace, si j'ose dire.

Pendant qu'elle était avec moi, Lynn me disait combien il était formidable d'oublier la pénible corvée de se chercher un travail de comédienne tout en travaillant comme serveuse. A l'époque, j'étais pigiste et je lui ai demandé de collaborer à la rédaction d'un de mes scénarios, lui offrant la moitié du cachet. Elle a d'abord hésité, prétextant qu'elle n'y connaissait rien, mais j'étais tellement fier de le lui enseigner qu'elle a accepté. Après une semaine de notre collaboration, nous nous sentions enrichis d'une grande expérience. Quand elle est retournée chez elle, notre association nous enchantait et j'avais l'impression d'y avoir mis beaucoup de moi-même et de façon très spéciale. Mon imagination est ce que j'ai de plus personnel. Je vis grâce à elle et c'est elle qui me remonte quand tout va mal. J'étais tout excité à la pensée que j'avais permis à Lynn de découvrir la sienne. Me voilà, me disais-je, avec une relation comme je n'aurais jamais osé rêver, avec une femme qui me plaît non seulement physiquement, mais aussi intellectuellement. Et notre travail commun était beaucoup plus inspiré que ce que je pouvais faire seul. Cette relation **devait** marcher, advienne que pourra, et par marcher, je veux dire qu'elle se devait de déboucher sur l'amour physique, l'engagement et le mariage.

Eh bien, je crois que vous n'avez pas besoin d'une boule de cristal pour deviner la triste fin de mon histoire. Nous avons rédigé plusieurs scénarios au cours des deux années. Quand il n'y avait pas de scénario, j'envoyais de l'argent à son compte en banque. Elle ne l'avait jamais demandé clairement, mais ses allusions étaient évidentes. Je le faisais surtout parce que je le voulais. Je considérais chaque geste de gentillesse, chaque scénario partagé, chaque chèque envoyé comme un pas de plus vers notre union permanente. Je tiens à dire que je l'aimais de tout mon cœur et je croyais sincèrement que je devais agir ainsi. Quand on aime quelqu'un, ne faut-il pas prendre soin de lui ? Pendant ces deux ans, j'allais la voir souvent et elle me rendait la pareille. Elle a rencontré mes parents et j'ai rencontré les siens. Chaque année, pour Noël, je recevais de ses parents une énorme boîte de cadeaux. La dernière fois, il y a deux ans, j'en ai eu le cœur brisé et je leur ai fait savoir gentiment que je préférais qu'ils cessent leurs envois.

Pendant qu'elle écrivait avec moi, Lynn collectionnait les histoires d'amour. Je m'efforçais de me convaincre que je n'étais encore qu'un ami pour elle, mais que si je lui restais fidèle, si je lui offrais cadeaux et soutien, elle verrait finalement combien je l'aimais et que j'étais l'homme qu'il lui fallait. A un certain moment, nous n'avions plus de piges et je l'ai alors mise en contact avec des gens dans l'Est qui cherchaient des auteurs d'expérience. Malgré ses réserves, je lui ai frayé un chemin au sein d'une compagnie pour laquelle elle a depuis écrit de très bons scénarios. En réalité, elle est devenue l'un de leurs meilleurs auteurs. A ses débuts avec eux, elle manquait d'argent et voulait aussi suivre des cours de théâtre. Je lui ai payé ses cours et je les paie encore. Le professeur était un homme musclé, beau, célibataire... Bref, ils se marient en juin.

Croyez-moi, madame Norwood, quand je dis que l'enfer ne peut être pire que les trois mois que je viens de vivre. J'ai d'abord entendu dire qu'elle se mariait. Elle m'a assuré qu'elle me l'avait caché parce qu'elle ne se sentait pas prête à me le dire ; par contre, elle ne se gênait pas pour en parler avec nos amis communs. Je savais qu'elle fréquentait cet homme et qu'ils avaient même emménagé ensemble, mais tout ce qu'elle en disait me laissait entendre qu'il était beau mais ennuyeux, le genre qu'elle laisserait tomber avant longtemps. L'année dernière, elle a même eu le culot de me dire que je devrais le rencontrer ! Qu'il aimait les mêmes films, les mêmes livres que moi, etc., et que nous avions beaucoup de choses en commun. Je ne pouvais m'empêcher de penser qu'elle m'échangeait pour une version plus alléchante de moi-même. Alors, pendant une longue période, je me suis profondément détesté. Comment se faisait-il, me demandais-je en me regardant dans le miroir de la salle de bains, que j'aie pu l'aider à révéler ce merveilleux talent qu'elle ne croyait pas posséder, que j'aie pu communiquer de si près avec elle, et qu'au bout du compte tout se soit évanoui ? Pourquoi ? criais-je à mon image. Que voyait-elle en moi de si haïssable ? Le surplus de poils entre les sourcils ? Les quelques pouces en trop autour de ma taille qui, d'ailleurs, ne partiront jamais, même avec de l'exercice ? Quoi ? Quoi ? Quoi ? Comment un homme peut-il être aussi bon pour la femme qu'il aime et ensuite se voir laisser pour compte aussi facilement ?

*Je me parlais souvent comme ça. Quelques jours après avoir entendu dire qu'elle se fiançait, j'ai eu la même conversation avec moi-même, mais cette fois avec un couteau de chasse. J'ai été assez stupide, et je suis gêné d'en parler aujourd'hui, mais je suppose que je dois tout vous dire. Je me regardais dans le miroir et partout où je voyais une imperfection, je coupais. Le chagrin me mettait en transe, et ce n'est que lorsque j'ai vu le sang couler partout que j'ai compris ce que j'avais fait et combien j'avais besoin d'être aidé. Mais qui pouvait m'aider ? Pendant trois ans, j'avais aimé une femme qui vivait à l'autre bout du pays, et maintenant, au creux de la crise, je me retrouvais complètement seul. C'est là que j'ai vraiment commencé à avoir peur et que j'ai décidé de trouver de l'aide.*

*J'ai pansé moi-même mes plaies (j'avais trop honte de consulter un médecin) ; elles se sont douloureusement guéries, mais sans laisser de trace. Le même jour, j'ai été voir un thérapeute qu'un ami m'avait recommandé et, depuis, nous avons fait ensemble un bon bout de chemin. Mon premier devoir a été de lire votre livre et ça m'a beaucoup réconforté. J'essaie de ne pas trop penser au passé, aux choses que j'aurais pu changer avec Lynn pour qu'elles soient comme je l'entendais. Je ne crois pas que la relation dont je rêvais pour nous aurait pu se concrétiser, mais si je n'avais pas été si prompt à lui fournir de l'argent et si j'avais pensé un peu plus à moi, les choses auraient sans doute été différentes. Par « différentes », je veux dire que tout se serait terminé bien avant et que je ne serais pas si malheureux en ce moment.*

*J'avais tellement peur de ne jamais trouver quelqu'un comme elle, quelqu'un avec qui je pourrais être, et créatif, et amoureux. Rien de mieux ne pou-*

vait m'arriver et j'étais déterminé à me battre jusqu'au bout, quelles que soient les difficultés qui se présentaient à moi. J'étais tellement préoccupé par ce qui allait mal, que j'ai oublié de me rappeler que rien n'avait jamais vraiment bien été.

J'aimerais terminer cette lettre en disant que tout va mieux maintenant, que mes soirées sont peuplées de jolies femmes, que tous mes problèmes sont résolus, mais il n'en est rien. Pas encore, en tout cas. J'invite parfois des femmes à sortir, quelques-unes veulent me connaître, d'autres pas ; mais les premières désirent surtout faire de moi un ami. Elles prétendent que je suis un merveilleux interlocuteur, qu'elles ont beaucoup de plaisir avec moi, que je suis très sympathique. Mais quelque chose manque. Lynn disait toujours qu'il n'y avait pas de « chimie » romantique entre nous ; encore aujourd'hui, je ne sais pas ce qu'elle entendait par là. Je ne connais pas les jeux de l'amour et j'ai l'impression que si j'aimais vraiment quelqu'un, je n'aurais pas besoin d'y recourir. Si vous aimez une personne, vous prenez le temps de la voir, vous partagez votre bonheur avec elle et rien d'autre n'a d'importance, n'est-ce pas ? Où est-il écrit qu'un homme doit être un salaud pour plaire à une femme ? Pourquoi se jouer d'une personne que vous aimez et la maintenir à distance ? Ce qui m'attire le plus chez les femmes, c'est une sorte d'audace et d'indépendance. Je suppose que ce sont ces mêmes femmes qui cherchent des hommes distants et difficiles. Un homme comme moi devient trop facile. Tant pis.

Tout compte fait, je suis peut-être seul mais je suis vivant et très reconnaissant que votre livre ait pu m'aider quand j'en avais le plus besoin.

David P.

## Lorsque l'on donne et donne sans cesse à une personne, cela équivaut à la soudoyer.

Une femme qui aime trop évite automatiquement toute relation sérieuse avec un homme gentil, correct, aimable et disponible émotionnellement, parce qu'elle est incapable d'établir un rapport basé sur l'intimité. Cependant, il ne faut pas confondre ce choix avec celui d'une femme au comportement plus sain qui refuse de s'engager avec un homme modeste, complaisant et dévoué. Elle peut avoir, consciemment ou inconsciemment, plusieurs raisons valables d'éviter un tel homme. Elle sent que celui-ci, par ses attentions constantes, essaie de la manipuler et de la rendre redevable à son égard ; si elle ne fait pas preuve de gratitude et de loyauté, elle aura «profité» de lui. Une femme équilibrée ressent instinctivement le danger (tout comme un homme sain lorsque la situation est renversée).

David, de son propre aveu, est un homme gentil. Il a été attiré par la liberté de Lynn. Il a pourtant essayé, par tous les moyens possibles — en la guidant, en la secourant financièrement et en acceptant ses aventures amoureuses —, de la rendre dépendante de lui. Il est persuadé qu'il n'a agi ainsi que parce qu'il se préoccupe du bien-être de Lynn, alors qu'en fait il a essayé d'en faire son obligée.

Quand nous donnons beaucoup à une personne qui ne nous le rend pas, nous le faisons généralement parce que nous ne croyons pas pouvoir maintenir cette relation par notre propre mérite. Nous essayons alors de la soudoyer secrètement, de la manipuler afin qu'elle nous accepte même si nous n'en sommes pas dignes. Nous nous offensons vertueusement si, devinant notre manège, elle s'en irrite, car nous ne sommes pas conscients de nos véritables motifs. Nous ne pouvons comprendre son ingratitude, après tout ce que nous avons fait pour elle. Pourquoi notre dévotion lui déplaît-elle tant ? Pourquoi ne sommes-nous pas appréciés et aimés en retour ? La réponse est pourtant facile : parce que nous n'avons pas été honnêtes. De peur de ne pas être acceptés tels que nous sommes, nous avons essayé de tricher et nos efforts n'ont rien donné. Nous nous sentons blessés et révoltés, croyant avoir été lésés par une personne à laquelle nous ne voulions que du bien. Cette façon de voir est très malsaine et très intéressée, et elle se perpétue.

Les gens qui souffrent de dépendance préfèrent souvent une relation illusoire au partage réel avec une personne vraie, sensible et affectueuse. C'est un peu comme la femme d'un prisonnier qui préfère rêver à la période qui suivra la libération de son homme, au lieu de partager la réalité du moment présent. Plutôt que de créer des liens honnêtes et intimes, ces personnes évitent les problèmes en choisissant des prétendants non disponibles.

Je ne crois pas que David ait choisi Lynn par hasard. Je ne crois pas non plus que ce soit par accident qu'il soit tombé amoureux d'elle alors qu'elle commençait à voir un autre homme.

David a l'habitude d'être séduit par des femmes non disponibles. Un tel comportement mérite qu'on l'étudie attentivement, car il implique une peur du rapprochement.

L'ironie de la dépendance est qu'au cœur même de l'obsession on trouve une grande peur de l'intimité, une peur que nous n'avons pas à affronter tant que nous choisissons des partenaires impossibles.

Dans les deux lettres suivantes, la description détaillée par les auteurs des pensées, des sentiments, des agissements, des motifs, des besoins et de la santé de l'autre personne, alors qu'ils n'accordent aucune importance à leur propre état, démontre bien la dépendance. Le médecin se décrit comme un homme gentil et équilibré, tout simplement tombé amoureux d'une femme dont le mari est une brute. Selon moi, tous les hommes qui ont des liaisons avec des femmes qui aiment trop souffrent eux-mêmes de dépendance dans leurs relations. En effet, ils choisissent quelqu'un qui n'est pas disponible et ils persistent à espérer et à souhaiter qu'il change. En s'attardant aux problèmes de l'autre, ils évitent ainsi d'affronter les leurs.

*Chère madame Norwood,*

*Je viens de lire votre livre à la demande d'une femme qui aime trop, mariée pendant dix-huit ans à un homme qui l'a psychologiquement maltraitée pendant au moins douze de ces années. Il collectionnait les aventures, dont une avec la jeune fille au pair, l'autre avec la meilleure amie de sa femme. Leur mariage a finalement volé en éclats. Depuis, il s'est remarié avec une jeune femme et il a formé avec elle une nouvelle famille. Quatre ans après son divorce, mon amie s'est remariée à son tour, mais avec un homme probablement pire que le premier. Pendant les trois ans qui ont précédé leurs noces,*

*elle a complètement ignoré les signaux de danger.*
*Après six mois de mariage à peine, il a eu une aven-*
*ture et il la maltraite souvent. Elle m'a dit avoir*
*« l'impression d'être sa bonne depuis dix ans ». A*
*trois reprises, ils ont été tout près de divorcer mais,*
*chaque fois, il disait vouloir s'amender et elle*
*acceptait ses excuses.*

*Au printemps dernier, travaillant chez moi (elle*
*fait de l'aménagement intérieur), elle m'a raconté*
*combien son mariage allait à vau-l'eau, disant*
*qu'ils vivaient sous le même toit mais dans des*
*pièces séparées et qu'ils avaient chacun de leur côté*
*entamé les procédures de divorce. Je la connais*
*depuis dix-sept ans et je l'ai toujours appréciée en*
*tant qu'individu. Avant elle, je n'avais jamais fré-*
*quenté de femme mariée (après tout cela, jamais je*
*ne recommencerai) et comme je la considérais*
*comme séparée, je l'ai invitée à dîner. Elle a accepté*
*et nous avons alors entrepris une relation durant*
*laquelle nous nous sommes vus tous les jours pen-*
*dant quatre mois. Nous étions très proches l'un de*
*l'autre et nos rapports étaient à la fois stimulants,*
*paisibles et réconfortants, malgré le fait qu'elle soit*
*mariée — pour peu de temps encore, pensions-nous.*

*A l'époque, elle avait deux graves problèmes :*
*d'abord, son emploi des cinq dernières années tirait*
*à sa fin et elle devait en commencer un nouveau un*
*mois plus tard ; ensuite, elle s'était mise à avoir des*
*pertes sanguines que les médecins n'arrivaient pas*
*à soigner et son gynécologue recommandait l'hysté-*
*rectomie.*

*Cette semaine-là, je ne l'ai vue qu'une seule fois*
*(ce qui était rare) et, quand je l'ai invitée à sortir,*
*elle a refusé, prétextant qu'elle et son mari allaient*
*tenter de repartir de zéro. J'ai eu de la peine à le*
*croire après tout ce qu'elle m'avait dit sur son*

mariage et sur son mari. J'étais convaincu que cela tournerait mal et qu'elle m'appellerait bientôt pour me le confirmer. C'est ce qu'elle a fait cinq jours plus tard, se plaignant qu'il ne rentrait presque jamais à la maison, qu'il ne lui disait jamais où il allait, etc. Un peu fâché, je lui ai répondu que rien n'avait changé depuis dix ans, que rien ne change-rait probablement jamais et qu'elle resterait sans doute longtemps son petit chien de compagnie. Je suppose que j'ai été trop loin, car même si elle en convenait, elle ne m'a plus rappelé. Environ un mois plus tard, je lui ai téléphoné à son travail pour l'entendre dire que son mariage se portait à mer-veille ; j'en ai eu le souffle coupé et la poitrine oppressée. Elle a ajouté qu'elle passait sur le bil-lard une semaine après. La veille de l'opération, j'ai communiqué avec elle à l'hôpital et elle semblait heureuse de parler avec moi.

Trois jours après l'opération, elle m'a téléphoné et a continué de le faire chaque jour pendant une semaine ou à peu près. Désirant comprendre pour-quoi elle avait agi ainsi, j'ai recommencé à l'appeler plus souvent. Elle m'a dit que la tension occasion-née par son nouvel emploi et le traumatisme de son opération l'avaient poussée à ne pas réclamer la séparation. Depuis, elle a demandé à son avocat de donner suite aux procédures de divorce et elle compte déménager dès qu'elle sera physiquement en mesure de le faire. Son mari l'a malmenée pendant son séjour à l'hôpital et sa convalescence, ce qui semble avoir fait déborder le vase. Comme elle est incapable de conduire une voiture ou de quitter la maison, nous ne nous sommes plus vus depuis deux mois. Et je ne la verrai pas pour quelque temps encore car elle va demeurer chez une amie en Flo-ride pour faire une coupure. Elle n'a pas mis son mari au courant de ses démarches et n'a pas l'intention de le faire avant d'être complètement remise, sachant pertinemment qu'il lui rendrait les choses difficiles en apprenant son départ.

Elle ne cesse de m'assurer que cette fois sera la bonne, qu'elle le quittera définitivement, grâce à ce qu'elle a compris en lisant votre livre, grâce à sa thérapie, et parce qu'aucune pression extérieure ne s'exerce sur elle.

Je me permets d'en douter et j'ai le sentiment qu'elle pourrait revenir encore une fois sur sa position et refaire les mêmes erreurs. Je l'aime profondément et j'ai beaucoup souffert quand elle est retournée auprès de son mari. Je crois aussi que si elle devait récidiver, je mettrais fin à notre liaison une fois pour toutes.

Dans votre livre, vous ne parlez pas beaucoup des sentiments de l'homme sain et bon qui entre en relation avec une femme qui aime trop. Je peux vous dire que devenir amoureux d'une d'entre elles devient rapidement une expérience décourageante et déprimante.

Si jamais je trouvais le bonheur avec elle, vos idées en seraient pour une bonne part responsables. Dans le cas contraire, votre livre m'aidera à faire face à la situation et à l'accepter.

Harold B., M.D.

Une note accompagnait la réponse de cet homme à ma demande de publier sa lettre dans mon livre :

Chère Robin Norwood,

Je ne résiste pas à la tentation d'ajouter quelques mots à la lettre que je vous ai envoyée l'année dernière.

*En septembre dernier, la femme dont je vous par-*
*lais est encore une fois retournée auprès de son*
*mari. J'ai cessé de la voir, mais en novembre, je l'ai*
*invitée à dîner. Cette expérience s'est révélée atroce-*
*ment pénible dans la mesure où je n'ai pu que*
*constater que la situation entre son mari et elle*
*n'avait pas changé d'un iota. En fait, si ma lecture*
*de votre livre avait été plus attentive, j'aurais dû m'y*
*attendre. J'ajoute qu'elle a mis fin à sa thérapie,*
*prétextant « qu'il n'y avait plus rien à dire ».*

*C'en était trop. Je lui ai dit que je ne voulais plus*
*la revoir, la priant instamment de ne pas m'écrire.*
*Elle s'est docilement rendue à ma requête, excep-*
*tion faite d'une courte note de remerciement pour*
*mes bons souhaits à l'occasion de son cinquan-*
*tième anniversaire, en juin.*

*L'année qui vient de se terminer a été très difficile*
*pour moi et ma douleur a mis tout ce temps pour*
*s'apaiser. Malgré tout, les choses sont un peu plus*
*roses maintenant.*

*Votre lettre a rouvert de vieilles blessures qui,*
*heureusement, ont aujourd'hui perdu de leur inten-*
*sité.*

*Harold B., M.D.*

Les excuses, plutôt faibles, que donne Harold
pour revoir une femme qui ne lui a apporté que de
la peine et de l'angoisse sont un autre signe de
dépendance. Il détaille l'incapacité de cette femme
à s'éloigner d'un mari qui la trompe, alors qu'il
ignore sa propre impuissance à cesser de communiquer avec elle malgré le fait qu'elle n'ait tenu
aucun de ses engagements envers lui.

Le besoin qu'il éprouve de libérer cette femme
de l'emprise de son mari et des conséquences de
ses choix destructifs joue probablement un rôle

important dans l'attirance qu'il a envers elle. Tant qu'il n'aura pas reconnu son propre comportement compulsif, je crois que ce médecin va encore trouver des excuses pour contacter cette femme et continuer ainsi de jouer son rôle dans un drame sans fin.

*Chère madame Norwood,*

*Je vais vous éviter les détails, mais je tiens à vous signaler que mon premier contact avec votre livre a été très douloureux... mon amie, ou mon ex-amie, m'a quitté aussitôt après l'avoir lu.*

*Ma première réaction a été de vous envoyer une lettre piégée (ce n'est pas que je sois vraiment violent... en fait, je suis plutôt passif; je souhaiterais que d'autres fassent ce genre de choses). Je me suis contenté d'acheter votre livre. Jusqu'à présent, je n'en ai lu que la moitié et — déjà — je crois savoir quelles idées et quels sentiments ont trotté dans la tête de mon amie Anna.*

*J'y ai moi-même gagné une plus grande clairvoyance à mon sujet. Je suis dépendant, alcoolique et mangeur compulsif; je participe à un programme Douze Étapes depuis quelques années. Je sais toutefois que si je veux me sentir à l'aise avec moi-même, je dois entreprendre une thérapie. Je vis constamment toutes sortes de sentiments pénibles et confus. En ce moment, c'est la colère et l'amertume! Pour être honnête avec vous, je ne sais vraiment pas quel intérêt j'ai à vous écrire, si ce n'est que j'ai éprouvé le besoin de le faire et de vous remercier.*

*Vous et votre livre avez peut-être contribué à me sauver la vie!*

*Perry H.*

La lettre de Perry montre comment l'abandon peut être aussi angoissant pour l'autre — l'objet de la dépendance — qu'il l'est pour la femme dépendante. En effet, pour la plupart des couples de ce genre, il est difficile de savoir lequel des deux partenaires est le plus dépendant, quels que soient les rôles qu'ils jouent.

Le désir initial de Perry de se venger montre son degré de frustration et d'incertitude au sujet de l'attitude qu'il doit adopter avec les femmes. Il est évident qu'il manque de maturité et qu'il est envahi par la peur. Cependant, le fait qu'il soit parvenu à s'abstenir, pendant plusieurs années, de diverses drogues m'indique qu'il pourrait tirer profit d'une thérapie avec un professionnel qui connaît l'étiologie et le traitement de ses dépendances. Très peu d'intoxiqués parviennent à se rétablir avant d'avoir reconnu leurs difficultés dans leurs relations interpersonnelles. Le désir d'affronter ce qui, pour eux, est souvent le domaine le plus fragile et le plus vulnérable requiert, des hommes surtout, beaucoup de courage.


*Chère madame Norwood,*

*Votre livre est renversant. Je l'ai lu pour des raisons professionnelles et personnelles. J'ai été estomaqué. Vous avez répondu à une question essentielle pour moi : « Mais où sont donc passées toutes les femmes ? » J'ai 56 ans.*

*Autrefois, les femmes s'arrachaient mes faveurs. Moins j'étais en forme, plus je les attirais et plus elles s'empressaient auprès de moi. J'ai **toujours** été entouré de femmes qui voulaient me materner ou tenter de me rendre la vie plus agréable.*

*C'était il y a longtemps, quand je buvais trop, quand j'étais sexiste, que je nourrissais des préjugés vis-à-vis des Noirs et des Juifs, et j'en passe. J'étais très populaire! Les femmes venaient de partout pour être avec moi. Par contre, aujourd'hui, je n'en intéresse aucune. Pas de femme minaudant autour de moi et considérant de son devoir de «m'aider». C'est même difficile de rencontrer des femmes qui ne soient que des amies! Elles doivent probablement penser que je n'ai tout simplement pas «besoin» d'elles. Pour plus d'une, j'ai même dû représenter une menace, quoique je pense avoir autant à donner qu'à recevoir dans une relation.*

*Dorénavant, avec l'aide de votre livre, les femmes pourront repeupler mon existence! Quand j'en rencontrerai une nouvelle qui m'intéressera, je lui raconterai combien de femmes m'entouraient quand j'étais alcoolique, plein de préjugés et odieux, et j'ajouterai que maintenant que je suis mieux elles me fuient. Je lui parlerai aussi de votre livre. Je lui dirai combien il a changé ma vie, comment je me suis débarrassé de mon côté odieux et comment en même temps j'ai perdu mon «charme». Peut-être s'intéressera-t-elle alors à moi. Et peut-être trouverai-je en elle une amoureuse!*

*Earnest L.*

J'ai répondu à la lettre d'Earnest aussitôt après l'avoir lue. Quelques mois plus tard, je lui écrivais à nouveau pour obtenir sa permission de publier sa lettre. Au bas du contrat signé, il y avait ce mot:

*Grâce à votre livre, j'ai rencontré une femme vraiment merveilleuse. Et nous sommes mariés maintenant!*

*Earnest*

Il m'arrive parfois de penser que presque toutes les femmes dans notre société sont codépendantes (plus particulièrement coalcooliques), et je sais qu'elles sont désespérément en quête de quelqu'un à changer et à aider. Les femmes équilibrées, par définition, ne cherchent pas un partenaire à tout prix. Voilà pourquoi Earnest était si populaire alors qu'il était malade, et si peu apprécié maintenant qu'il est rétabli.

Je n'ai pas publié sa lettre et sa note pour suggérer que la lecture de *Ces femmes* encourage les mariages heureux, mais seulement pour montrer qu'au moins une femme a été suffisamment attirée par cet homme sobre pour l'épouser.

*Chère madame Norwood,*

*Je termine la lecture de votre livre que j'ai grandement apprécié et dont j'avais le plus pressant besoin. J'ai récemment mis fin à une relation (ou on y a mis fin pour moi) avec une femme que j'aimais profondément. Si son comportement me déroutait parfois, je ne l'en ai pas moins aimée. Grâce à votre livre, je vois maintenant son attitude et son histoire personnelle sous un jour nouveau.*

*Je ne peux m'empêcher de croire que cette femme joue un rôle important dans ma vie, et moi dans la sienne, et j'apprécierais que vous me donniez quelques indices sur ce que je devrais faire pour améliorer notre relation future. Je consulte déjà un thérapeute à ce sujet. J'ai réussi à ce que Andrea fasse de même, mais je crois que son thérapeute n'a pas réussi à identifier son problème. Andrea se sentait menacée par la thérapie; elle l'a arrêtée et m'a quitté.*

*Je m'inquiète sérieusement pour elle et j'écris cette lettre avec la même fièvre. J'aimerais tant que vous l'aidiez ou que vous m'aidiez à l'aider.*

*Terrance R.*

Je crois fermement que nous ne devrions jamais nous occuper de trouver un thérapeute pour une autre personne. Si nous avons envie de le faire, nous devrions analyser sérieusement nos raisons. Bien que nous pensions agir dans l'intérêt de l'autre, nous avons habituellement en tête une «liste» de ce que cette thérapie devrait accomplir pour elle et nous choisissons le spécialiste en conséquence. Loin d'être altruiste, un tel comportement est, sous des apparences de sollicitude, plutôt intéressé.

Même si tout cela était faux, chercher un thérapeute pour quelqu'un d'autre ne peut servir à grand-chose. On ne consulte pas pour plaire à quelqu'un; il s'agit là d'une décision très personnelle. Pour que cette démarche donne des résultats, le patient doit vouloir s'épanouir et être prêt à faire ce qu'il faut pour y parvenir. Aucune thérapie ne peut fonctionner sans l'engagement du malade.

L'insistance de Terrance dénote son espoir que Andrea devienne plus réceptive à ses attentions. Mais, même s'il désire ardemment rétablir la situation entre eux, pour guérir réellement, il doit s'intéresser à sa propre thérapie en premier lieu.

*Chère madame Norwood,*

*Je suis un homme qui attire les femmes qui aiment trop et je peux témoigner du supplice quotidien qu'engendre pour les deux partenaires une telle relation.*

Ce mois-ci, il y aura vingt-deux ans que ma femme Pam et moi avons fait connaissance lors de ce que vous appelez une rencontre typique. Un de mes amis avait invité sa dernière flamme à sortir et Pam les accompagnait. Ils se sont tous présentés à l'endroit où je jouais au billard, mon ami m'enjoignant de m'occuper de Pam afin d'être seul avec l'autre fille. J'étais froid, distant et désagréable, tout à ma partie de billard. Harcelé par mon ami Al, j'ai finalement consenti à les suivre. Après quelques heures, nous avons reconduit les filles et je suis rentré à la maison, oubliant bien vite Pam.

Trois jours plus tard, Al m'a dit que Pam souhaitait me rencontrer à nouveau et, si je me rappelle que cette idée ne m'enchantait pas, je me souviens aussi d'avoir été surpris qu'une fille, quelle qu'elle soit, puisse désirer me revoir ou sortir avec moi. Je ne me souviens pas des circonstances de notre rendez-vous, mais je me souviens l'avoir embrassée et être instantanément tombé amoureux. C'est ainsi qu'ont commencé nos vingt-deux ans de souffrance, un mode de vie que nos quatre fils semblent avoir perpétué.

Tout comme d'autres écervelés l'ont fait avant moi, j'ai vécu les dernières années en faisant des ravages dans ma famille, désolant ma femme en particulier. Notre vie commune pourrait servir d'exemple à quiconque veut devenir un martyr. Le souvenir de certaines époques de notre vie me rend malade. Accepter ma responsabilité dans ce gâchis a été un véritable cauchemar, et je n'ai pas les mots pour dire l'ampleur de mon remords. J'ai commencé à réaliser que je **devais** changer quand j'ai assisté à un cours intitulé « Se comprendre et comprendre les autres ». C'est là que j'ai écouté un homme raconter froidement les circonstances entourant la mort de son fils et j'ai vu que je lui ressemblerais d'ici quinze ans. J'en ai été terrifié, malade, honteux, et en même temps déterminé à agir. Ce n'est pas arrivé grâce à la thérapie ; c'est arrivé quand j'ai entendu et ressenti l'expérience d'un homme que j'avais rencontré vingt-quatre heures plus tôt. Si ses propres paroles n'avaient pas semblé l'émouvoir, elles m'avaient profondément bouleversé.

Les répercussions de cette soirée ont entraîné chez moi une série de changements indispensables si je voulais continuer à me respecter. Mais ces transformations ont complètement renversé les rôles que ma femme et moi jouions depuis trop longtemps. Au lieu d'être froid, réservé et endurci, j'étais soudainement plein d'émotions. Mais ma femme, elle, s'est renfermée.

Avec cette inversion des attitudes, notre relation s'est gravement détériorée. Changer de rôle n'a pas réduit l'angoisse de chacun, mais cela nous a permis de comprendre ce que l'autre avait vécu. Après avoir causé tant de souffrance, je me sens maintenant la victime de ma femme.

Il y a deux semaines, une demande de divorce a été déposée « par accident » (ce qui n'étonne pas de la part de quelqu'un incapable de prendre une décision). Mon avocat a entrepris cette démarche, certain que j'en avais payé le cachet. Ce n'était pas le cas. Ne pas payer avait été, inconsciemment, ma façon d'éviter la responsabilité de ma propre vie. Il me gêne d'avouer que j'ai pris connaissance de ma requête par ma femme qui venait de la lire dans le journal du matin. Je ne veux pas divorcer. Je veux que nous grandissions ensemble, mais, en même temps, je sais que la chose ne sera possible que si nous nous engageons l'un et l'autre à nous assumer individuellement. Je sais que je dois faire face à

*l'anxiété sans nom qui me hante et qui m'a tou-*
*jours tourmenté. C'est ma responsabilité et je dois y*
*faire face, que je sois marié ou non.*

*Ainsi, quoi qu'il arrive entre Pam et moi, je*
*vous suis redevable, à vous et à tous les autres,*
*d'avoir permis un tel changement dans ma vie,*
*changement qui devrait faire de moi un être*
*humain meilleur.*

*Walt S.*

Beaucoup de femmes ayant eu un mari comme Walt rêvent qu'un jour l'homme de leur vie connaisse la transformation émotionnelle dont il parle. Walt nous confie pourtant que sa relation est pire qu'avant, ce qui donne à penser que sa femme ne veut peut-être pas se rapprocher de lui. Il semble si sincère dans son désir de changer que l'on oublie l'agression émotive sur laquelle son mariage est fondé.

Qu'il y ait eu violence physique ou non (bien que Walt ne suggère aucunement avoir battu sa femme ou ses enfants), on peut mieux comprendre le processus en regardant les phases du syndrome que voici :

Après une période d'abus, la victime prend la résolution de ne plus endurer l'intolérable et menace de rompre les liens avec son partenaire. Celui-ci affirme qu'il regrette intensément ses excès, **ce qui représente une tentative de continuer à contrôler sa victime**. Lorsque Walt proclame qu'il a enfin compris, il ne fait que perpétuer le cycle. Il se confond en excuses et promet de changer de façon si convaincante que le couple finit presque toujours par se reformer sur la dépendance.

Vient ensuite une étape « lune de miel » pendant laquelle le comportement de l'agresseur est impeccable. La victime se sent forte et croit dominer la situation.

Cependant, la tension recommence à s'accumuler, jusqu'à ce que, tôt ou tard, les violences reprennent le dessus avec une intensité accrue. Cette crise est, à son tour, suivie d'excuses, de promesses, de bouquets de fleurs, de cartes de souhaits romantiques, etc. On peut difficilement s'imaginer une relation plus dense. Aucune femme, dans une liaison stable et normale, n'est courtisée avec l'ardeur dont fait preuve le partenaire violent dans ses phases romantiques ou «lune de miel». En fait, mis à part les humiliations, la relation avec un homme violent est l'image même du «véritable amour». Dans la période romantique, elle inclut les supplications, les lettres, les fleurs, les coups de fil désespérés, les menaces de suicide ou de mort s'il n'y a pas de réconciliation, bref, toutes ces manipulations considérées par notre société comme l'amour idéal.

La victime est rassurée et flattée par tant de sollicitude. Son partenaire a atteint son but! Elle est maintenant persuadée que la chance a tourné et qu'étant devenue si désirable à ses yeux, elle peut le contrôler. Ce besoin est souvent sa raison de continuer l'interaction, et, à cause des émotions qui en découlent, elle se croit amoureuse. Pendant un certain temps, son conjoint la supplie et multiplie les attentions, alors qu'elle le domine et se sent exaltée de le voir accomplir ses désirs. Rapidement, le vent tourne et, quel que soit le rôle joué par les deux personnes, le niveau d'intimité reste le même si le besoin de diriger et de manipuler est toujours présent.

Si la femme de Walt reste insensible devant ses promesses de changement, bien qu'il suive maintenant des cours et qu'il soit plus ouvert, c'est peut-être parce qu'elle veut prolonger la phase romantique, ou qu'elle est enfin sortie du cercle vicieux qui durait depuis tant d'années. Si réellement elle ne participe plus à leur danse commune, alors seul le temps nous dira si Walt essaie de guérir pour impressionner Pam ou pour lui-même. Comme tous ceux de sa catégorie, il est très persuasif. C'est son atout dans la période romantique ; c'est ce qui lui permet d'amener sa victime à culpabiliser, parce qu'elle n'est pas prête à aider amoureusement son partenaire repentant à tenir ses engagements.

## Lorsqu'on travaille réellement à son rétablissement, on ne le crie pas sur les toits.

Lorsqu'on est profondément occupé à se rétablir, on garde le silence sur ses épreuves. Un homme de ma connaissance assistait sporadiquement aux réunions des Alcooliques Anonymes mais s'assurait toujours de le faire savoir à sa famille. « Je m'en vais à ma réunion des A.A., à tout à l'heure », disait-il en quittant la maison. Parfois, il s'y rendait vraiment, mais souvent, il allait boire. Un jour, il reconnut qu'il était réellement malade et allait mourir d'alcoolisme. Il se remit alors à fréquenter les Alcooliques Anonymes. Il assista aux réunions pendant plusieurs semaines sans que sa famille le sache. Il le faisait désormais pour sauver sa vie.

Les hommes comme les femmes se rétablissent quand ils recherchent réellement une amélioration.

S'ils essaient seulement de préserver leur mariage, la guérison devient une autre tactique, un nouveau pas dans cette danse mortelle qu'exécutent les partenaires prisonniers de leur obstination.

Il est intéressant de voir, à travers la première rencontre de Pam et de Walt, qu'il n'y a pas de hasard dans les relations. Walt n'avait rien fait pour faciliter les choses. Pam, probablement habituée aux situations difficiles de ce genre, ne voyait en lui qu'un être qu'elle pouvait transformer. De son côté, Walt, qui n'avait pas caché son indifférence, s'aperçut qu'il plaisait ainsi et tomba amoureux. Pam essaya probablement très vite de le changer, alors qu'il avait toutes les raisons de s'entêter et de résister. Son comportement, entrecoupé d'efforts pour ne pas la perdre, s'est aggravé pendant les vingt-deux années qu'ils ont vécu ensemble. Mais tout a commencé au moment où ils se sont rencontrés.


*Chère madame Norwood,*

*J'ai lu votre livre l'année dernière et je veux aujourd'hui partager avec vous les progrès que j'ai faits depuis onze mois.*

*Je suis un homosexuel de 44 ans qui aimait trop. Sept années durant, j'allais de thérapie en thérapie, tentant vainement d'améliorer mes relations avec ceux que j'aime. Pendant près de dix-huit ans, j'ai eu plusieurs aventures avec des hommes qui ne me convenaient pas et qui n'étaient pas disponibles. A vrai dire, la thérapie a seulement eu ce que j'appelle un effet « sparadrap » — un soulagement temporaire en période de crise — sans jamais vraiment résoudre ou guérir le problème.*

*Après la lecture de votre livre, j'ai longuement et mûrement réfléchi avant de me rendre compte que mes amis n'étaient pas les seuls à s'être montrés peu attentionnés. Moi aussi. J'ai mis un peu plus de temps à analyser ma dépendance et à comprendre mon peu de disponibilité, non seulement vis-à-vis des autres mais essentiellement vis-à-vis de moi-même. J'ai compris ma dépendance au sexe et ma recherche incessante d'amour. Je présentais ou présente plusieurs des symptômes propres aux drogués ou aux alcooliques, mais ma porte de sortie à moi, c'est le sexe.*

*Le 17 juin de l'année dernière, j'ai assisté à ma première réunion d'un programme Douze Etapes pour compulsion sexuelle. Depuis onze mois, j'ai cessé de me comporter comme un homme dominé par le besoin de sexe. Depuis quatre mois, je me sers de la continence comme d'une catharsis, dans l'espoir d'entrer en contact avec tous les sentiments et toutes les émotions que je fuis depuis des années et des années. Pour la première fois de ma vie, j'ai été capable de clairement reconnaître pour ce qu'elles étaient les relations familiales, les obsessions romanesques et les questions d'estime de soi. Je sais maintenant qui j'ai été pendant vingt-cinq ans. Je commence à comprendre l'enfant que je fus. J'espère pouvoir l'accepter et lui permettre de s'épanouir dans l'âge adulte pour les vingt-cinq années (peut-être plus) qui viennent.*

*Par l'entremise de votre livre, j'ai appris que dès mon enfance j'étais un gardien, quelqu'un qui prend soin des autres, ne s'attardant jamais vraiment sur ses propres problèmes, besoins ou sentiments, tentant toujours de les camoufler ou de les enfouir. Depuis onze mois, je suis assez fort, ou si vous préférez assez faible, pour demander de l'aide aux autres et me prendre en même temps en charge. J'ai appris à ne vouloir arranger les choses que pour moi (ou du moins à essayer de le faire) et à encourager mes proches à faire de même pour eux.*

*Ça n'a pas toujours été facile. Le processus a été lent et ardu, mais j'ai acquis la patience de m'accommoder de la vie au jour le jour. Qui sait ? Dans un futur proche, je pourrai peut-être envisager de fréquenter des hommes disponibles, avec tous les risques que cela comporte. Entre-temps, j'aime et j'accepte ce que je suis.*

*Michael R.*

Un enfant à qui l'on impose le rôle de sauveur, surtout dans une famille dysfonctionnelle, peut ne jamais connaître son identité personnelle, car il est beaucoup trop occupé à comprendre les autres et à calmer les tempêtes émotives qui entourent sa croissance. Cet environnement dramatique et malheureux crée, en cet enfant, une manière de vivre qui devient bientôt un besoin d'exaltation, d'affrontement et de douleur. Il recherchera inconsciemment, dans toutes ses liaisons, le même degré de sensibilité explosive chargée de secrets et de tensions. Plus une relation semble difficile, plus elle est pour lui excitante et stimulante. Ces sentiments familiers, qu'il confond avec l'amour, l'attirent irrésistiblement. Des rencontres extrêmement dramatiques, frustrantes et dangereuses sont fréquentes tant dans les rapports homosexuels qu'hétérosexuels. Mais comme notre société impose, en quelque sorte, la dissimulation des relations homosexuelles, leurs aspects tragiques sont amplifiés.

Michael a de la chance d'avoir découvert sa dépendance. Il a raison de s'intéresser à un programme Douze Etapes. C'est une approche utilisée par de plus en plus d'hétérosexuels ou d'homosexuels qui, comme lui, reconnaissent leur comportement sexuel compulsif.

L'aspect néfaste de la dépendance sexuelle est mis en lumière par le danger que représente la poursuite incessante de rencontres alors que le sida a déjà fait tant de ravages. La compulsion sexuelle montre alors son vrai visage. Elle n'est plus perçue comme un choix de vie non traditionnel, mais comme une maladie progressive qui peut être mortelle.

Enfin, Michael a fait preuve de courage et de sagesse en s'abstenant de relations sexuelles pendant quelque temps, afin de permettre à ses souvenirs et à ses sentiments enfouis de faire surface. Nous devons tous cesser de dépendre de notre «drogue», celle qui nous protège de notre douleur, si nous voulons guérir un jour ce qui a été blessé en nous.

Les deux lettres qui suivent sont claires et ne nécessitent aucun commentaire.

*Chère Robin,*

*Il y a quelques mois, une de mes amies m'a suggéré de lire votre livre. Je n'en pensais pas grand bien, le considérant comme une suite morbide d'histoires horrifiantes. Peu de temps après, j'ai fait la connaissance d'une femme qui se séparait de son mari alcoolique. De toute ma vie, et même si je me suis marié trois fois, je n'avais jamais rencontré **la** partenaire vraiment idéale, jusqu'à ce que je la connaisse, elle. Elle était mystérieuse, confuse et incertaine, elle avait plusieurs problèmes à régler,* en plus de son mariage et de sa séparation, et je savais qu'elle avait besoin de temps. Je m'étais armé de patience, j'étais aux petits soins pour elle, j'étais tolérant et lui donnais tout l'appui dont elle avait besoin. J'ai très vite senti que je l'aimais. Elle disait qu'elle n'avait jamais rencontré quelqu'un d'aussi attentif à ses pensées et à ses sentiments, à elle. Mes sens (instinct/intuition) n'ont jamais été aussi aiguisés qu'avec elle et je n'avais jamais éprouvé d'amour aussi fort et aussi inconditionnel (en dehors de l'amour paternel). Et puis elle m'a dit qu'elle avait besoin de distance. Nous ne pouvions plus être des amants, seulement des amis.

J'ai tout de suite été en thérapie pour m'aider à lâcher prise. Je me suis rendu compte qu'elle était attirée par des hommes plus machos que moi, des types pas disponibles, ce qu'elle m'a confirmé par la suite. J'ai acheté votre livre pour le relire et en apprendre plus long à son sujet. Je l'ai apporté en vacances avec d'autres livres que vous recommandiez. J'ai lu et j'ai longuement pleuré une semaine durant pour finalement écourter mes vacances. Je venais de **me** découvrir : un fils d'alcoolique, un homme qui aime trop. Je m'étais toujours cru raisonnablement normal et sain, et j'étais désemparé par cette révélation.

Depuis mon dernier divorce, il y a six ans, je me suis engagé dans toutes sortes d'expériences thérapeutiques. Durant mes vingt premières années j'apprenais les leçons de la vie plutôt sur le tas, à la manière dure. Puis, pendant cinq ans, je me suis senti très stable et équilibré. J'ai un diplôme de psychologue-conseil et j'enseigne dans un collège depuis dix ans.

Maintenant, je sais que j'ai un problème sérieux. J'étais loin de penser que mes difficultés relationnelles pouvaient venir de mon enfance dans un contexte alcoolique. J'avais consenti à voir dans ma récente rupture avec cette femme un nouveau coup de pouce à mon développement personnel, mais j'ai découvert que j'étais atteint d'une effroyable maladie : aimer trop. Depuis, je suis émotionnellement instable, j'ai un sérieux problème et j'ai besoin d'aide. Cette semaine, je vais assister à une réunion des Adult Children of Alcoholics. Malgré mes connaissances en psychologie, j'ai raté mon propre diagnostic ; maintenant que je sais ce qui m'a fait tel que je suis, je me sens à l'aise avec une approche directe pour me soigner.

*Frederic J.*

*Chère Robin,*

Un soir, au lit, Susie m'a dit calmement qu'elle n'accepterait plus mon pessimisme et qu'elle n'entendait plus gaspiller son énergie à supporter mon mécontentement, ma froideur et mon manque d'ouverture. Ces mots, ajoutés à un récent séjour au service des urgences pour notre fille — un séjour qui, comme nous nous en sommes rendu compte, était uniquement dû à l'anxiété que je provoquais chez elle —, ont finalement fait une brèche dans ma carapace. Je ne pouvais qu'acquiescer. J'ai lu votre livre et ma carapace s'est ouverte un peu plus. Il y a longtemps que je n'avais pas pleuré comme je l'ai fait en lisant Ces femmes. Je consulte en ce moment un psychologue et je sais que je peux changer mon attitude face à la vie.

*Benjamin D.*

*Chère madame Norwood,*

*Je suis un étudiant de 22 ans, je termine bientôt mes études au collège et je rentre en droit à l'automne. J'ai un père alcoolique et une mère peu disponible. Récemment, une fille que j'aimais beaucoup m'a quitté. Nous ne nous ressemblions guère et nous devions aller en thérapie ensemble pour régler quelques-uns de nos problèmes. Elle m'a quitté avant le début des consultations et j'ai décidé d'y aller seul. Ma thérapeute n'avait pas encore lu votre livre, mais elle connaissait mon problème. J'ai toujours été attiré par les femmes fragiles, parce que je sentais qu'elles avaient trop besoin de moi pour me quitter. Ma thérapeute me disait qu'il me fallait une partenaire qui soit mon égale, mais je persistais à croire que mes amours se brisaient uniquement par ma faute. Grâce à ces femmes, je sais maintenant que ça n'était pas le cas. J'ai un long chemin à faire avant ma véritable «guérison», mais je me sentais déjà mieux après seulement deux chapitres de votre livre.*

*Je vous écris pour vous faire savoir que beaucoup d'hommes autour de moi ont ce problème. Nous l'appelons le syndrome du bon gars perdant. Quoi que nous fassions, nous nous retrouvons toujours avec des filles qui nous blessent. Si nous rencontrons une «femme qui aime trop», elle nous trouve ennuyeux; si nous rencontrons une femme qui ressemble aux hommes décrits dans votre livre, nous aboutissons quand même au désastre puisqu'elles nous maltraitent. D'une certaine manière, notre dilemme est plus grand que celui des «femmes qui aiment trop». Quoi qu'il en soit, il est réconfortant de savoir que je ne suis pas le seul dans mon cas.*

*Plus averti, et fort de l'aide de ma thérapeute et de mes amis, je sais que je vais réussir à améliorer mes relations avec les femmes.*

*Glenn R.*

La lettre de Glenn nous ramène au problème des rôles sexuels. Qui souffre le plus d'une dépendance sexuelle ? L'homme pour qui ce comportement va à l'encontre des règles imposées par la société ? Ou la femme dont l'attitude est renforcée par cette même société ? Il ne servirait à rien d'essayer de comparer leurs degrés respectifs de souffrance. Nous savons seulement qu'elle est présente. La difficulté de vivre une relation étroite est présente, même quand les rôles sont inversés. C'est de cette incapacité que vient la douleur, et c'est elle qui requiert le plus de travail pour guérir. Tant que nous nous préoccupons d'une autre personne, plutôt que de nous-mêmes, notre aptitude pour l'intimité ne pourra pas se développer. Homme ou femme, nous devons reconnaître et aimer cet être qui est au-dedans de nous, avant qu'une autre personne se rapproche, nous connaisse et nous aime.

# 10

# Lettres de femmes convalescentes

Le titre du présent chapitre ne signifie pas que seuls les auteurs des lettres qui suivent sont sur la voie de la guérison. La plupart des femmes qui ont écrit les lettres précédentes le sont également. Les trois témoignages qui suivent montrent simplement les différents cheminements et les émotions qui les accompagnent.

Le premier décrit ce qui se produit lorsqu'un des deux partenaires cesse de prendre en charge le couple. En corrigeant sa vision d'elle-même, Merrilee améliorera la qualité de ses rapports avec son mari.

Dans le domaine de la thérapie, les familles et les mariages sont souvent comparés à un mobile dont chaque élément représente un individu. Les liens qui les unissent créent l'équilibre de la structure. Si une personne change de position, le système entier est modifié. La lettre de Merrilee décrit succinctement ce phénomène.

*Allô!*

*Je viens de lire votre livre. Comme il ouvre les yeux! Ma sœur me l'avait recommandé et, la semaine suivante, une amie s'était donné la peine de m'écrire pour m'enjoindre de le lire. J'en ai fait une priorité et je m'en trouve aujourd'hui fort heureuse.*

*Je **vois** les choses d'un tout autre point de vue, maintenant. J'ai fait des démarches pour faire partie d'un groupe d'Adult Children of Alcoholics. Ma sœur et moi nous reconnaissons dans la plupart des récits de votre livre. Depuis, j'ai remarqué que mon mari (un alcoolique en réhabilitation) disait souvent — quand je ne répondais pas à ses demandes : «Pourquoi ai-je besoin de toi, de toute façon?» Chaque fois, la peur me prenait à la gorge, parce que ça voulait dire qu'il pouvait me rejeter — même si j'ai toujours travaillé à l'extérieur, assuré les repas et le ménage, pris en charge ses dettes depuis que je le connais, etc.!*

*La semaine dernière, il m'a à nouveau posé la question, j'ai simplement répondu: «Je ne sais pas.» Plus tard dans la soirée, il m'a dit que je me retrouverais en «solo» si je ne préparais pas mieux les casse-croûte qu'il apporte au travail. C'est avec un mélange de peur et de plaisir que j'ai répondu: «Oh?» Quelques minutes plus tard, il m'a demandé si je l'aimais encore.*

*Comme vous pouvez le constater, je peux atteindre mon objectif: devenir libre, entière, et bien dans ma peau.*

*Merrilee S.*

Dans un couple, lorsqu'une personne change, trois choses peuvent se produire : elle retourne à sa position d'origine, le partenaire s'adapte, la relation se modifie. Nous ressentons presque tous le changement comme une menace, même s'il est prometteur. Nous réagissons habituellement en essayant de retrouver notre contexte familier. De plus, nous croyons que si notre conjoint nous aimait vraiment, il nous accepterait tels que nous sommes et ne nous obligerait pas à ajuster notre propre comportement. Malheureusement, nous préférons fréquemment le statu quo au défi d'une transformation qui améliorerait nos vies.

Lorsque Merrilee acceptait à ses dépens d'être maltraitée, elle ne rendait pas non plus service à son mari. En prenant désormais soin d'elle-même, elle permet à son mari de grandir et de faire face à ses responsabilités. Mais que celui-ci consente ou non à relever ce défi n'a rien à voir avec la pertinence des agissements de Merrilee et de sa valeur personnelle. La réaction de son mari reflétera sa capacité ou son incapacité de changer.

Pour reprendre la comparaison avec la danse, le mari de Merrilee, au moment où il fait son pas coutumier, attend d'elle le mouvement adéquat. Comme elle répond en effectuant une figure différente, il se sent décontenancé. Il se retrouve tout à coup avec une cavalière qui exécute une danse inconnue. Il se sent menacé et essaie de la forcer à reprendre leur routine. S'il n'y arrive pas, il devra avoir assez d'humilité pour apprendre les nouveaux pas, ou arrêter la danse et se trouver une autre partenaire avec qui il pourra la continuer.

Merrilee, en changeant son comportement malsain, doit savoir que son mariage peut éclater. Dans la même situation, nous devons tous envisager cette possibilité. Mais j'ai observé que nous ne sommes jamais pénalisés lorsque nous le faisons pour guérir. Certains éléments peuvent nous alarmer ; des personnes peuvent nous quitter. Mais, en fin de compte, notre vie s'améliore toujours proportionnellement à notre authenticité.

La lettre qui suit résume ce livre ; elle décrit le chemin à prendre pour guérir, les difficultés que l'on doit affronter pour y parvenir, certains des résultats auxquels on peut s'attendre et le processus continu qu'est la guérison.

*Chère madame Norwood,*

*La première fois que j'ai eu votre livre entre les mains, je ne pouvais lire que quelques pages à la fois. C'était trop intense : je me reconnaissais à chaque page !*

*J'ai 44 ans et je suis sobre depuis que je me suis jointe aux Alcooliques Anonymes il y a deux ans. Après avoir lu et relu votre livre, en décembre, tout s'est mis à tourbillonner en moi. Jusque-là, je ne voyais vraiment pas à quel point j'étais incapable de m'occuper de moi-même. Vous avez dit que les femmes comme moi qui commençaient à se regarder pouvaient se retrouver confrontées à une dépression. C'est ce qui m'est arrivé, et le mois de janvier a sans aucun doute été le pire de toute ma vie de femme sobre. Mais chaque matin, en plus des livres des Alcooliques Anonymes, je relisais le chapitre de votre livre où vous me garantissiez que si j'observais vos recommandations, je guérirais également de cette maladie-ci (tout comme les Alcooliques Ano-*

*nymes m'avaient promis que je me sentirais mieux si j'assistais à leurs réunions et cessais de boire).*

*J'ai passé le mois de janvier à prier, à parler avec ma marraine et d'autres personnes chez les Alcooliques Anonymes, à assister à des réunions, mais j'allais de mal en pis. Je ne voulais pas retoucher à l'alcool, je ne voulais pas mourir, mais la douleur était si intense que j'avais du mal à m'imaginer vivre plus longtemps. J'avais l'impression que toutes les souffrances de ma vie m'assaillaient et j'ai commencé à ressentir une colère comme je n'en avais jamais connu.*

*Un jour, en faisant mes prières matinales, j'ai finalement admis que j'étais complètement vaincue et je suppose que je me suis livrée pieds et poings liés à Dieu.*

*Ce jour-là, je me suis rendu compte que non seulement je devais fréquenter les Alcooliques Anonymes, mais aussi les Adult Children of Alcoholics. (Mon père et ma mère vivent et boivent encore.) Ensuite, avec le soutien d'amis, j'ai fini par réaliser que les réunions ne me suffisaient pas et, les circonstances aidant, je me suis retrouvée devant une thérapeute absolument extraordinaire. Elle m'a suggéré de participer à un atelier de cinq jours offert par les Adult Children of Alcoholics. J'ai hésité longuement avant de quitter une semaine durant mes deux enfants adolescents, mais je me suis dit que je devais poursuivre ma lutte. L'atelier a eu lieu la semaine dernière. J'ai été confrontée à toute ma colère et à toute cette douleur que je couvais depuis si longtemps.*

*Madame Norwood, comment vous dire à quel point je me sens bien aujourd'hui ? Je me sens solide, comme si mon intérieur et mon extérieur coïncidaient plus que jamais auparavant.*

*Quand j'étais enfant, la voisine chantait en tra-*

vaillant et j'avais l'habitude de m'arrêter pour l'écouter, souhaitant de tout mon cœur connaître dans ma famille et en moi-même ce sentiment de bonheur. Je ne chante pas encore, mais je ris. Je fredonne quelques airs parfois. J'étais une enfant très douce et, pour la première fois de ma vie d'adulte, je commence à me rendre compte que cette gentillesse demeure une partie très importante de ma personnalité. Pendant l'atelier, on m'a suggéré de placer une photo de moi enfant à un endroit où je pourrais la voir tous les jours. Je l'ai accrochée sur mon miroir, juste à côté du bracelet d'identification que le centre de désintoxication m'a remis il y a deux ans. Elle me rappelle chaque matin que ma générosité doit aussi se reporter sur moi-même.

Après trois mariages (les deux derniers au même homme, le premier, de quatorze ans, avec le père de mes enfants) et trois divorces (j'ai commencé à boire après le premier il y a dix ans), j'ai finalement rencontré un homme merveilleux. Il est divorcé et les Alcooliques Anonymes l'aident à rester sobre depuis six ans. Il habite à deux heures de chez moi et nous ne nous voyons que les fins de semaine, ce qui nous permet des moments de solitude. Nous travaillons tous deux à créer une relation saine, ce qui n'est pas toujours facile puisque notre bien-être est encore très récent.

Je tiens à vous confier une anecdote liée à ce « Oh » dont vous parlez dans la partie intitulée **Apprenez à ne pas vous laisser prendre aux « jeux »**.

Un soir, son appel ne venait pas. Il avait une heure de retard sur son horaire habituel. Je me sentais anxieuse, abandonnée, en colère, mais au lieu de prendre le téléphone et de l'appeler, j'ai ressorti votre livre. J'étais assise sur mon lit, ballottée entre le désir compulsif de l'appeler et celui de le punir *par mon silence, et je lisais le passage de votre livre sur les jeux quand le téléphone a sonné. Comme il commençait par s'excuser, j'ai dit avec désinvolture : « Oh, il n'y a pas de quoi, je vais bien », et je me suis mise à bavarder. Très surpris, il s'est exclamé : « C'est **vrai** ? » Et notre conversation s'est poursuivie le mieux du monde.*

*Par la suite, je me suis demandé si j'avais vraiment bien fait les choses, mais j'avais au moins réussi à dire le « Oh ». Maintenant, chaque fois que je le dis ou que je l'entends, je souris.*

*Il y a cinq jours de cela et je viens de me relire. Je dois vous dire que je me sens vulnérable de confier, comme ça, mes pensées à quelqu'un que je ne connais pas. Mais le risque en vaut la chandelle, puisque je crois sincèrement que ne pas les partager avec vous serait égoïste de ma part.*

*Je n'aime pas les adieux. Ils me rendent toujours triste. Je mets tout de même fin à cette lettre pour le moment.*

*Sara P.*

La lettre de Sara concerne plusieurs aspects importants de la guérison. Comme toutes les femmes qui aiment trop, elle a dû endurer un degré incroyable de souffrance avant de s'abandonner à la même puissance supérieure qui l'avait aidée dans son combat contre l'alcoolisme. On ne lâche jamais facilement ce désir de contrôler ce qui ne peut l'être. Comme dans tous les cas semblables, dès que Sara a capitulé, le chemin qu'elle devait prendre s'est ouvert devant elle. Il est important de se rappeler que le rétablissement n'est pas une recherche frénétique de solutions. La première étape est un désir absolu de guérir, quoi qu'il advienne. Alors la route à suivre se présente d'elle-même.

# Dans la guérison, il devient plus important de garder son calme que de provoquer la pitié ou de se venger.

Lorsque Sara est parvenue à dire simplement «halte!», malgré la colère et l'angoisse qu'avait provoquées le retard de son ami, elle a fait un grand pas vers son rétablissement. Il était devenu pour elle plus important de garder son calme que d'attirer la pitié ou de nourrir un besoin de vengeance. Cette nouvelle réaction était surprenante, cela va de soi. Nous devons tous répéter ces nouveaux comportements avant de pouvoir les adopter. Au début, ces façons d'agir peuvent nous sembler froides, détachées, sèches et ordinaires. Lorsque nous sommes assaillis par le doute, il est bon de se confier à une autre personne convalescente qui peut évaluer objectivement ce qui s'est passé et nous aider à persévérer dans nos efforts.

Enfin, je tiens à commenter l'impression d'être mise à nu qu'a ressentie Sara en étant très franche dans sa lettre. Le processus du rétablissement nous mène à devenir plus sincères et spontanées. Nous sommes alors plus conscients de nos sentiments et de notre capacité à les affronter, mais nous augmentons aussi notre sensation de fragilité. La vulnérabilité ressentie par Sara, tout comme le courage dont elle a fait preuve en m'écrivant avec autant d'honnêteté (une lettre qu'elle a **postée**) sont des signes positifs de son rétablissement. Le partage de nos expériences fait partie de notre guérison.

La lettre qui suit, la dernière, est idéale pour terminer le présent livre. Elle décrit l'évolution typique d'une dépendance dans les relations. Son auteur nous fait part des expériences et des sentiments communs à ceux qui ont grandi dans des foyers alcooliques tendus et violents, que je résumerai ainsi :

- Les parents alcooliques qui se doutent (parfois avec raison) que leurs enfants se droguent, et qui se concentrent sur ce problème comme s'il était la source de toutes les difficultés familiales, alors qu'ils négligent totalement les conséquences néfastes de leur propre alcoolisme sur la famille.
- Les enfants qui préfèrent être soustraits à l'influence chaotique de leur foyer et internés dans un hôpital psychiatrique ou une maison de correction dont l'atmosphère est relativement plus stable.
- Le mariage échappatoire afin de se soustraire à un environnement intolérable.
- L'incapacité fréquente des professionnels de découvrir la présence de parents alcooliques derrière un enfant tourmenté. (C'est le facteur principal de la vie de la plupart des enfants et des adolescents difficiles ; pourtant, il n'est que rarement identifié, même après plusieurs rencontres avec les conseillers et les autorités.)
- La tendance de ceux qui sont issus de ces foyers à devenir, à leur tour, toxicomanes ou alcooliques, ou à épouser quelqu'un qui souffre d'une telle dépendance.
- Le « besoin d'être nécessaire » qui pousse tant de femmes issues de foyers alcooliques à re-

chercher des hommes dont la vie est désordonnée et à les quitter dès que leur état s'améliore.

- Les drames cruels qui se jouent au sein des familles se perpétuent, affectent génération après génération et obligent les enfants à prendre parti.
- Le besoin qu'un adulte issu d'un foyer alcoolique a de «contrôler» tant sa vie personnelle que sa vie professionnelle.
- L'existence impossible qui résulte de l'alcoolisme et du coalcoolisme.
- L'obligation d'affronter et d'abandonner les vieilles rancœurs afin de guérir.

La lettre dépeint aussi les différents éléments d'une relation entre un homme violent et une femme qui n'arrive pas à le quitter. Nous pouvons remarquer comment ces aspects de leurs vies se sont répétés de génération en génération:

- La dépendance aux substances chimiques dans les familles des deux partenaires.
- Le fait que l'homme violent a lui-même été battu lorsqu'il était enfant.
- Le chaos et la violence présents dans leurs familles.
- L'augmentation des agressions physiques durant la grossesse, résultant des peurs et des dépendances exacerbées des deux partenaires.
- La nature de plus en plus compulsive de la violence entre les deux.

La description la plus importante est celle d'une guérison, non seulement de l'alcoolisme, mais d'une dépendance affective. Ceux qui ont déjà travaillé avec des victimes de violence familiale savent à quel point il est rare de voir la femme battue s'éloigner de son mari et conserver ses distances. Nous savons tous avec quelle régularité elle retourne auprès de son agresseur pour, peut-être, finalement, le tuer ou être tuée alors qu'ils s'enlisent dans le cycle de la violence.

J'insiste sur le fait que ces femmes doivent être traitées comme des êtres qui souffrent de dépendance dans leurs relations. Elles sont atteintes d'un mal progressif et fatal qu'elles doivent prendre très au sérieux, tout comme doivent le faire les personnes qui les traitent. Cette maladie est aussi dangereuse que toute autre forme de dépendance mortelle. Les seules femmes battues que j'ai connues et qui sont guéries ont suivi un programme Douze Etapes, généralement celui des Alcooliques Anonymes ou du Al-Anon. Comme c'est le cas de l'auteur de cette lettre, elles avaient toutes un passé suffisamment chargé pour justifier leur participation à ces programmes.

Je tenais à publier cette lettre en dernier et non dans le chapitre traitant des femmes battues, parce qu'elle décrit une conversion. Beaucoup d'alcooliques vivent cette expérience d'un éveil spirituel soudain qui leur donne la force nécessaire pour cesser de boire. Certains douteront peut-être de la véracité du témoignage. Cependant, j'ai connu suffisamment de personnes qui se sont remises de maladies mortelles de cette même manière pour savoir qu'un tel miracle peut se produire. C'est toujours prodigieux qu'une personne dépendante se guérisse et échappe ainsi à la mort. Comme la lettre de Belinda est une preuve vivante de la nature destructive et mortelle de la dépendance affective, l'histoire de sa guérison me semble être la meilleure façon de mettre le point final à mon livre.

*Chère madame Norwood,*

*Je me nomme Belinda E. J'ai 27 ans et j'élève seule mon fils de 22 mois. J'ai lu votre livre il y a déjà quelques mois, je l'ai beaucoup aimé et je me suis retrouvée à presque toutes les pages. Je suis fille d'alcooliques, et je me remets pour le moment de mon propre alcoolisme.*

*Avant d'entrer dans le vif du sujet, je veux vous révéler un peu de mon histoire. Jamais je n'ai écrit à un auteur ou à quelqu'un de renom, sauf quand j'étais petite fille et qu'un projet de classe nous avait fait écrire à Golda Meir. J'insiste là-dessus dans l'espoir que vous lirez ma lettre jusqu'au bout et que vous ne la considérerez pas comme la simple missive d'une admiratrice ou peut-être même d'une « cinglée ».*

*Je suis le troisième enfant et la seule fille d'un couple typique de la classe moyenne. En général, nous ressemblions à toutes les autres familles, quoique nous fussions bien différents puisque ma mère buvait. Elle était colérique, amère, rancunière et verbalement violente. A cause de son travail, mon père s'absentait souvent de la maison.*

*Jeune adolescente, j'étais moi aussi colérique, amère et rancunière, et j'étais continuellement dépressive. Mes parents craignaient que je ne prenne de la drogue (ce que je ne faisais pas) et ils m'ont obligée à suivre de coûteuses séances de thérapie. Aucun des psychiatres ne s'est intéressé à ma vie familiale, chacun concentrant toute son attention sur mon comportement et le considérant comme l'unique problème. De concert avec mes parents (qui* déboursaient pour cela 80 dollars l'heure), tous se croyaient en mesure de changer mon attitude. Leurs méthodes n'ayant pas eu les résultats escomptés, j'ai été admise dans un hôpital psychiatrique.

Les six semaines que j'y ai passées ont considérablement amélioré mon comportement, non pas grâce aux traitements qu'on m'y prodiguait mais seulement parce qu'on m'avait éloignée du climat malsain qui prévalait à la maison. Je trouvais cet hôpital rempli de «fous» plus paisible que ma propre famille.

A ma sortie de l'hôpital, j'étais déterminée à bien me tenir aussi longtemps que nécessaire parce que je savais que je n'en avais plus pour bien longtemps à la maison. Je m'étais secrètement juré de la quitter dès que possible, ce que j'ai fait à 17 ans avec le premier garçon qui a bien voulu de moi.

J'étais pleine de compassion pour mon premier mari et je croyais pouvoir l'aider à se débarrasser de sa timidité et de son sentiment d'insécurité. Nous sommes restés mariés quatre ans pendant lesquels il a effectivement corrigé ses faiblesses, sans que j'y sois pour quelque chose. Il a commencé à avoir du succès dans ses affaires, et, peu de temps après, nous avons perdu notre intérêt l'un pour l'autre et nous avons divorcé.

C'est à ce moment-là que mon alcoolisme a débuté et, dans les années qui ont suivi, il n'a cessé d'augmenter. J'ai aussi continué à manipuler des partenaires pour lesquels je ressentais de la pitié et qui, me semblait-il, avaient besoin de moi. Deux fois, j'ai demandé à des hommes de ce genre de m'épouser et, heureusement, ils ont refusé tous deux. Chaque fois, je me suis retrouvée complètement désemparée.

A la même époque, l'alcoolisme de mon père s'est

*aggravé. Nous travaillions pour la même compa-*
*gnie ; il se préparait à la retraite, lui qui avait consa-*
*cré sa vie à cette entreprise. Nous nous sentions très*
*proches et nous avions passé de longues heures à*
*boire et à parler affaires.*

*Après qu'il eut pris sa retraite, ma mère s'est*
*jointe aux Alcooliques Anonymes et l'a quitté. Elle*
*a eu recours à la chirurgie esthétique et a entrepris*
*un tour d'Europe pendant que mon père se soûlait à*
*mort. L'inquiétude et les frustrations me rendaient*
*folle.*

*A son retour a commencé une interminable et*
*amère lutte autour des procédures de divorce. Ma*
*mère s'est longtemps sentie trompée dans son for*
*intérieur et est allée chercher de l'aide dans un*
*groupe de femmes. Ce fut une bataille horrible, vi-*
*cieuse. Je me trouvais entre l'arbre et l'écorce, cha-*
*cun d'eux sollicitant mes encouragements.*

*Un soir, un appel de ma mère a complètement*
*bouleversé ma vie. Elle me disait qu'elle avait*
*consulté certaines personnes compétentes de son*
*groupe ainsi qu'un conseiller financier qui lui*
*avaient recommandé de ne pas divorcer parce que,*
*au rythme où buvait mon père, il ne vivrait pas plus*
*de deux ans et elle risquait de perdre les 180 000*
*dollars de la propriété. Elle avait décidé de réamé-*
*nager leur demeure en duplex et de continuer à vivre*
*ainsi avec lui, mais de façon tout à fait indépen-*
*dante, jusqu'à sa mort. A ces mots, une folie*
*furieuse s'est emparée de moi. Je ne pouvais rien*
*faire d'autre que de répéter sans cesse : « Tu es ma-*
*lade ! », jusqu'à ce que je raccroche finalement le*
*téléphone. J'ai tout de suite appelé mon père qui*
*était alors complètement soûl. Il m'a dit qu'il était*
*tout à fait d'accord avec ma mère. Je ne savais pas*
*auquel des deux j'en voulais le plus, à ma mère qui*

*pensait à un plan aussi cruel, ou à mon père qui acceptait une telle chose. Tout ce que je sais, c'est que je voulais m'éloigner le plus vite et le plus loin possible d'eux et, à ce moment-là, l'idée qu'ils vivent ou meurent ne me préoccupait plus vraiment.*

*Ils n'ont pas divorcé. Au lieu de cela, ma mère s'est remise à boire et ils se sont réconciliés. Je ne voulais plus faire partie de leur vie et tenais absolument à ce qu'ils restent en dehors de la mienne. J'ai quitté mon travail et déménagé.*

*J'avais senti pendant tellement longtemps que tout m'échappait, que j'ai cherché un métier qui me permettrait de contrôler des situations. J'ai décidé de devenir agent de police. J'ai été soumise à toute une série de tests médicaux et psychologiques pour être finalement acceptée à l'académie de police. (A l'époque, j'étais une alcoolique accomplie.)*

*Pendant les études à l'académie, j'ai rencontré Dave, à la fête de Noël. Je m'y était rendue avec un autre homme et je n'ai pas vraiment fait attention à Dave. Quelques jours plus tard, j'ai croisé sa sœur au centre commercial; elle est venue vers moi en me disant que Dave lui avait demandé si elle connaissait mon numéro de téléphone. Je le lui ai donné à contrecœur. Venant à peine de quitter la maison, j'avais encore peur des étrangers, mais l'amie qui m'accompagnait me suggérait d'accepter, disant que ce serait peut-être agréable de sortir avec lui.*

*Dave m'a appelée et nous avons planifié une partie de pêche. Instantanément, il a exercé un très grand attrait sur moi. Sa femme venait de le quitter, emmenant avec elle leurs deux enfants. Il était tellement déprimé qu'il ne pouvait plus travailler. Il conduisait un vieux camion tout délabré et venait d'être expulsé de son appartement. Il semblait être un homme charmant et doux qui n'avait seulement* pas eu de chance et qui avait besoin de quelqu'un pour l'aider à traverser un moment difficile. Il me parlait très peu de sa famille et de son passé, disant que je le découvrirais bien assez tôt.

Moins d'une semaine plus tard, il avait emménagé chez moi. Je n'ai pu poursuivre mes cours à l'académie parce que Dave avait continuellement besoin de soutien affectif et mon indépendance entrait en conflit avec ces exigences. De plus, les soirées que je passais à boire nuisaient à ma concentration et à mon rendement du lendemain.

J'ai été enceinte peu après. J'ai pensé pouvoir ainsi lui redonner la famille qu'il avait perdue, et qu'un enfant solidifierait notre couple en même temps qu'il augmenterait son estime de lui.

Ni lui ni moi ne pouvions conserver un emploi et j'ai souvent été obligée de faire appel à l'aide financière de mes parents, ce qui me répugnait. Ma situation les affolait et ils me critiquaient sans cesse. Je tenais quand même à rester entièrement indépendante d'eux.

Au lieu de nous rapprocher davantage, ma grossesse a provoqué une tension nouvelle et la colère de Dave s'est manifestée. Il était violent, physiquement et verbalement. J'ai appris plus tard qu'enfant il avait été battu par son père.

J'ai bu pendant ma grossesse, mais pas beaucoup. Si je n'avais pas été horriblement malade chaque fois que j'ai essayé, il ne fait aucun doute que j'aurais bu au point de nuire à l'enfant que je portais.

Au septième mois de ma grossesse, il s'est passé quelque chose qui montre à quel point notre relation était malsaine. Mes contractions ont commencé prématurément et j'ai été admise à l'hôpital où l'on craignait que je perde le bébé. Pendant que, étendue là, chaque contraction augmentant ma terreur, et que médecins et infirmières s'activaient frénétiquement autour de moi et m'administraient des médicaments pour arrêter le travail, Dave était jaloux de l'attention qu'on me portait. Il disait que je devais être contente comme ça, entourée de gens qui faisaient des pieds et des mains pour moi tandis que, lui, il souffrait seul à la maison sans personne pour lui faire à manger et prendre soin de lui. Je me suis sentie coupable d'être à l'hôpital et j'ai téléphoné à sa sœur pour lui demander d'avoir la gentillesse d'inviter Dave à manger chez elle jusqu'à ce que je puisse rentrer à la maison.

Ils ont sauvé le bébé, mais je ne devais pas marcher plus loin que la salle de bains et devais rester autant que possible au lit jusqu'à la fin de ma grossesse. De plus, quatre fois par jour, je devais prendre de coûteux médicaments pour empêcher que les contractions ne recommencent.

Le jour même où je suis sortie de l'hôpital, j'ai dû faire le marché de la semaine parce que Dave refusait de le faire. Un peu plus tard, il m'a demandé d'arrêter de prendre ces médicaments qui coûtaient trop cher.

Après la naissance du bébé, j'ai recommencé à boire régulièrement et Dave ne m'était d'aucune aide dans les soins à prodiguer au nouveau-né. On aurait même dit que son besoin d'attention avait augmenté et ses colères devenaient plus fréquentes. Il m'a battue plusieurs fois et, à deux reprises, j'ai dû faire appel à la police, non pas parce qu'il me frappait mais parce que ma vie même et celle de mon fils étaient menacées.

Il en a été ainsi plusieurs mois encore jusqu'à ce que je trouve du travail dans un autre quartier; nous avons donc déménagé. Nous avons consulté *un thérapeute, mais parce que Dave pensait que cet homme et moi étions contre lui, nous n'avons eu que trois courtes visites. Finalement, après une dernière dispute, j'ai appelé la police et demandé qu'on expulse Dave de ma maison.*

*En peu de temps, j'ai perdu plusieurs emplois à cause de mon alcoolisme, et, dans ma famille, on s'inquiétait beaucoup du bien-être de mon fils. Je faisais de mon mieux, mais le poids de mon alcoolisme associé à mes nombreux autres problèmes me faisait littéralement sombrer dans le désespoir. Je me suis mise à revoir Dave pour quelque soutien financier ou moral qu'il pouvait me donner. En échange de compensations d'ordre sexuel, il me donnait un peu d'argent. Quant au soutien moral, ce n'était pas mieux qu'avant.*

*A mon insu, ma famille a organisé une intervention\* avec une thérapeute de mon quartier. Ils ont pris contact avec Dave et tous les gens concernés ont rencontré la thérapeute à son bureau. On avait demandé à Dave de garder le secret au sujet de cette intervention si on voulait qu'elle soit efficace, mais, le lendemain soir, au cours d'une autre de nos disputes, il m'a révélé que lui et ma famille avaient envisagé la possibilité de me séparer de mon fils. Nous avons eu une terrible discussion et il m'a battue (pour la dernière fois).*

*Plus tard, cette même soirée, mon frère est venu à la maison et m'a dit, avec beaucoup de ménage-*

---

\* Une intervention est une confrontation structurée au cours de laquelle les parents et amis d'une personne alcoolique lui racontent les souffrances et les problèmes qu'ils ont subis à cause de sa maladie. Une personne neutre, la plupart du temps un conseiller expérimenté, dirige habituellement l'expérience. Le but d'une intervention est de persuader l'alcoolique qu'il doit chercher de l'aide.

ments et de compassion, toute la vérité. J'ai consenti à voir la thérapeute à mes conditions : je prendrais moi-même le rendez-vous et m'y rendrais seule. Je ne voulais pas subir d'humiliation devant toute ma famille et dans ma propre maison.

En cinq minutes, la thérapeute m'a dit en termes clairs et précis qui j'étais et ce qui m'attendait. Elle avait prévu que je me mettrais en colère. Pas du tout : je savais qu'elle disait vrai. D'une certaine manière, j'étais soulagée de ne plus me sentir seule. Quelqu'un comprenait dans quel trou noir je me débattais.

Quelques jours plus tard, j'étais dans un avion à destination d'un centre de désintoxication. Précisément au même moment, mon père se rendait à un centre du même genre. Je me suis retrouvée devant un vieux et majestueux manoir situé dans la plus enchanteresse des campagnes, et cette demeure est sans aucun doute la raison pour laquelle Dieu avait créé les montagnes et les vallées qui l'entourent. Là, j'ai vécu de très grands moments d'amour et de compréhension. J'ai appris beaucoup sur l'alcoolisme et, avec l'aide de la plus fantastique des équipes de conseillers et le soutien de patients comme moi, je me suis débarrassée de la majorité de mes ressentiments vis-à-vis de mes parents.

Par contre, j'ai refusé d'analyser mes sentiments pour Dave parce que je préférais imaginer qu'il changerait un jour et que l'amour que nous avions l'un pour l'autre nous sauverait.

Pendant mon absence, Dave a rapatrié mes affaires à son appartement. Il est ensuite venu me rejoindre pour ma dernière semaine au centre et a participé à quelques séances de thérapie avec moi. Il s'est aussi soumis à des tests psychologiques écrits et nous avons écouté les résultats ensemble.

*La thérapeute lui a dit que tout indiquait qu'il avait lui aussi un problème de dépendance aux drogues. Elle a décrit son immaturité émotive, son manque de réalisme devant la vie et sa nature violente. Il a peu trouvé à redire, mais moi, m'obstinant à ne penser que du bien de lui, je n'ai pas tenu compte de ces résultats. Je savais que Dave fumait de la marijuana de temps en temps, mais à ma connaissance, cela ne nous posait pas de problème particulier. Nous sommes retournés vivre à son appartement et, peu après, nous sommes allés chercher notre fils chez ma mère. J'étais prête à nous reconstruire une famille.*

*En quelques semaines, la drogue a commencé à poser problème. Dave n'en fumait jamais devant moi, mais il se glissait furtivement hors de la maison pour revenir intoxiqué et en colère contre moi, comme un adolescent pris en faute. J'ai vite appris à ne pas en faire une montagne, sachant qu'il deviendrait alors brutal ; sous aucun prétexte je n'aurais pris le risque d'exposer une fois de plus mon fils ou moi-même à sa violence. Quand je buvais, j'étais incapable de me contrôler assez pour taire mes émotions, mais, sobre, j'étais en mesure de sentir le pouvoir destructif que recelait sa rage et j'ai appris à me retenir en sa présence.*

*Il est vite devenu évident qu'en **aucun** cas je pouvais me permettre d'exprimer un sentiment qui risquerait de provoquer sa colère. Je gardais mon sang-froid devant lui, mais je me laissais vraiment aller en séance privée avec ma thérapeute ou avec des femmes comme moi en thérapie de groupe.*

*Quant à notre fils, Patrick, il était trop jeune pour comprendre qu'il fallait surveiller l'expression de ses sentiments. Un soir, alors que je venais de le mettre au lit, j'ai décidé d'aller acheter des boissons gazeuses. J'ai descendu l'escalier et j'ai fait semblant de partir en claquant la porte. En fait, je me suis cachée dans l'entrée et je pensais faire une blague à Dave en le surprenant. Patrick s'est mis à pleurer et Dave, ignorant que j'étais encore sur place, lui a crié des injures et des obscénités. Je suis restée cachée pour savoir ce qui pouvait encore arriver. Dave est allé dans la chambre de Patrick et l'a frappé avec tant de force que je pouvais entendre les coups du bas de l'escalier. Glacée d'horreur et encore sous le choc, je n'ai pas bougé. Dave est retourné s'asseoir au salon, laissant Patrick dans son petit lit, en proie à une véritable crise d'hystérie. Dave a repris ses menaces, s'est précipité de nouveau dans la chambre de Patrick et, penché au-dessus du lit, il s'apprêtait à le frapper quand j'ai accouru pour l'arrêter. J'ai pris mon fils et je suis partie. Après avoir tourné en rond dans le quartier sans trouver un endroit où me réfugier, je suis rentrée à la maison. Dave était encore enragé, me lançant des objets au visage et m'accusant de toutes sortes de choses. Il s'est couché en colère et je suis restée debout toute la nuit à penser...*

*Je me rappelais tous les moments où, en larmes, il s'était confondu en excuses pour m'avoir frappée et où il m'avait promis qu'il ne le ferait «plus jamais». L'estime de moi-même avait déjà été assez basse pour que je coure le risque de croire en lui, de lui pardonner d'une fois à l'autre, jusqu'à ce qu'il recommence. Mais je n'étais plus capable de m'exposer à ce danger maintenant que mon fils était menacé. Cet épisode a tué en moi le mince espoir que j'avais de pouvoir un jour reconstituer ma famille. Le jour suivant, j'en ai parlé à ma thérapeute et nous avons entrepris de planifier mon évasion.*

*Je devais d'abord et avant tout me trouver un emploi. Dave consentait à ce que je travaille (pour l'argent que je gagnais), mais refusait catégoriquement que j'aie des contacts ou des amis à l'extérieur. Sa mère acceptait mal que je ne travaille pas, car elle prétendait que je devais subvenir aux besoins de mon homme. (Elle est fille d'alcooliques ; mariée quatre fois avec des hommes soit alcooliques soit violents, ou les deux à la fois.) Mes seuls contacts avec l'extérieur restaient les patients du centre de désintoxication et les Alcooliques Anonymes. Dave ne m'accordait pas même ceux-là.*

*Je me suis mise à la recherche d'un travail et j'étais certaine de réussir. Deux semaines avant la date anniversaire de mes six premiers mois de sobriété (qui coïncidait avec la date à laquelle je projetais de quitter la maison), un étrange sentiment s'est emparé de moi. Il ressemblait à une impression de déjà vu et son intensité croissait chaque jour. J'avais la sensation d'avoir déjà fait tout ce que j'entreprenais : je savais ce que les gens allaient dire avant même qu'ils ouvrent la bouche, je savais aussi que le téléphone allait sonner avant même de l'entendre. Je trouvais cela fort étrange et n'en parlais qu'à de rares personnes, mais en même temps je ressentais une sorte d'apaisement, comme si j'étais sûre d'être prévenue de tout événement inhabituel ou menaçant.*

*En une semaine, cette impression avait pris énormément d'ampleur. Ce soir-là, Dave et moi devions aller rendre visite à sa mère à l'occasion d'un souper familial et quelque chose me disait de ne pas y aller. Normalement, je n'aurais jamais demandé à Dave d'y aller sans moi, certaine d'engendrer une dispute et je ne pouvais me le permettre. Mais mon sentiment était si fort que je n'ai pas pu l'ignorer.*

Miraculeusement, j'ai trouvé les mots qui n'ont éveillé aucun soupçon et aucune colère et il a accepté de s'y rendre seul. Après son départ, j'ai mis Patrick au lit et je me suis étendue dans un fauteuil pour faire une sieste.

(Avant de poursuivre, je vois vous dire que je ne suis ni particulièrement dévote ni mystique. Grâce à l'excellent aumônier du centre de désintoxication, j'avais repris contact avec Dieu, mais l'idée que je m'en faisais restait fort enfantine. Je me contentais, chaque soir, de demander que sa volonté soit faite et je m'en trouvais satisfaite. Ma ferveur religieuse ne va pas plus loin que ça, aujourd'hui encore.)

Ma sieste terminée, mon pressentiment était si intense que j'ai paniqué. J'avais déjà eu le même genre d'impression auparavant, toujours en rapport avec des événements heureux ou malheureux, mais jamais avec autant de force. On aurait dit qu'une énergie électrique s'était emparée de la pièce et je me suis redressée, en proie à une frayeur extrême. Je craignais que Dieu n'ait choisi de m'avertir ainsi que ma vie touchait à sa fin, que Dave apprendrait que je voulais partir et qu'il me tuerait. Je savais que si Dave venait à connaître mon intention, il me tuerait.

J'ai vu ma vie défiler devant moi comme si j'étais au cinéma. Elle m'apparaissait en très courtes séquences. Avec ce film de mon existence m'est venue une certitude que j'ai bien du mal à expliquer. Au lieu de mon sentiment habituel à l'égard de chacune des personnes en présence dans ce film, j'ai ressenti comme une grande compréhension et une grande tolérance envers chacune d'elles. J'ai compris que nous étions toutes des victimes et qu'aucune d'entre nous n'était à blâmer.

Quand le «film» s'est terminé, il n'y avait pas de

fin et j'ai eu peur d'y voir un avertissement de ma mort prochaine. M'adressant à Dieu, j'ai demandé : « M'avez-vous fait faire tout ce chemin pour que je connaisse une fin comme celle-là ? » et, immédiatement après, un tableau suspendu au mur a attiré mon attention.

Une amie avec laquelle j'avais travaillé bien des années auparavant m'avait offert ce tableau. Je l'emportais toujours quand je déménageais parce que je le trouvais joli, mais en dehors de cela il ne me disait pas grand-chose. C'était comme si je le voyais pour la première fois. Comme je le regardais — je ne sais comment cette impression m'est venue —, j'ai soudainement eu la certitude qu'il représentait le dénouement du film.

C'est une scène automnale avec des arbres flamboyants et de douces collines. Au loin, on voit une jeune femme blonde, un petit enfant à ses côtés, qui se dirige vers l'horizon sur un sentier étroit. Quelle n'a pas été ma surprise quand je me suis rendu compte que c'était là une image de Patrick et de moi-même marchant à travers les superbes collines qui nous entourent ! J'avais reçu ce cadeau bien avant de savoir que j'aurais un enfant un jour ou que j'habiterais ailleurs que dans la plate campagne où je vivais à cette époque.

Je n'avais plus peur, mais j'étais encore engourdie. J'étais heureuse, pleine de gratitude, et soulagée. C'était tellement irréel que j'avais du mal à y croire.

Alors, un phénomène encore plus étrange s'est produit. On m'a dit d'autres choses, mais encore une fois sans qu'aucun mot ait été prononcé, et il ne s'agissait pas non plus d'une suite de pensées. C'était comme si un large ensemble de connaissances me pénétraient l'esprit avec force et profondeur. *(Je sens que je dois avoir l'air d'une folle. Sachez que je ne le suis pas et je vous jure que tout ceci est l'entière vérité.)*

On me disait : « Tu dois montrer aux autres ce que je t'ai enseigné. Voilà la raison de tous tes malheurs. Ta douleur n'aura pas été vaine. En partageant avec d'autres ton vécu, tu les aideras à identifier leur douleur, afin qu'ils puissent donner un nouveau sens à leur vie et rechercher mon soutien. Tu dois le faire avec honnêteté, compassion et le désir sincère d'aider autrui, et non pas pour en tirer quelque bénéfice financier que ce soit. Si tu agis selon mon désir, ta récompense viendra. »

J'avais du mal à croire qu'on me demande une chose pareille ! Je ne suis pas assez orgueilleuse pour croire que ma vie est différente de celle de tous les autres qui ont vécu dans le même contexte. En fait, je suis convaincue que beaucoup de personnes ont connu des expériences bien plus difficiles que la mienne. Et plusieurs sont en droit de penser que j'ai été trop gâtée par la vie puisque mes parents ont toujours eu beaucoup d'argent. Quand je l'ai dit à Dieu, il m'a répondu : « Raison de plus pour faire ce que je t'ai demandé. L'argent n'a rien eu à voir avec ton enfance malheureuse. »

Aujourd'hui, je suis la femme de la toile. Patrick et moi avons quitté Dave, le remettant entre les mains de Dieu, et nous lui souhaitons tout le bonheur du monde. Nous l'aimons et, à bien des égards, il nous manquera. Je sais pourtant que nous devons le laisser derrière nous puisque notre avenir se trouve au-delà de l'horizon.

Maintenant, je tente de faire ce qu'on m'a demandé et je ne sais trop comment m'y prendre. J'aime écrire, mais je n'ai ni le talent ni la compétence pour publier un livre ou un manuscrit qui rendrait justice à la tâche qu'on m'a confiée. Je ne sais rien des médias et j'ignore par où commencer mes recherches. La seule chose que je sais, c'est qu'il fallait que je vous écrive, que je vous raconte mon histoire, et j'espère que vous aurez le désir de participer à ce projet. Peut-être pourriez-vous me donner quelques conseils ou suggestions sur ce que je devrais faire.

Je vous en prie, ne croyez pas que je sois «cinglée». Il y a beaucoup d'aspects de ma vie dont je suis peu fière et plusieurs gestes que j'ai faits que je préférerais ne pas divulguer. Je suis une personne plutôt secrète, mais je dois accomplir la mission qu'on m'a demandé de remplir et je considère que c'est peu de chose en échange d'une vie saine pour mon fils et pour moi. Mais le plus important, c'est que je le fais pour aider d'autres personnes qui, autrement, resteraient aussi handicapées que je l'étais moi-même.

Merci de m'avoir lue jusqu'au bout. En commençant cette lettre, j'ai demandé à Dieu la grâce de trouver les mots qu'il fallait et je crois qu'Il m'a aidée.

Si cette lettre vous est transmise et si elle vous a touchée, veuillez me faire parvenir votre réponse. J'attends de vos nouvelles très bientôt.

Belinda E.

Chère Belinda,

J'espère qu'ensemble nous faisons la volonté de Dieu. Je vous remercie d'avoir fait le don de votre récit à tous ceux qui liront ce livre.

# Bien-être, des livres qui vous font du bien

*Psychologie, santé, sexualité, vie familiale, diététique... :*
*la collection Bien-être apporte des réponses pratiques*
*et positives à chacun.*

## Psychologie

**Thomas Armstrong**
Sept façons d'être plus intelligent -
n° 7105
**Jean-Luc Aubert et Christiane Doubovy**
Maman, j'ai peur – Mère anxieuse, enfant anxieux ? - n° 7182

**Anne Bacus et Christian Romain**
Libérez votre créativité ! - n° 7124

**Anne Bacus-Lindroth**
Murmures sur l'essentiel – Conseils de vie d'une mère à ses enfants - n° 7225

**Simone Barbaras**
La rupture pour vivre - n° 7185

**Martine Barbault et Bernard Duboy**
Choisir son prénom, choisir son destin - n° 7129

**Doctor Barefoot**
Le guerrier urbain - n° 7359

**Deirdre Boyd**
Les dépendances - n° 7196

**Nathaniel Branden**
Les six clés de la confiance en soi - n° 7091

**Sue Breton**
La dépression - n° 7223

**Jack Canfield et Mark Victor Hansen**
Bouillon de poulet pour l'âme - n° 7155
Bouillon de poulet pour l'âme 2 - n° 7241

Bouillon de poulet pour l'âme de la femme *(avec J.R. Hawthorne et M. Shimoff)* - n° 7251
Bouillon de poulet pour l'âme au travail - *(avec M. Rogerson, M. Rutte et T. Clauss)* - n° 7259

**Kristine Carlson**
Ne vous noyez pas dans un verre d'eau... à l'usage des femmes - n° 7487

**Richard Carlson**
Ne vous noyez pas dans un verre d'eau - n° 7183
Ne vous noyez pas dans un verre d'eau... en famille ! - n° 7219
Ne vous noyez pas dans un verre d'eau... en amour ! *(avec Kristine Carlson)* - n° 7243
Ne vous noyez pas dans un verre d'eau... au travail - n° 7264
Ne vous noyez pas dans un verre d'eau... à l'usage des hommes - n° 7718
Ne vous noyez pas dans un verre d'eau... à l'usage des couples - n° 7884

**Steven Carter et Julia Sokol**
Ces hommes qui ont peur d'aimer - n° 7064

**Chérie Carter-Scott**
Dix règles pour réussir sa vie - n° 7211
Si l'amour est un jeu, en voici les règles - n° 6844

**Loly Clerc**
Je dépense, donc je suis ! - n° 7107

**Guy Corneau**
N'y a-t-il pas d'amour heureux ? - n° 7157
La guérison du cœur - n° 7244

Victime des autres, bourreau de soi-même - n°7465

**Lynne Crawford et Linda Taylor**
La timidité - n°7195

**Dr Henri Cuche**
Je vais craquer - n°7850

**Sonia Dubois**
Coachez vos vies - n°7739

**Dr Christophe Fauré**
Vivre le deuil au jour le jour - n°7151

**Thierry Gallois**
Psychologie de l'argent - n°7851

**Dr Christian Gay et Jean-Alain Génermont**
Vivre avec des hauts et des bas - n°7024

**Daniel Goleman**
L'intelligence émotionnelle - n°7130
L'intelligence émotionnelle 2 - n°7202

**John Gray**
Les hommes viennent de Mars, les femmes viennent de Vénus - n°7133
Une nouvelle vie pour Mars et Vénus- n°7224
Mars et Vénus, les chemins de l'harmonie - n° 7233
Mars et Vénus, 365 jours d'amour - n° 7240
Les enfants viennent du paradis - n° 7261
Mars et Vénus ensemble pour toujours - n° 7284
Mars et Vénus au travail - n° 6872
Mars et Vénus - Petits miracles au quotidien - n° 6930
Mars et Vénus se rencontrent - n° 7360

**Marie Haddou**
Savoir dire non - n°7178
Avoir confiance en soi - n°7245

Halte au surmenage - n°7278

**James Hillman**
Le code caché de votre destin - n°7256
La force du caractère - n°6477

**Evan Imber-Black**
Le poids des secrets de famille - n° 7234

**Sam Keen**
Être un homme - n°7109
Aimer et être aimé - n° 7262

**Dr Barbara Killinger**
Accros du boulot - n°7116

**Dr Gérard Leleu**
De la peur à l'amour - n°7026
Amour et calories - n°7139
La fidélité et le couple - n°7226
L'intimité et le couple - n°7260
L'écologie de l'amour - n°7275
L'art de bien dormir à deux - n° 7467

**Patrick Lemoine**
Séduire- n°7753

**Jean-Claude Liaudet**
Dolto expliquée aux parents - n°7206
La psychanalyse sans complexes - n°7270
Telle fille, quel père ? - n°7466

**Ursula Markham**
Le deuil - n°7230
Les traumatismes infantiles - n°7231

**Bernard Martino**
Le bébé est une personne - n°7094

**Pia Mellody**
Vaincre la dépendance - n°7013

**Yannick Noah**
Secrets, etc. - n°7150

**Robin Norwood**
Ces femmes qui aiment trop – 1 - n°7020

**Dr Gérard Leleu**
Le traité du plaisir - n° 7093

**Claudie Lepage**
Le nouvel âge d'or de la femme -
n° 7274

**Maurice Mességué**
C'est la nature qui a raison - n° 7028

**Dr Sylvain Mimoun**
Des maux pour le dire - n° 7135

**Peter Mole**
L'acupuncture - n° 7189

**Paule Neyrat**
Les vertus des aliments - n° 7265

**Lionelle Nugon-Baudon
et Évelyne Lhoste**
Maisons toxiques - n° 7229

**Pierre et Florence Pallardy**
La forme naturelle - n° 7007

**Jean-Yves Pecollo**
La sophrologie - n° 3314
La sophrologie au quotidien - n° 7101

**Vicki Pitman**
La phytothérapie - n° 7212

**Jocelyne de Rotrou**
La mémoire en pleine forme - n° 7087
La tête en pleine forme - n° 7199

**Josette Rousselet-Blanc**
La beauté à l'ancienne- n° 7670

**Josette et Vincent Rousselet-Blanc**
Les remèdes de grands-mères -
n° 7272

**Dr Hubert Sacksick**
Les hormones - n° 7205

**Jon Sandifer**
L'acupression - n° 7204

**Béatrice Sauvageot
et Jean Métellus**
Vive la dyslexie ! - n° 7073

**Debbie Shapiro**
L'intelligence du corps - n° 7208

**Sidra Shaukat**
La beauté au naturel - n° 7222

**Rochelle Simmons**
Le stress - n° 7190

**André Van Lysebeth**
J'apprends le yoga - n° 7197

**Dr Andrew Weil**
Huit semaines pour retrouver une
bonne santé - n° 7193
Le corps médecin - n° 7210
Le guide essentiel de la diététique et
de la santé - n° 7269

## Diététique

**Marie Binet et Roseline Jadfard**
Trois assiettes et un bébé - n° 7113

**Edwige Antier**
Les recettes d'Edwige - n° 7888

**Julie Bocage**
Mince toute l'année - n° 7488

**Dr Alain Bondil et Marion Kaplan**
Votre alimentation - n° 7010
L'âge d'or de votre corps - n° 7108

**André Burckel**
Les bienfaits du régime crétois -
n° 7247

**Dr Laurent Chevallier**
Votre assiette santé - n° 7632

**Dr Laurent Chevallier**
L'alimentation des p'tits loups -
n° 7747

**Dr Jean-Michel Cohen**
Savoir maigrir - n° 7266
Au bonheur de maigrir - n° 6893

**Sonia Dubois**
Maigrissons ensemble! - n° 7120
Restons minces ensemble! - n° 7187
À chacun son régime! - n° 7512

**Dr Pierre Dukan**
Je ne sais pas maigrir - n° 7246

**Suzi Grant**
48 heures - n° 7559

**Maggie Greenwood-Robinson**
Le régime bikini - n° 7560

**Annie Hubert**
Pourquoi les Eskimos n'ont pas de
cholestérol - n° 7125

**Dr Catherine Kousmine**
Sauvez votre corps ! - n° 7029

**Linda Lazarides**
Le régime anti-rétention d'eau -
n° 6892

**Marianne Leconte**
Maigrir - Le nouveau bon sens -
n° 7221

**Colette Lefort**
Maigrir à volonté - n° 7003

**Michelle Joy Levine**
Le choix de la minceur - n° 7267

**Michel Montignac**
Je mange donc je maigris… et je reste
mince! - n° 7030
Recettes et menus Montignac -
n° 7079
Recettes et menus Montignac 2 -
n° 7164
Comment maigrir en faisant des
repas d'affaires - n° 7090
La méthode Montignac Spécial
Femme - n° 7104
Mettez un turbo dans votre assiette -
n° 7117
Je cuisine Montignac - n° 7121
Restez jeune en mangeant mieux -
n° 7137

Boire du vin pour rester en bonne
santé - n° 7188

**Lionelle Nugon-Baudon**
Toxic-bouffe - Le dico - n° 7216

**Dr Philippe Peltriaux
et Monique Cabré**
Maigrir avec la méthode Peltriaux -
n° 7156

**Nathalie Simon**
Mangez beau, mangez forme -
n° 7126

## Sexualité

**Régine Dumay**
Comment bien faire l'amour à une
femme - n° 7227
Comment bien faire l'amour à un
homme - n° 7239

**Céline Gérent**
Savoir vivre sa sexualité - n° 7014

**John Gray**
Mars et Vénus sous la couette -
n° 7194

**Shere Hite**
Le nouveau rapport Hite - n° 7294

**Dr Barbara Keesling**
Comment faire l'amour toute la nuit -
n° 7140
Le plaisir sexuel - n° 7170

**Brigitte Lahaie**
Les chemins du mieux-aimer - n° 7128

**Dr Gérard Leleu**
Le traité des caresses - n° 7004
Le traité du désir - n° 7176

**Dagmar O'Connor**
Comment faire l'amour à la même
personne… pour le reste de votre vie -
n° 7102

**Bien**ê*tre*

7095

Achevé d'imprimer en France (Malesherbes)
par Maury-Imprimeur
le 15 novembre 2009.
Dépôt légal novembre 2009. EAN 9782290335635
1<sup>er</sup> dépôt légal dans la collection : juillet 1995

Éditions J'ai lu
87, quai Panhard-et-Levassor, 75013 Paris
*Diffusion France et étranger : Flammarion*